# 你一看就停不下来的
# 经济学

丁丁 著

中国华侨出版社
·北京·

## 图书在版编目(CIP)数据

你一看就停不下来的经济学 / 丁丁著. — 北京：中国华侨出版社，2023.8

ISBN 978-7-5113-9011-0

Ⅰ.①你… Ⅱ.①丁… Ⅲ.①经济学—通俗读物 Ⅳ.①F0-49

中国国家版本图书馆CIP数据核字（2023）第081583号

### 你一看就停不下来的经济学

著　　者：丁　丁
责任编辑：刘晓燕
封面设计：韩　立
美术编辑：盛小云
插图绘制：傅　晓
经　　销：新华书店
开　　本：720mm×1000mm　1/16开　印张：18.5　字数：260千字
印　　刷：德富泰（唐山）印务有限公司
版　　次：2023年8月第1版
印　　次：2023年8月第1次印刷
书　　号：ISBN 978-7-5113-9011-0
定　　价：58.00元

中国华侨出版社　北京市朝阳区西坝河东里77号楼底商5号　邮编：100028
发 行 部：(010)58815874　传　　真：(010)58815857
网　　址：www.oveaschin.com　E-mail：oveaschin@sina.com

如果发现印装质量问题，影响阅读，请与印刷厂联系调换。

# 前言 PREFACE

经济学是一种帮助你成为明白人的智慧，是观察世界的视角和态度，而不是一堆函数、公式和图表。它研究的是我们身边的世界，揭示的是复杂世界背后的简单道理。经济学是一门经世致用的学问，小到家庭消费、生产经营，大到国际贸易、宏观调控，都是经济学的研究对象。萨缪尔森说得好："学习经济学并非要让你变成一个天才，但是不学经济学，命运很可能会与你格格不入。"无论是政府决策，还是日常生活中的柴米油盐、衣食住行，我们都可以从经济学中获得有益的启示。

这个时代，信息繁杂、众说纷纭，要做个洞悉事物规律和趋势的明白人，掌握经济学知识是必不可少的一课。也许你可能不懂什么是边际成本、边际效用，不知道什么是机会成本，但作为一个经济人，你在日常的生活中，实际上正在实践着经济学。人人都知道酒足饭饱以后，再让你吃什么山珍海味，都会没胃口，这就是边际效用递减规律在起作用。可是将这些经济学规律用于生产经营活动，指导你的生活，甚至求解命运的方程，你可能就无法从理性的角度来理解了。对经济学仍然懵懂的人，好好看看这本书，绝对不会失望。

《你一看就停不下来的经济学》是用经济学的原理和方法来解释我们在现实中司空见惯而又未注意到的现象，并通过这些事例和解释来加深人们对经济学的理解。书中穿插了丰富的知识链接和趣味插图，以此拉近经济学与人类日常生活的距离，使读者零距离地感受到经济学的魅力。

虽说很多人以为经济学不可思议、难以理解，可它的基本原理简单又实际。

根据具体事例理解这些原理，谁都能毫不费力地掌握它。本书的最大特色在于：运用大量生活事例、历史故事，将那些高深的经济学道理用平白易懂的语言娓娓道出，简洁明了，通俗耐读，让你摆脱啃大部头经济学著作时的费力和烦躁。即使你未曾学习过经济学，也不会丝毫影响你阅读本书的兴致。

在大多数读者的心目中，经济学都是专业、晦涩的代名词。本书没有枯燥乏味的数字堆砌，没有生涩难懂的专业术语，而是有趣的插图和一看就懂的故事与经济知识的结合解说。无论你是普通读者，还是专业人士，相信都能从本书中感受到阅读的乐趣和智慧的启迪。懂一点经济学，在人生的关键时刻，你就可以做出更好的决策。

# 目录 CONTENTS

## 第一章 你一看就停不下来的经济学原理，就是这么有趣

君子国里也有讨价还价——经济人 ...................2

盗钟人的小聪明——有限理性 ...................4

不要只盯着钱——成本 ...................6

不好看的烂片是坚持看完还是直接退场——沉没成本 ...................8

饿死在稻草堆里的驴——机会成本 ...................10

免费还是付费，有巨大的差异——投入与产出 ...................12

越受偏好的东西越值钱——偏好 ...................14

"朝四暮三"的创新意义——效用 ...................16

货币不只来自印钞厂——货币 ...................18

重赏之下，必有勇夫——激励 ...................20

## 第二章 看得见的与看不见的——市场经济学

高效的人类合作方式——市场的出现 ...................24

还有什么不能卖——商品 ...................26

分散加工创造更大财富——分工 ...................28

备受关注的"产权归属感"——产权 ...................30

被经济规律"制裁"的橡胶手套——供给 ...................32

不可再生资源的价格不会永远上涨——需求 ...................34

贵了四倍的牛仔裤——需求弹性 ...................36

失效的"薄利多销"——刚性需求 ...................38

市场也会忽悠你——相对过剩 ...................40

我们购买的究竟是什么——使用价值 ...................42

怎样一眼识别餐馆菜品的好坏——最高限价 ............ 44
天价理发店——价格 ............ 46
价格游戏中谁是赢家——均衡价格 ............ 48
为什么价格越贵，越要买——吉芬商品 ............ 50
既然青菜贵了，那就吃腌菜吧——替代效应 ............ 52
一笔隐藏在交易背后的成本——交易费用 ............ 54
物品之间的替代与并存——互补品 ............ 56
酋长的"珍贵礼物"——价值悖论 ............ 58

## 第三章 谁动了你的钱包——消费经济学

花钱是为了让人嫉妒——炫耀性消费 ............ 62
不是要便宜，而是要感到占了便宜——消费者剩余 ............ 64
我们是如何成为剁手党的——冲动型消费 ............ 66
排队，是消费者难掩的情结——从众消费 ............ 68
移动电话资费套餐的秘密——捆绑销售 ............ 70
被长袍"胁迫"的狄德罗——配套效应 ............ 72
纣王的奢侈生活——棘轮效应 ............ 74
同货不同价，看人下菜碟的"艺术"——价格歧视 ............ 76
看着钱买东西和看着东西花钱——消费者均衡 ............ 78
你是如何陷入贫穷和忙碌的——信贷消费 ............ 80
罩在光环下的黑洞——消费陷阱 ............ 82
商店入口处的"价格洗脑"——尾数定价 ............ 84
他给"面子"，你掏钱——面子与消费 ............ 86

## 第四章 信息不对称，谁的话语权更大——信息经济学

请狐狸建鸡舍的安全性有多高——委托代理与道德风险 ............ 88
颜回"偷吃"——信息不完全 ............ 90
"东床快婿"王羲之——信息不对称 ............ 92

哈雷彗星"变身记"——信息传递 .................................................. 94
被操纵的自由选择——霍布森选择 .................................................. 96
所罗门王的智慧——信息甄别 ...................................................... 98
价值百万的有效信息——信息提取 .................................................. 100
火箭助推器和马屁股一样宽,是真的吗——路径依赖 ................................... 102
二手车越来越差——逆向选择 ...................................................... 104
卖优质药材的药店倒闭了——柠檬市场 .............................................. 106
环境污染是一个经济问题——科斯定理 .............................................. 108
年终奖少了,为什么员工还很欣喜——信息披露 ...................................... 110

## 第五章 竞争压力下的商业交锋——市场竞争

自然保护区的全员搏杀——完全竞争市场 ............................................ 114
把自己逼疯,把对手逼死——价格战 ................................................ 116
浮云般的合作协议——价格联盟 .................................................... 118
独占市场的合理性——垄断 ........................................................ 120
冰火两重天中的保暖内衣——垄断竞争 .............................................. 122
逃离红海就一定能避开竞争吗——蓝海战略 .......................................... 124
顽固少数派的主导地位——寡头垄断 ................................................ 126
当企业买下别的企业——兼并 ...................................................... 128
麦当劳和肯德基为何总要做邻居——集聚效应 ........................................ 130
从一个鸡蛋到百万富翁——范围经济 ................................................ 132
等待"翻身"的炸鸡店——固定成本与可变成本 ...................................... 134
百万大军敌不过八万精兵——规模经济 .............................................. 136
过去的钱、未来的钱与现在的钱——贴现率 .......................................... 138

## 第六章 老板是如何让钱生钱的——生产经营经济学

最后一名乘客的票价——边际成本 .................................................. 142
利润是最有效的生产驱动力——生产者剩余 .......................................... 144

一条围裙创造的价值——生产效率 ................................ 146

包装"勾引"，连击大脑里的"购买键"——商品包装 ........ 148

品牌赋能，打造超级爆品——品牌 ................................ 150

赚更多钱的老板，花更多钱的我们——时尚消费 ............ 152

无孔不入的信息轰炸——广告 ........................................ 154

购买者中的主角和龙套——二八法则 ............................ 156

真正的竞争对手是"瞬息万变的顾客需求"——产品定位 .... 158

美丽就是生产力——她经济 ............................................ 160

利润裂变——外包 .......................................................... 162

25%的回头客创造75%的利润——顾客满意度 .............. 164

饼干和方便面的生死角逐——生产可能性边界 ............ 166

## 第七章 商业是最大的慈善——财税经济学

政府的钱是怎么花的——财政预算 ................................ 170

被驱逐的塞万提斯——税收 ............................................ 172

最正当的"劫富济贫"——累进税 ................................ 174

画在餐桌上的抛物线——拉弗曲线 ................................ 176

财富分割的利器——所得税 ............................................ 178

我国税收的第一大税种——增值税 ................................ 180

贫穷与福利的拉锯战——福利经济学 ............................ 182

说走就走的旅行你可以拥有——企业福利 .................... 184

不想再蜗居——保障性住房 ............................................ 186

被税收伤害的供给和需求——无谓损失 ........................ 188

"懒惰"的瑞士人——社会保障 .................................... 190

## 第八章 市场失灵后，谁来保护"钱"——政府经济职能

是谁催生了"贪污之王"——寻租 ................................ 194

政府有时可以改善市场结果——政府干预 .................... 196

路人不需要为路灯付费——公共物品 ............................................ 198
谁毁掉了官船——哈定悲剧 ............................................ 200
给市场经济编辑"计划基因"——计划经济 ............................................ 202
一家公司的玻璃打破后——乘数效应 ............................................ 204
乔丹家的草坪该由谁来修剪——宏观调控 ............................................ 206
旅游高峰期火车票为什么不涨价——物价政策 ............................................ 208
付不起医药费的古稀老人——政府失灵 ............................................ 210
危机可能迟到，但永不会缺席——市场失灵 ............................................ 212

## 第九章 让你精于城府和谋略的智慧——经济学博弈

合作与背叛的囚徒游戏——囚徒困境 ............................................ 216
既要辛苦劳动，也要学会搭便车——智猪博弈 ............................................ 218
两败俱伤的技艺之战——负和博弈 ............................................ 220
三个臭皮匠的合作战略——正和博弈 ............................................ 222
理性的人，也会选择碰运气——最后通牒博弈 ............................................ 224
坐山观虎斗的智慧——枪手博弈 ............................................ 226
做智者，还是做勇者——斗鸡博弈 ............................................ 228
算命先生为什么能够"未卜先知"——策略欺骗 ............................................ 230
既要把蛋糕做大，又要把蛋糕分好——分蛋糕博弈 ............................................ 232
海盗如何分配财宝——动态博弈 ............................................ 234

## 第十章 你可以更出色——职场经济学

失业不是浪费——失业现象 ............................................ 238
凭什么别人比你赚得多——不可替代性 ............................................ 240
萧何月下追韩信——人力资本 ............................................ 242
薪资条上的数字秘密——工资 ............................................ 244
要工作还是要生活——劳动与休闲 ............................................ 246
通货膨胀率越高失业越少吗——菲利普斯曲线 ............................................ 248

竞争才会出精英——鲇鱼效应 .................................. 250
跳槽方法论——择业与跳槽 .................................. 252
为什么你的工作缺乏激情——内卷化效应 .................. 254
出身英语专业的茶艺师——竞争优势 .......................... 256
漏水的桶和职业优势——木桶原理 ............................ 258
简单才是最有效的——奥卡姆剃刀定律 ...................... 260

## 第十一章 你打算多少岁实现财富自由——投资经济学

如何才能更好地追求"诗和远方"——理财规划 ............. 262
财富自由第一步，从强制储蓄开始——储蓄 .................. 264
玩一场高风险的"金钱游戏"——股票投资 .................. 266
赚钱，让专业的来——基金投资 ................................ 268
暴富 or 破产在顷刻之间——期货投资 ........................ 270
持有黄金才是阶层碾轧终极武器——黄金投资 ............... 272
金融市场中的"短腿"——债券投资 .......................... 274
什么事现在不做，以后会后悔——房产投资 .................. 276
财务不能像旅鼠一样疯狂裸奔——理性投资 .................. 278
脑袋决定钱袋——理财 .......................................... 280

# 第一章

# 你一看就停不下来的经济学原理，就是这么有趣

# 君子国里也有讨价还价——经济人

我国清代小说《镜花缘》一书杜撰了一个君子国。在君子国里，人人都大公无私，绝不存有半点私心。

君子国也有交易行为，但卖者却少要钱，而买者却要多给钱。以下是其中的一幕场景。

买东西的人说："我向你买东西所付的钱已经很少了，你却说多，这是违心的说法。"

卖东西的人说："我的货物既不新鲜，又很平常，不如别人家的好。我收你付价的一半，已经显得很过分，怎么可能收你的全价？"

买东西的人说："我能识别好货物，这样好的货物只收半价，太有失公平了。"

卖东西的人说："如果你真想买，就照前价减半，这样最公平。如果你还说这价格太低了，那你到别的商家那儿去买，看还能不能买到比我这儿更贵的货物。"

他们一番争执不下，买东西的人给了全价，拿了一半的货物转身就走。卖主坚决不让走，路人驻足观看，都说买东西的人"欺人不公"。最后，买东西的人拗不过大家，只好拿了上等与下等货物各一半才离开。

## 【经济学释义】

经济学认为所有人都是理性经济人，就是一切行为的目标只为个人利益最大化。因此，"君子国"中人人利他的思想和行为是不会在现实经济生活中出现的。理性经济人，又称作"经济人假设"，经济学正是在理性经济人的假设下研究资源既定时的利益最大化问题。

亚当·斯密在《国富论》中对理性经济人做了这样的阐述："我们每天所需要的食物和饮料，不是出自屠户、酿酒家和面包师的恩惠，而是出于他们自利的打算。我们不说唤起他们利他心的话，而说唤起他们利己心的话；我们不说我们自

> **道德人**
>
> 亚当·斯密在《道德情操论》中阐述了人性不同于经济人的另外三个方面即同情心、正义感、行为的利他主义倾向。这些是人的道德性的体现，这种伦理思想后来被发展成"道德人"理论。

己需要，而说对他们有好处。"

由此来看，人和人之间是一种交换关系，能获得食物和饮料，是因为每个人都要获得自己最大的利益。理性经济人是总在不懈地追求自身最大限度满足的理性的人。这说明人是自利的，同时人又是理性的。也就是说，每个人做事情都是为了有利于自己，并且每个人都知道做什么事情和怎样做事情才能有利于自己。

经济人都是以自身利益的最大化作为自己的追求。当一个人在经济活动中面临若干不同的选择机会时，他总是倾向于选择能给自己带来更大经济利益的那种机会，即总是追求最大的利益。

当然，自利并不完全等于自私。例如一个虔诚的基督教徒由于相信上帝，充满了行善的愿望，他人得到幸福时，他会觉得自己也幸福——他是自利的，但并不自私。

也许有人会有这样的疑问：人人都是理性经济人，都是理性且自利的，社会秩序不会变得紊乱吗？以亚当·斯密为代表的经济学家给出了回答："他追求自己的利益，往往使他能比在真正处于本意的情况下更有效地促进社会的利益。"也就是说，人人都是理性经济人，更能在客观上维护社会的秩序。

经济学认为所有人都是理性经济人，并不是赞扬利己性，只是承认它是无法更改的人性，承认理性经济人的存在只是对人类趋利本性的一种认识和引导。在现实的经济活动中，我们不可能为了实现自身利益最大化就不择手段，我们必须遵循市场经济的规律，接受法律制度的约束。

# 盗钟人的小聪明——有限理性

春秋时期,有个人跑到晋国的范氏家里想偷点东西,看见院子里吊着一口大钟。小偷心里高兴极了,想把这口精美的大钟背回自己家去。可是钟又大又重,怎么也挪不动。他想来想去,只有一个办法,那就是把钟敲碎,再分别搬回家。

小偷找来一把大锤,拼命朝钟砸去,但是钟发出了巨大的声响。小偷想办法解决,终于想到一个好办法:使劲捂住自己的耳朵。他立刻找来两个布团,把耳朵塞住。于是就放手砸起钟来,钟声响亮地传到很远的地方。人们听到钟声蜂拥而至把小偷捉住了。

【经济学释义】

在经济生活中,我们都是理性的经济人,只不过这种理性一般是有限理性。理性人的主观意愿就是最大限度地为自己谋福利,但能不能谋到福利是另一回事。以最少的成本获得最大的收益是经济人的理性选择,但由于人对事物的计算能力和认识能力是有限的,因而人们的理性往往表现为有限理性。

"掩耳盗钟"的故事讽刺了小偷的愚笨。但小偷其实仍旧是一个理性的经济人,他精于算计:要把大钟偷回家,就必须把大钟砸碎,但砸钟会发出声响,必须阻止钟声的传播,他选择了堵住自己的耳朵。为什么小偷是一个理性人,却还被视作傻瓜?因为他并不是一个完全理性人,他只是一个有限理性人。

在生活中我们因为有限理性而对"得失"的判断屡屡失误,事实上我们都做了理性的傻瓜。工人体育场将上演一场由罗大佑、周华健等众多歌星参加的演唱会,票价很高,需要800元,这是你梦寐以求的演唱会,你很早就买到了演唱会的门票。演唱会的晚上,你正准备出门,却发现门票丢了。这时你会再买一次门票吗?

假设是另一种情况:同样是这场演唱会,票价也是800元。但是这次你没有提前买票,你打算到了工人体育场后再买。刚要从家里出发的时候,你发现自己不知什么时候把刚买的价值800元的MP4给弄丢了。这个时候,你还会花800元去买这场演唱会的门票吗?

与在第一种情况下选择再买演唱会门票的人相比,在第二种情况下选择仍旧

## 有限理性

有限理性概念最初是阿罗提出的。他认为有限理性就是人的行为"即是有意识地理性的,但这种理性又是有限的"。一是人们面临的是一个复杂的、不确定的世界,而且交易越多,不确定性就越大,信息也就越不完全;二是人对环境的认识能力是有限的,不可能无所不知。

购买演唱会门票的人绝对不会少。客观来讲,这两种情况是没有区别的:在你愿意花800元钱去观看演唱会的前提下,你面临的是已损失了800元,然后你需要选择是否再花800元去观看演唱会。只不过在第一种情况下,你是因丢了一张门票而损失了800元;在第二种情况下你是因为丢了MP4而损失了800元。

同样是损失了价值800元的东西,为什么大多数人会有截然不同的选择呢?其实对于一个理性人来说,他们的理性是有限的,在他们心里,对每一枚硬币并不是一视同仁的,而是视它们来自何方、去往何处采取不同的态度,这是一种非理性的情况。

我们都是理性经济人,但"智者千虑,必有一失",任何人都不可能是完全的理性人。在纷繁的世界中,我们要学会去认识世界,分析事物,不再做理性的傻瓜!

# 不要只盯着钱——成本

皮洛士生于亚历山大大帝死后分裂的古希腊,是小国伊庇鲁斯的王子。皮洛士一向醉心于马其顿国王亚历山大的"伟业",企图在地中海地区建立一个大国。

公元前281年,皮洛士率领大批军队进攻罗马。在阿普里亚境内的奥斯库伦城附近,双方展开激战。在这次战斗中,皮洛士的损失极其惨重。皮洛士赢得了战争,但他损失了大批有生力量。战斗结束后,大家向他表示祝贺,而皮洛士眺望着硝烟还未散尽的战场,叹息着说道:"要是再来一次这样的胜利,我也就彻底垮了。"

**【经济学释义】**

"皮洛士的胜利"的典故,在经济学上可以引申为成本太高而收益过少。人们要进行生产经营活动或达到一定的目的,就必须耗费一定的资源(人力、物力和财力),其所费资源的货币表现及其对象化称为成本。也就是企业把商品提供给市场所支出的全部费用。

随着商品经济的不断发展,成本概念的内涵和外延都处于不断变化和发展中。它有以下几方面的含义。

(1)成本是生产和销售一定种类与数量产品,以耗费资源用货币计量的经济价值。企业进行产品生产需要消耗生产资料和劳动力,这些消耗在成本中用货币计量,就表现为材料费用、折旧费用、工资费用、销售费用、管理费用等。

(2)成本是为取得物质资源所需付出的经济价值。企业为进行生产经营活动,购置各种生产资料或采购商品而支付的价款和费用,就是购置成本或采购成本。随着生产经营活动的不断进行,这些成本就转化为生产成本和销售成本。

(3)成本是为达到一定目的而付出或应付出资源的价值牺牲,可用货币单位加以计量。

(4)成本是为达到一种目的而放弃另一种目的所牺牲的经济价值。比如说你打算开一家服装店,在计算成本时,你可能会考虑到店面的房租、进货的费用、借款的利息、付给雇员的工资、水电费、税金等。在扣除这些费用之后,你认为自己还会赚到钱。但这样的计算是不完全的:你漏掉了自己的工资、你垫付的资金的利息,还有开服装店的机会成本等。只有把这些成本也考虑在内,才能决定开服装店是否合适。

**费用和成本的区别**

费用和成本是两个独立的概念,但两者又有一定的关系。成本是按一定对象归集的费用,是对象化了的费用。费用是资产的耗费,是针对一定期间而言的,而与生产哪一种产品无关;成本与一定种类和数量的产品或商品相联系,而不论发生在哪一个会计期间。

# 不好看的烂片是坚持看完还是直接退场——沉没成本

一次,印度的圣雄甘地乘坐火车出行,当他刚刚踏上车门时,火车正好启动,他的一只鞋子不慎掉到了车门外。就在这时,甘地麻利地脱下了另一只鞋子,朝第一只鞋子方向扔去。有人奇怪地问他为什么,甘地说道:"如果一个穷人正好从铁路旁经过,他就可以拾到一双鞋,这或许对他是个收获。"

【经济学释义】

甘地掉到车门外的一只鞋子对于他而言如同泼出去的水,但他以博大的胸襟坦然面对自己的"失"。在经济学中我们引入了沉没成本的概念,代指已经付出且不可收回的成本。无疑,甘地掉到车门外的那只鞋子已经成为"沉没成本"。

有时候沉没成本只是价格的一部分。比方说你买了一辆自行车,骑了几天后以低价在二手市场卖出。此时原价和你的卖出价中间的差价就是沉没成本。在这种情况下,沉没成本随时间而改变,那辆自行车被骑的时间越长,一般来说你的卖出价会越低。

经济学家们认为,如果你是理性的,那就不该在做决策时考虑沉没成本。比如,如果你预订了一张电影票,已经付了票款而且不能退票。但是看了一半之后觉得很不好看,此时你付的钱已经不能收回,电影票的价钱就是沉没成本。这时会有两种可能结果:付钱后发觉电影不好看,但忍受着看完;付钱后发觉电影不好看,退场去做别的事情。

两种情况下你都已经付钱,所以应该别再考虑钱的事。当前要做的决定不是后悔买票了,而是决定是否继续看这部电影。因为票已经买了,后悔已经于事无

### 生产经营中的沉没成本

一般来说,资产的流动性、通用性、兼容性越强,其沉没的部分就越少。资产的沉没性也具有时间性,会随着时间的推移而不断转化。以具有一定通用性的固定资产为例,在尚未使用或折旧期限之后弃用,可能只有很少一部分会成为沉没成本,而中途弃用沉没的程度则会较高。

补,所以应该以看免费电影的心态来决定是否再看下去。作为一个理性的经济人,选择把电影看完就意味着要继续受罪,而选择退场无疑是更为明智的做法。

不计沉没成本也反映了一种向前看的心态。对于整个人生历程来说,我们以前走的弯路、做的错事、受的挫折,何尝不是一种沉没成本。过去的就让它过去,总想着那些已经无法改变的事情只能是自我折磨。

过去所说的话、所做的事均代表着昨天,无论对错,无论你如何后悔都已经无法更改,这与沉没成本的道理是一样的。从今天来看,这些成本是昨天的沉没成本。人应该承认现实,勇敢地承认自己过去言行的对与错,把已经无法改变的"错"视为昨天经营人生的坏账损失、今天经营人生的沉没成本。

# 饿死在稻草堆里的驴——机会成本

有一头驴子非常饿，到处找吃的，终于看到了在它前面的两堆草。它迅速跑过去，却为难了，因为两堆草同样鲜嫩，它不知道应该先吃哪一堆。它犹豫不决，在两堆草之间徘徊，一直在思考先吃哪一堆。因为不知道如何选择，最终这头驴子饿死了。

【经济学释义】

机会成本又称"选择成本"，是指做一个选择后所丧失的不做另一个选择而可能获得的最大利益。也就是说，为了得到一种东西而必须放弃另一种东西。其实对于"驴子"来说，两堆草都具有吸引力，无论选择哪一堆，都会造成机会成本的损失，这也就是驴子徘徊在两堆草之间，最终饿死的原因。

机会成本是一个纯粹的经济学概念。要想对备选方案的经济效益做出正确的

判断与评价，必须在做决策前进行分析，将已放弃的方案可能获得的潜在收益作为被选取方案的机会成本计算在内。

萨缪尔森在其《经济学》中曾用热狗公司的事例来说明机会成本的概念。热狗公司所有者每周投入60小时，但不领取工资。到年末结算时公司获得了22000美元的可观利润。如果这些所有者能够找到其他收入更高的工作，使他们所获年收入达45000美元。那么这些人所从事的热狗公司的工作就会产生一种机会成本，这表明因他们从事了热狗公司的工作而不得不失去的其他获利更大的机会。

对于此事，经济学家这样理解：如果用他们的实际盈利22000美元减去他们失去的45000美元的机会收益，那他们实际上是亏损的，亏损额是23000美元。虽然实际上他们是盈利了。

人生面临的选择很多，且无时无刻不在进行选择。比如，是继续工作还是先去吃饭；是在这家商店买衣服还是在那家商店买衣服……这些选择在生活中很常见，大家可以很轻松地做出选择，也不大会慎重考虑。如果去KTV和去电影院对你同样有吸引力，不妨掷硬币决定去哪儿。

当然，如果是重大决策，还是多考虑一些为好。机会成本越高，选择越困难，因为在心底我们从来不愿轻易放弃可能得到的东西。不管怎样，我们在做选择的时候，应该时刻谨记机会成本的概念。

### 机会成本的内涵

机会成本包括两个方面含义。一是机会成本中的机会必须是你可选择的项目。若不是你可选择的项目便不属于你的机会。二是机会成本必须是指放弃的机会中收益最高的项目。放弃的机会中收益最高的项目才是机会成本，即机会成本不是放弃项目的收益总和。

# 免费还是付费,有巨大的差异——投入与产出

从前,有位爱民如子的国王,召集国内所有贤士,命令他们找一个能确保人民生活幸福的永世法则。

三个月后,贤士们把三本三尺厚的帛书呈给国王,说:"国王陛下,天下的知识都汇集在这三本书内。只要人民读完它,就能确保他们生活无忧了。"

国王想大多数人生性驽钝,不会花那么多时间去看书,所以命令这帮贤士继续钻研。

又过了三个月,贤士们把三本书简化成一本书。国王还是不满意。

再过了三个月,贤士们把一张纸呈给国王。

国王看后非常满意地说:"很好,只要我的人民都拥有这宝贵的智慧,我相信他们一定能过上富裕幸福的生活。"说完,便重重地奖赏了这帮贤士。

这张纸上只写了一句话:天下没有免费的午餐。

---

**成本收益率**

成本收益率是单位成本获得的利润,反映成本与利润的关系。

公式为:成本收益率=利润/成本费用。

一般成本收益率越高,企业的运营效率越高,并且高新技术行业的这个指标很高。

---

【经济学释义】

天下没有免费的午餐,"免费"不过是个幌子,在那些令人怦然心动的利益背后,必有让人意想不到的阴谋。没有投入如何谈及产出,就像经济学中成本与收益的概念,人人都希望收益大于成本,但这怎么可能呢?

经济学成本与收益是经济学中最基本的概念。人们要进行生产经营活动或达到一定的目的,就必须耗费一定的资源(人力、物力和财力),其所费资源的货币表现及其对象称为成本。没有投入,自然也就没有收益。

在经济学中,收益最大化与成本最小化是永恒的主题。因此,我们要想取得

最大利润，就要遵循成本最小化原则。不过，成本最小化是要求在合理的范围内，否则自然也就没有收益。

人人都想获得更大的利益，这是经济人利益心态的驱使。只有持续地、健康地付出后，你才会获得理想中的收获。假若是免费，那只是表象，千万要小心谨慎。那些白白送你的"好处"都是充满危险的，因为它们通常不是涉及一个骗局，就是其中隐藏着你不愿意付出的义务和责任。

任何事情都是有成本的。没有投入，自然就没有收益。偏偏有人总想占便宜，一次次地被利益牵着鼻子走，一步步陷入挖好的陷阱中，最终后悔不已。永远要记住：一切有价值的东西都需要你为之付账。

俗话说："君子爱财，取之有道。"世界上没有免费的午餐，也没有白得的利益，免费午餐的背后一定潜藏着阴谋。擦亮双眼，辨明真伪后，再从容行事，为贪一时利益而付出的代价一定远远大于走正常途径所付出的代价。

# 越受偏好的东西越值钱——偏好

上海和平饭店的主厨范正明,多年前曾收到美国时任总统克林顿的一封"表扬信"。原来当年范主厨主理克林顿访华上海站菜肴时,做出了让美国总统难忘的中国虾仁。克林顿夫妇开始用餐后,意想不到的事情发生了,克林顿认为菜肴美味至极,令人可以忘记"时间",所以准备取消晚间欣赏上海老年爵士乐队的休闲节目,将中国菜享受"彻底"。

【经济学释义】

根据经济学的假设,人都是有偏好的,所谓萝卜白菜各有所爱,所谓穿衣戴帽各好一套,说的就是这个道理。很多人坐在电影院里看同一部电影,但看完之后却有着不同的评价。这就涉及个人的偏好问题。

偏好表明一个人喜欢什么,不喜欢什么。一般来说,偏好无所谓好坏,爱好运动的人可能会经常说"生命在于运动",而好静的人喜欢以"千年乌龟"的典故作为自己不好动的理由。

由于每个人的偏好并不相同,就会引起每个人的行为选择的不同。经济学认为,每个人根据自己的偏好,形成在一定约束条件下能够反映自身愿望的需求,并在此基础上做出自己行为的决策,就能获得效用的最大化。

实际上,偏好是每个人自己的心理感受,如果有人一定要用自己的偏好代替他人,即使是一番好心好意也难免由于越俎代庖而减少了对方的效用。倘若对方不买账,就是吃力不讨好。承认并尊重每个人的偏好,可以达到效用的最大化。

而消费偏好是指消费者对于所购买或消费的商品和劳务的爱好胜过其他商品或劳务,又称"消费者嗜好"。它是对商品或劳务优劣性所产生的主观的感觉或评

**偏好颠倒现象**

传统经济学认为经济人的偏好是连续的、稳定的,是不变的,但现实中人们的偏好是可变的。偏好颠倒的现象说明,人们并不拥有事先定义好的、连续稳定的偏好,偏好在判断和选择的过程中受判断和选择的背景、程序的影响。

价。作为个人，常见的偏好主要有以下几点。

（1）习惯。由于个人行为方式的定型化，比如经常消费某种商品或经常采取某种消费方式，就会使消费者心里产生一种定向的结果。这种动机几乎每个人都有，只是习惯的内容及稳定程度不同。

（2）方便。很多人把方便与否作为选择消费品和劳务及消费方式的第一标准，以求在消费活动中尽可能地节约时间。

（3）求名。很多人把消费品的名气作为选择与否的前提条件。在购买活动中，首先要求商品是名牌。只要是名牌，投入再多的金钱也心甘情愿。

## "朝四暮三"的创新意义——效用

　　宋国有一个很喜欢饲养猴子的人，名叫狙公。他家养了一大群猴子，他能理解猴子的意思，猴子也懂得他的心意。狙公宁可减少全家的食用，也要满足猴子的要求。然而过了不久，家里越来越穷困了，狙公打算减少猴子吃栗子的数量，但又怕猴子不顺从自己，就先欺骗猴子说："给你们的栗子，早上三个，晚上四个，够吃了吗？"猴子一听，都站了起来，十分恼怒。过了一会儿，狙公又说："给你们的栗子，早上四个，晚上三个，这该够吃了吧？"猴子一听，一个个都欢呼雀跃，非常高兴。

【经济学释义】

　　这个"朝三暮四"的成语故事原本揭露狙公愚弄猴子的骗术，告诫人们要注重实际，防止被花言巧语所蒙骗。古人认为朝三暮四和朝四暮三没有区别，他们认为总量是没有变化的。从经济学角度来看，朝三暮四和朝四暮三能给猴子带来不同的效用。

在经济学中，效用是用来衡量消费者从一组商品和服务之中获得的幸福或者满足的尺度。因此，我们在解释一种经济行为是否带来好处时有了衡量标准。效用不同于物品本身的使用价值。使用价值产生于物品的属性，是客观的；效用是消费者消费某种物品时的感受。

> **效用价值论**
>
> 效用价值论也称主观价值论，主要代表人物是庞巴维克。边际效用论者认为商品的价值并非实体，也不是商品的内在客观属性。价值无非表示人的欲望同物品满足这种欲望的能力之间的关系，即人对物品效用的"感觉与评价"。

效用是消费者的主观感觉，取决于消费者对这种物品的喜欢程度。消费者对某种物品越喜欢，这种物品带来的效用就越大，他就越愿意购买，需求就越高。比如有人喜欢抽烟，那么香烟对于他而言效用就很高，但对于一位不愿意闻烟味的女士来说，香烟的效用就会很低，甚至是负效用。

实际上，一种商品对消费者是否具有效用，取决于消费者是否有购买这种商品的欲望，以及这种商品是否具有满足消费者欲望的能力。从这个意义上说，消费者购买商品就是为了从购买这种商品中得到物质或精神的满足。效用是消费者消费某物品时的感受，本身就是一个主观的、抽象的、虚无的概念，而不是一个客观的尺度。

我们总是追求物美价廉的商品，但随着商品的丰富、营销手段的多样及竞争的加剧，"物美"与否并非我们所能简单判断的。商家常常在商品上标明"原价××，现价××"，商家这样做无非想通过所谓"原价"增加商品的预期效用，即使"原价"从来没有出现过。较低的现价会使消费者认为用较低的支出会得到效用较高的商品，销售量自然增加。

如果在使用商品之前不清楚商品的效用，我们就会反过来根据价格判断商品的效用。"便宜没好货"就是这个道理。事实上，我们需要某种商品，首先有了这种欲望后才去市场中搜寻。于是价格越高，人们对它的评价就越高，购买的欲望就越强，购买的人就越多，这就形成了"越贵越买"现象。当然贵到一定程度，或者商品成了奢侈品，买的人就会减少。

# 货币不只来自印钞厂——货币

在太平洋某些岛屿和若干非洲民族中,以一种贝壳——"加马里"货币来交税。再如美拉尼西亚群岛的居民普遍养狗,所以就以狗牙作为货币,一颗狗牙大约可买 100 个椰子,而娶一位新娘,必须给她几百颗狗牙做礼金!近年来有些贪婪的骗子向美拉尼西亚运入大量狗牙,用以骗取土著居民的各种有用物资,因此一度造成"通货膨胀"。

最令人感到奇怪而有趣的,也许是太平洋加罗林群岛中的雅浦岛居民的石头货币了。那里每一枚货币叫作"一分",但这样的"一分",绝不可以携带在身上。因为它是一个"庞然大物",是一块圆形石头,中心还有一个圆窟窿。按照当地人的规定,"分"的体积和直径越大,价值就越高。因此有的价值高的"分"的直径达 5 米。这种货币是用石灰岩的矿物——文石刻成的,但雅浦岛上没有文石,当地人要远到几百里外的帕拉乌岛把大石打下,装在木筏上运回。单是海上那惊险的航程,就要历时几个星期。

巨大的石头货币，有优点也有缺点，优点是不怕盗窃，不怕火烧水浸，经久耐磨；缺点是不易搬运，携带不便。在当地的交易市场上，买主必须把货主带到石头货币旁边察看成色，然后讲价。

由于石头货币不易搬运，人们卖掉货物换来的货币，只好打上印戳，让它留在原地，作为一笔"不动产"，无论如何这都是自己的财产。

> **货币政策**
>
> 货币政策是指中央银行为实现既定的经济目标运用各种工具调节货币供应和利率，进而影响宏观经济的方针和措施的总和。一般包括三个方面的内容，即政策目标、实现目标所运用的政策工具、具体执行所达到的政策效果。货币政策可分为扩张型和紧缩型两种。

### 【经济学释义】

按照经济学理论的解释，任何一种能执行交换媒介、价值尺度、延期支付标准或完全流动的财富储藏手段等功能的商品，都可被看作货币。世界上除了我们所认识的常用货币外，还有一些新奇的不为我们所熟悉的货币形式。

人类使用货币的历史始于物物交换的时代。在原始社会，人们使用以物易物的方式，交换自己所需要的物资，比如一只羊换一把石斧。有时候受到用于交换的物资种类的限制，不得不寻找一种能够被交换双方接受的物品。比如一只羊换两把石斧、一把石斧换三两盐，在这里石斧就具备了货币的功能。

在人类早期历史上，贝因为其不易获得，充当了一般等价物，"贝"因此成为最原始的货币之一。今天的汉字如"赚""赔""财"等，都是"贝"字旁，就是当初贝壳作为货币流通的印迹。

经过长年的自然淘汰，在绝大多数社会里，作为货币使用的物品逐渐被金属取代。使用金属货币的好处是它的制造需要人工，无法从自然界大量获取，同时还易储存。数量稀少的金、银和冶炼困难的铜逐渐成为主要的货币金属。

随着经济的进一步发展，金属货币同样显示出使用上的不便。在大额交易中，其重量和体积都令人感到烦恼。金属货币在使用过程中还会出现磨损的问题。于是作为金属货币的象征符号的纸币出现了。世界上最早的纸币是在宋朝于中国四川地区出现的交子。

目前世界上共有200多种纸币，流通于193个独立国家和地区。作为各国货币主币的纸币，精美、多侧面地反映了该国历史文化的横断面，沟通了世界各国人民的经济交往。

# 重赏之下，必有勇夫——激励

一条猎狗追逐一只兔子，追了好久也没有追到。

牧羊犬看到了，讥笑猎狗。猎狗回答说："我仅仅为了一顿饭而跑，而兔子却是为了性命而跑呀！"话被猎人听到了，猎人想：猎狗说得对啊，那我要想得到更多的猎物，得想个好法子。

猎人又买来几条猎狗，凡是能够在打猎中捉到兔子的，就可以得到几根骨头，捉不到的就没有骨头吃。这个办法果然奏效，猎狗们纷纷去追兔子，因为谁都想捕到猎物而得到骨头。

过了一段时间，猎人发现猎狗们捉的都是小兔子。猎人问猎狗是怎么一回事。猎狗们说："反正捉小兔子与大兔子所得的奖励是一样的，为什么费那么大的劲儿去捉那些大兔子呢？"

猎人决定每过一段时间就统计一次猎狗捉到兔子的总重量，按照重量来决定其在一段时间内的待遇。猎狗们捉到兔子的数量和重量都增加了。

不久，新问题又出现了，猎狗抓的兔子又少了很多，而且越有经验的猎狗，捉兔子的数量减少得就越多。于是猎人又去问猎狗们。

猎狗们说："我们把最好的时间都奉献给了您，但是我们会变老，当我们捉不到兔子的时候，您还会给我们骨头吃吗？"

猎人经过一番思考后，分析与汇总了所有猎狗捉到兔子的数量与重量，规定如果捉到的兔子超过了一定的数量与重量后，即使捉不到兔子，每顿饭也可以得到一定数量的骨头。猎狗们都很高兴，大家都努力去做。

一段时间过后，终于有一些猎狗做到了。其中有一条猎狗说："我们这么努力，只得到几根骨头，而我们捉的猎物远远超过了这几根骨头，我们为什么不能给自己捉兔子呢？"

于是，有些猎狗离开了猎人，自己捉兔子去了。猎人意识到猎狗正在流失，于是猎人又进行了改革：每条猎狗除基本骨头外，可获得其所猎兔肉总量的 $n\%$，而且随着服务时间加长，贡献变大，该比例还可递增，并有权分享猎人总兔肉的 $m\%$。这样，出走的猎狗们纷纷强烈要求重归队伍。

【经济学释义】

经济学的基本前提是承认人的本性是利己的，也就是说，人们行为的目标是个人利益的最大化。人生的过程是一个不断与人合作和分裂的过程，但无论分合，每个人都想让自己的利益最大化。然而，一个好的激励制度可以有效满足个人利益需求，激发团体组织成员的无限工作动力。猎人对猎狗的有效管理就在于猎人对激励效应的有效运用上。

一般来说，在能力一定的情况下，激励水平的高低将决定其工作成绩的大小。综合运用多种激励方法是有效提高激励水平的一大法宝。激励机制是否产生了影响，取决于激励方法是否能满足个人的需要。主要的激励方法包括以下几种。

**激励阻碍因素**

（1）组织成员价值观的多元化；
（2）同一价值观的人认识和分析问题的差异；
（3）同一事件对组织成员产生的影响不一样。

一是物质激励。通过满足个人利益的需求来激发人们的积极性与创造性，只对成绩突出者予以奖赏。如果见者有份，既助长了落后者的懒惰，又伤害了优秀者的努力动机，从而失去了激励意义。

二是精神激励。通过满足个人的自尊、自我发展和自我实现的需要，在较高层次上调动个人的工作积极性。精神激励主要有目标激励、荣誉激励、感情激励、信任激励、尊重激励等。

三是任务激励。让个人肩负起与其才能相适应的重任，由社会提供个人获得成就和发展的机会，满足其事业心与成就感。

四是数据激励。明显的数据可对人产生明显的印象，激发强烈的干劲。数据激励，就是把各人的行为结果用数字对比的形式反映出来，以激励上进、鞭策后进。

五是强化激励。对良好行为给予肯定，即正强化，使之能继续保持；对不良行为给予否定与惩罚，即负强化，使之能记住教训，不再犯同样的错误。

在一个组织中，引入激励机制是必不可少的。激励机制一方面可以调动组织成员工作的积极性，另一方面还可以增加团队业绩，达到"双赢"的目的。激励机制可以有效控制做一天和尚撞一天钟的行为，可以使工作更有效率。

# 第二章

# 看得见的与看不见的
## ——市场经济学

# 高效的人类合作方式——市场的出现

相传1884年，巴黎政府为维护干净的市容，要求许多以捡破烂为生的贫民将市区的废弃物搬运到荒废的军营，这些贫民自行在废弃物中挑选尚能使用的物品出售，没多久就形成一处固定的市集，被称为fleamarket，即跳蚤市场。

关于跳蚤市场的名称来历众说纷纭，还有一种说法是因为这些物品多已被使用过，常有许多跳蚤在上面，因此被称为跳蚤市场。另外，也有市场里面的人跟

跳蚤一样多而得名的说法。

从19世纪以来，跳蚤市场已经在欧美各国成为常态，几乎每个国家都有固定的跳蚤市场，包括英国的伦敦、法国的巴黎等。在历史越悠久、越古老的国家，跳蚤市场里所卖的东西种类也越多，摊位老板将自己费尽苦心寻来或是家传的宝贝摆在摊前，等待他人前来挑选购买。在陈旧蒙尘的外表下，它们也可能是难得一见的稀世珍宝。

> **市场占有率**
>
> 市场占有率又称市场份额，是指一家企业的销售量在市场销售总量中所占的比例。市场占有率越高，表明企业的竞争能力越强，产品被消费者接受的程度越高，企业销售收入也越多。因此，维持或扩大市场占有率是一个企业定价的最重要目标之一。

【经济学释义】

　　市场，是商品经济运行的载体或现实表现。市场是社会分工和商品经济发展的必然产物。劳动分工使人们各自的产品互相成为商品，互相成为等价物；社会分工越细，商品经济越发达，市场的范围和容量越大。

　　市场是商品经济特有的现象，凡是有商品经济存在的社会都会有市场。市场是商品交换顺利进行的条件，是商品流通领域一切商品交换活动的总和。市场体系是由各类专业市场，如商品服务市场、金融市场、劳务市场、技术市场、信息市场、房地产市场、文化市场、旅游市场等组成的完整体系。各专业市场均有其特殊功能，它们互相依存、相互制约，共同作用于社会经济。

　　从现实生活中，我们可以直接感受到，商品服务市场与我们的关系最为密切。商品服务市场遍及我们生活的每一个角落，我们常见的大小商场，各种各样的理发店、家具店、农贸市场、宾馆、饭店等，都属于商品服务市场。随着市场经济的发展，各类市场都在发展。网络经济等新经济形式的兴起，也促进了新的虚拟市场的产生和发展。

　　从市场行为方面看，它具有竞争性和平等性两个突出的特征。竞争性来自要素资源的自由转移与流动，表现为优胜劣汰、奖优罚劣。市场竞争有利于提高生产效率和对要素资源进行合理利用。

　　市场的平等性是指相互承认对方是自己产品的所有者，对其所消耗的劳动通过价值形式给予社会承认。市场行为的平等性是以价值规律和等价交换原则为基础的，它不包含任何阶级属性，否定了经济活动中的特权和等级，为社会发展提供了重要的平等条件，促进了商品经济条件下资源的合理流动。

## 还有什么不能卖——商品

某科普杂志上曾经刊登了一则名为"还有什么不能卖"的文章，下面是部分文字内容。

**泥土** 太平洋上的瑙鲁，是一个由珊瑚礁形成的岛国，矿产十分丰富，但岛上没有供农作物生长的土地。为了解决这一问题，瑙鲁出口矿产，同时进口泥土，以便种植农作物。

**冰山** 世界上最奇特的商品，莫过于丹麦格陵兰岛出口的冰山了。这是10万年前的冰，被认为是纯净的，没有污染，杂质甚少。

**水声** 美国商人费涅克周游世界，用立体声录音机录下了千百条小溪流、小瀑布和小河的"潺潺水声"，然后高价出售。有趣的是，该行业生意兴隆，购买水声者络绎不绝。

**空气** 日本商人将田野、山谷和草地的清新空气，用现代技术储制成"空气罐头"，然后向久居闹市、饱受空气污染困扰的市民出售。购买者打开空气罐头，靠近鼻孔，香气扑面，沁人肺腑。

### 【经济学释义】

商品与我们的日常生活有着密切的关系，因为我们每天吃、喝、穿、用、行，样样离不开商品，只要兜里有钱，我们随时可以买到想要的各种商品。

作为商品，首先必须是劳动产品。换句话说，如果不是劳动产品就不能称为商品。比如，自然界中的空气、阳光，虽然是人类生活所必需的，但这些都不是劳动产品，所以它们不能叫作商品。

作为商品，还必须用于交换。商品总是与交换分不开的。比如说在古代，传

---

**正常商品与低档商品**

需求量随消费者的实际收入上升而增加的商品称为正常商品；需求量随消费者的实际收入上升而减少的商品称为低档商品。对前者的消费会随人们收入的增加而增加，对后者的消费则恰恰相反。

统的男耕女织式的家庭生产，种出来的粮食和织出来的布，尽管都是劳动产品，但只是供家庭成员自己使用，并没有用来与他人交换，因而也不是商品。

因此，商品就是用于交换的劳动产品。商品是人类社会发展到一定历史阶段的产物，不是本来就有的。它的产生需要具备以下两个条件。

一是社会分工。它是商品产生的基础。因为社会分工，每一个劳动者只从事某种局部的、单方面的劳动，只生产某些甚至某种单一的产品。而人们的需求则是多方面的。为了满足多方面的需求，生产者便必然要用自己生产的产品去交换自己不生产而又需要的产品。这种商品生产和商品交换就是商品经济。

二是所有权不同。它是商品得以产生的前提。在私有制的条件下，产品交换的双方成为独立的利益主体，成为经济利益的对立面。这就决定了双方的交换不能是不等式的，而只能是等式的，即商品经济中的等价交换原则。劳动产品的交换既然是等价的商品交换，那么，生产者的生产过程就成为以直接交换为目的的商品生产过程。

由此可见，商品既是社会分工的产物，也是私有制的产物。

# 分散加工创造更大财富——分工

周先生是温州一家打火机制造厂的老板,他认为分工合作是自家企业竞争获胜的秘诀。他介绍说,同样一个电子点火的小部件,日本公司生产一只成本为人民币1元,他的进价只有0.1元,而为他的企业跑龙套的家庭企业生产成本仅0.01元。而类似协作配套的作坊式小厂在他手下有数百家,且生产同一零部件的企业可能有几家或数十家,这数百家配套企业之间,不是统一管理和内部调拨关系,而是自我管理和市场交易关系。这样,下游企业就可以从上游企业中优中选优,选择价格最低、质量最好、供货最及时的进行合作。就这样,温州的金属打火机打败了日本厂商,占据了全球70%以上的市场份额。

【经济学释义】

通过上面这个事例,我们可以看出分工协作在现代组织管理中的巨大作用。市场是随着专业化和劳动分工的不断发展而出现的。市场未出现之前,绝大部分

经济体处于自给自足、自产自销的状态。专业化和劳动分工与自给自足的生产方式相比，究竟有哪些优势和进步呢？下面我们从案例中来看一下分工和专业化的优势。

美国于 1942 年耗资 50 亿美元研制原子弹的"曼哈顿工程"，其工程技术的总负责人奥本海默博士在

> **"三次社会大分工"**
>
> 恩格斯在《家庭、私有制和国家的起源》一书中提出的发生在东大陆原始社会后期的三次社会大分工，即游牧部落从其余的野蛮人群中分离出来、手工业和农业的分离、商人阶级的出现。

总结其成功经验时指出："使科学技术充分发挥威力的是科学的组织管理。"美国 1961—1969 年组织和实施了宏大复杂的"阿波罗登月计划"，其研制和发射的火箭"土星 -5"由 560 万个零件组成，参与的研究人员共计有 400 万之多，最多的一次就有 42 万人。120 所大学与 200 家公司分工协作，8 年里共耗资 300 多亿美元，终于在 1969 年获得成功。负责"阿波罗登月计划"的韦伯博士也深有感触地说道："我们没有使用一项别人没有的技术，我们的技术就是科学的组织。"科学的组织管理就是建立在高度专业化分工基础上的计划、组织、指挥和协调的过程，如果没有专业化分工，也就不会有相互间的协同需要，就只能是个人管个人，因而也就不会有任何的组织管理行为发生和存在。

劳动分工与专业化生产大大提高了生产效率，是企业经营制胜的秘诀。在现代企业管理中，分工协作也起着巨大的作用。例如，公司中有各个职能部门，财务部负责财务，销售部负责销售，行政部负责日常公司事务……在这样的分工下，各个部门高效率地完成了各自的工作。分工让工作更有效率，试想让一个人同时做 N 件事，他会力不从心；但是让他只做一件事，他就能专心做好。同时，专业化分工使生产的规模不断扩大，从而可以使企业降低平均成本，而实现规模经济。

当今社会，劳动分工的程度越来越高。分工不仅仅限于个人与个人之间，而已经扩展到全世界范围内。比如，波音 747 喷气式客机的 450 万个零部件是由世界上 8 个国家的 100 个大型企业和 15000 家小型企业参与协作生产出来的。在比较优势和分工交换的指引下，跨国公司不断努力降低交易成本和要素成本，并且让分工遍及世界每一个角落。

# 备受关注的"产权归属感"——产权

王戎是"竹林七贤"之一,小时候他就聪明过人。

一天,他同村里的孩子跑到村外玩,来到离村子很远的地方。突然他们发现前面不远的路边长着一棵李子树,树上长满了鲜艳的李子,十分诱人。

几个动作快的同伴,眨眼之间就像灵巧的猴子一样爬上了树。王戎却在后面慢慢地走着,对眼前的景象一副漠不关心的样子,并且预言说,李子肯定是苦的。

这时,树上和地上的孩子都拿出最大最红的李子尝了尝。"哇!"大家全都不约而同地吐了出来。"真的,真的太苦了!王戎,你吃过吗?你怎么知道这些李子是苦的呢?"

王戎说:"路边的李子树不归任何人所有,来来往往的人这么多,如果李子好吃早被人摘光了,哪还轮得到我们?"

大家听了王戎的话，信服地点点头，沮丧地扔掉了手中的李子。

小小的王戎竟然能从产权归属中发现"路边苦李"这个奥秘，实在是不简单。

## 【经济学释义】

产权是经济所有制关系的法律表现形式。它包括财产的所有权、占有权、支配权、使用权、收益权和处置权。

从私有财产的出现到市场经济的确立几千年的历史中，产权指的是财产的实物所有权和债权。它侧重于对财产归属的静态确认和对财产实体的静态占有，基本上是一个静态化的范畴。而在市场经济高度发达的时期，产权更侧重于对财产实体的动态经营和财产价值的动态实现。它不再是单一的所有权利，而是以所有权为核心的一组权利，包括占有权、使用权、收益权、支配权等。

具体而言，产权包含以下三层含义。

（1）原始产权，也称为资产的所有权，是指受法律确认和保护的经济利益主体对财产的排他性的归属关系，包括所有者依法对自己的财产享有占有、使用、收益、处分的权利。

（2）法人产权，即法人财产权，其中包括经营权，是指法人企业对资产所有者授予其经营的资产享有占有、使用、收益与处分的权利。法人产权是伴随着法人制度的建立而产生的一种权利。

（3）股权和债权，即在实行法人制度后，由于企业拥有对资产的法人所有权，原始产权转变为股权或债权，或称终极所有权。原始出资者能利用股东（或债权人）的各项权利对法人企业产生影响，但不能直接干预企业的经营活动。

### 现代产权制度

所谓产权制度就是制度化的产权关系或对产权的制度化，是划分、确定、界定、保护和行使产权的一系列规则。制度化的含义就是使既有的产权关系明确化，依靠规则使人们承认和尊重，并合理行使产权，如果违背或侵犯它，就要受到相应的制约或制裁。

# 被经济规律"制裁"的橡胶手套——供给

1986年,艾滋病的发现引起了世人的恐慌,转眼间,几乎使全美的橡胶手套脱销。所有的人都害怕被该病病毒感染,美国医护人员套上两三层手套以加强防护,甚至警察不戴上橡胶手套决不对犯罪嫌疑人下手。于是,国际市场上橡胶手套一时供不应求,价格上扬。这一消息被我国某报披露后,全国各地许多企业闻讯纷纷投产上马,一哄而上。但多数企业都是在既不知道国际上到底有多大的需求,也不清楚国内生产能力到底形成了什么规模的情况下盲目建设的。如江苏省张家港市到1988年春,便建成了77条橡胶手套生产线,大有方兴未艾之势。结果,这些不重视商品供求关系的行为,不久即遭到市场经济规律无情的惩罚。1988年下半年,国际橡胶手套市场出现疲软。据《市场报》报道,仅江苏就积压了橡胶原料5800吨、成品手套22.5万双。

【经济学释义】

上述案例形象地向我们说明了市场的供求定律。在经济学中,供给是指在一定时期内,在每一价格水平上,生产者愿意而且能够提供的商品的数量,包括新提供的和库存的物品。一般来说,市场上的供给涉及企业愿意生产和销售一种物品的条件。例如,西红柿的供给量反映的就是在市场上每一价位上西红柿的销售量。

对于厂商而言,生产者提供商品最主要的目的是获取利润。例如,20世纪90年代摩托车曾风靡一时,在有利可图的情况下很多厂商投资生产摩托车;当摩托车市场饱和,利润率下降时,厂商又纷纷转产汽车或进入其他行业。

> **需求曲线**
>
> 需求曲线是表示商品价格与商品需求数量之间的函数关系的曲线。它表明在其他情况不变时,消费者在一定时期内在各种可能的价格下愿意而且能够购买的该产品的数量。

影响厂商供给的另一个重要因素就是产品的成本。当一种物品的生产成本相对于市场价格而言较低的时候,生产者大量提供该物品就有利可图。例如,20世纪70年代,石油价格急剧上升,提高了制造商的能源开销,从而提高了其生产成本,进而降低了其产品的供给。

供给量随着价格上升而增加，随着价格下降而减少，也就是说，某种物品的供给量与价格是正相关的。价格与供给量之间的这种关系被称为"供给规律"。

供给曲线表明了价格与产量的关系。供给是指在某种价格水平时整个社会的厂商所愿意供给的产品总量。所有厂商所愿意供给的产品总量取决于它们在提供这些产品时所得到的价格，以及它们在生产这些产品时所必须支付的劳动与其他生产要素的费用。

当水价是1美分的时候，自来水公司只愿意供应20万桶自来水；当水价是5美分的时候，自来水公司愿意供应110万桶自来水；当水价是6美分的时候，自来水公司愿意供应120万桶自来水，详细数据见下表。

**某自来水公司水价与供给量关系表**

| 价格（美分） | 1 | 2 | 3 | 4 | 5 | 6 | 7 |
| --- | --- | --- | --- | --- | --- | --- | --- |
| 供给量（万桶） | 20 | 60 | 80 | 100 | 110 | 120 | 130 |

我们把这些信息转化成图表，纵轴 $OP$ 表示可能的水价。横轴 $OQ$ 表示自来水公司在不同的价格下愿意供给的水量。把表中相应的数字标在图中，并连接起来，我们就得到了一条向上倾斜的曲线 $S$，经济学家称其为"供给曲线"。

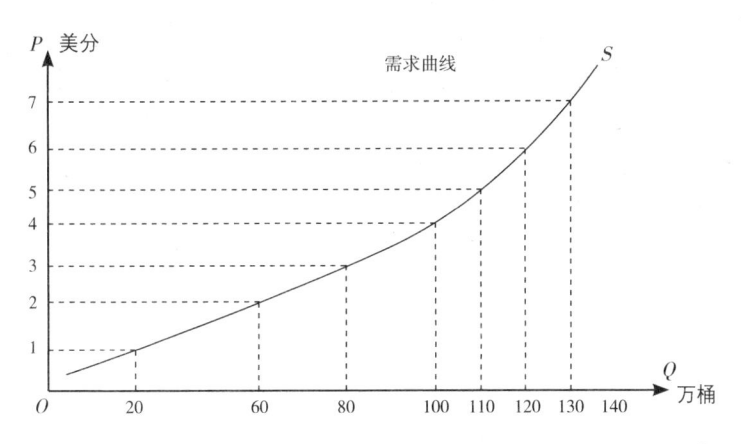

某自来水公司供给曲线图

# 不可再生资源的价格不会永远上涨——需求

20世纪80年代,斯坦福大学教授保罗·埃尔里奇认为,由于人口爆炸、食物短缺、不可再生性资源的消耗、环境污染等原因,人类的前途堪忧;而马里兰州州立大学教授朱利安·西蒙认为,人类社会的技术进步和价格机制会解决人类社会发展中出现的各种问题,所以人类社会的前途还是光明的。他们都有自己的支持者,形成了两个派别——悲观派和乐观派。

由于两个派别谁也说服不了谁,他们决定打赌,赌不可再生资源是否会消耗完的问题。如果像埃尔里奇说的那样,不可再生资源总有一天会消耗完的话,它们的价格必然大幅度上升;如果像西蒙说的那样,技术的进步和价格机制会解决人类社会出现的各种问题的话,它们的价格不但不会大幅度上升,还会下降。

于是,他们选了5种金属:铬、铜、镍、锡、钨,各自以假想的方式买入1000美元的等量物质,每种金属各200美元。以1980年9月29日的各种金属价格为准,假如到1990年9月29日,这5种金属的价格在剔除通货膨胀的因素后果然上升了,西蒙就输了,他要付给埃尔里奇这些金属的总差价。反之,假如这5种金属的价格下降了,埃尔里奇就输了,他将把总差价支付给西蒙。

经过了漫长的10年等待,事情终于有了结果:西蒙赢了,5种金属无一例外都降了价。

## 需求与需要的区别

需求不等于需要。形成需求有三个要素:对物品的偏好、物品的价格和手中的收入。需要只相当于对物品的偏好,并没有考虑支付能力等因素。一个没有支付能力的购买意愿并不构成需求。需求比需要的层次更高,涉及的因素不仅仅是内在的。所以在经济学中,必须注意不要将两者混淆。

【经济学释义】

为什么这5种不可再生资源的价格都下降了呢?这是因为世界上任何资源都有替代品,当这些资源的价格上升时,会刺激人们去开发和使用它们的替代品,它们的需求就会减少,这就是需求定律。

需求的减少会使其价格下降。比如在青铜器时代,人们用铜做器物,铜锅、铜盆、铜剑,甚至镜子和货币也是铜做的。现在为什么只能在博物馆看到这些东西呢？就是因为随着科学技术的进步，人们发现了很多青铜的替代品，比如用铁制锅和剑，用塑料制盆，用玻璃制镜，用纸制钱，等等。铜的需求大大减少，价格也就下降了。

我们以某种品牌的口香糖为例，当它的单价为1元时，你可能会消费6块；当单价为2.5元时，你可能买3块；当单价为5元时，你就会选择购买其他的品牌。把这些关于价格和购买（需求）量的信息整理成表格，如下表所示。

某品牌口香糖价格与需求量关系表

| 价格（元） | 1 | 1.5 | 2 | 2.5 | 3 | 4 | 5 |
|---|---|---|---|---|---|---|---|
| 需求量（块） | 6 | 5 | 4 | 3 | 2 | 1 | 0 |

我们把表中的数字标在图中，并连接起来，就可以得到一条向下倾斜的曲线，我们称之为"需求曲线"。

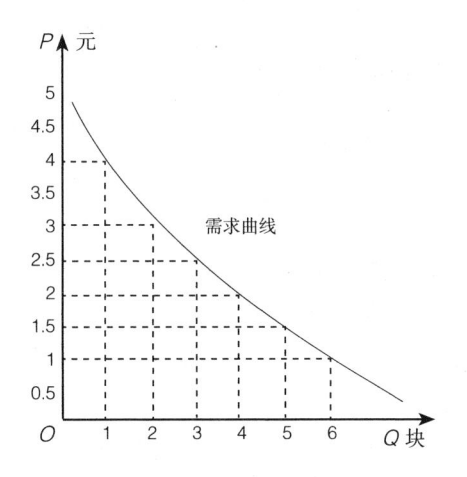

某品牌口香糖需求曲线图

在竞争激烈的商品市场上，对于某种商品的任一价格，其相应的需求量和供给量并不一定相等。但在该商品各种可能的价格中，必定有一价格能使需求量和供给量相等，从而使该商品市场达到一种均衡状态。

# 贵了四倍的牛仔裤——需求弹性

安某华高中毕业之后，没有考上大学，于是在县城新盖的商城里租了一个门面，开了一家服装店。

他第一次去省城进货后，就准备大干一场。但是十几天时间过去了，才卖出去两三件衣服。这些衣服都是非常时尚的款式，并且价钱比别人卖的价钱还要低些。因为成本积压的缘故，安某华天天寝食难安。

后来在别人的指点下，他做了一块大广告牌，还配上音响。服装的价格从原先的60元变为230元。当配备完这些之后，安某华惊奇地发现，来他的服装店的客人竟然络绎不绝，服装销量也不断攀升。

价钱低卖不出去，价钱高了反倒吸引消费者，这使安某华百思不得其解。

【经济学释义】

为什么同样的衣服既可以定价为230元，又可以定价为60元呢？为了解释这一问题，经济学家用了弹性的概念。

需求规律表明，一种物品的价格下降使需求量增加，需求价格弹性衡量需求量对其价格变动的反应程度。如果一种物品的需求量对价格变动的反应大，可以说这种物品的需求是富有弹性的。反之，需求是缺乏弹性的。用公式可以表达为：

**需求价格弹性＝需求量变动的百分比／价格变动的百分比**

弹性大于1，需求是富有弹性的；弹性小于1，需求是缺乏弹性的；弹性等于1，需求是单位弹性；弹性等于0，需求完全没有弹性。在我们的现实生活中，有很多商品是缺乏弹性的，比如粮食。如今，商品打折已经成了一种风气，无论大街小巷，总会看到"大甩卖""跳楼价""大放血"等字样。但我们很少看到粮食等商品打折销售，缺乏弹性就是其主要原因。

在商业活动中，对于需求富有弹性的商品可以实行低定价或采用降价策略，这就是薄利多销。"薄利"是价格低，每一单位产品利润少，但销量大，利润也就不少。因此，降价策略适用于这类物品。但是对于需求缺乏弹性的商品不能实行低定价，也不能降价出售。降价反而使总收益减少。

那么，究竟是什么因素决定一种物品的需求富有弹性，还是缺乏弹性呢？由于任何一种物品的需求取决于消费者的偏好，所以，需求的价格弹性取决于形成个人欲望的经济、社会和心理因素。

一般来说，必需品倾向于需求缺乏弹性，而奢侈品倾向于需求富有弹性。例如，小麦、大米这些生活必需品的需求量并不会因为价格的变动而有太大的改变。与此相反，当游艇价格上升时，游艇需求量会大幅减少，原因是大多数人把小麦、大米作为必需品，而把游艇作为奢侈品。

另外，有相近替代品的物品往往较富有需求弹性。例如，CD机和MP3播放器就很容易互相替代。当前者的价位上升时，就很容易导致后者需求量的增加。总之，了解了需求弹性，我们对日常经济生活就会有更深入的认识。

> **需求的收入弹性**
>
> 需求收入弹性被用来表示消费者对某种商品需求量的变动对收入变动的反应程度。
>
> 以 $Em$ 表示需求收入弹性系数，$Q$ 代表需求量，$\Delta Q$ 代表需求量的变动量，$I$ 代表收入，$\Delta I$ 代表收入的变动量，则需求收入弹性系数的一般表达式为：
>
> $$Em = (\Delta Q/Q) / (\Delta I/I)$$
>
> 比如在经济发达地区，人们收入增加，对昂贵商品的需求增加迅速，对饮食的需求仅有微小增长，这样汽车消费或旅游的收入弹性很高，而粮食等商品需求的收入弹性很低，有时甚至会出现负数。

# 失效的"薄利多销"——刚性需求

某服装店开张,但顾客并没有老板预想的多。当老板看到满街的商店降价促销的吆喝声不绝于耳,打折出售的招牌随处可见,看到这些红红火火的顾客盈门的场面,老板心想"薄利多销"是很有道理的。于是,老板在门口竖立了一块很大的牌子,上面写着"新店开业,八折优惠"。可几天下来,服装店的生意依然不很乐观。

服装店隔壁是一个米店,但米店的米从不打折,也不搞什么优惠活动。店门口价目表几个月也改不了一下,就算偶尔改动,不是把"1.7元1斤"换成了"1.8元1斤",就是"1.8元1斤"换成了"1.9元1斤"。上下浮动也不大。但米店的生意也还可以。

服装店老板就不明白了:为什么米店老板从来不打折,米的价位还有小幅度的上涨,可生意却比自己还好?

**【经济学释义】**

的确如此,我们看到很多商品打折销售,却很少看到粮食等商品打折销售。这是因为粮食消费是我们的刚性需求,不会因为价格上升而减少对其消费。

其实,刚性需求是相对于弹性需求而言的,指商品供求关系中受价格影响较小的需求,这些商品包括日常生活用品、家用耐耗品等。也可理解为人们日常生活中常见的商品和必需品。一般来说,生活必需品的需求价格弹性较小,非必需品的需求价格弹性较大,生活必需品才能成为人们的刚性需求。

> **供给价格弹性**
>
> 供给价格弹性是衡量供给量对价格变动的反应程度。如果供给量对价格变动的反应很大,可以说这种物品的供给是富有弹性的;反之,供给是缺乏弹性的。供给价格弹性取决于卖者改变他们生产的物品产量的伸缩性。例如,海滩土地供给缺乏弹性是因为产品缺乏可复制性;相反,书、汽车这类制成品供给富有弹性。

从人们生活的角度讲,粮食比其他商品对生命更重要。历史上就有"手中无粮心中慌""一日无粮千兵散"的说法。因此在所有的刚性需求里,最"刚性"的需求莫过于对粮食的消费。耕地的减少从根本上制约了粮食的进一步增产,一些国家对农业的投入较少使粮食单产提高有限,粮食供给无法大幅增加。而发展中国家对粮食需求的增长,以及全世界对生物能源的持续需求,共同构成了未来对农产品的长期刚性需求。

只不过,我国粮食在10多年前就逐步放开了,而食盐到现在仍继续实行专营。世界上许多国家对盐都控制得很严。例如,美国采取的管理模式是协会和政府共同管理,政府负责盐开采的审批,制盐企业都必须在美国食品医药管理局登记,而美国盐业协会等行业协会和政府部门制定各种盐的技术指标,并有专门机构对不同用途的盐的指标进行监督检查。

这种对盐的严格控制,有很多种原因。但从经济学的角度来说,需求弹性是其中一个主要因素。对于人们来说,不管食盐价格涨多高,都必须消费。如果国家放开对食盐的控制,导致食盐市场出现混乱,则对人们生活影响非常大。原盐就只氯化钠一种,至少目前尚无其他物质可以替代,这是比较极端的"刚性需求",其实,我们每个人都有自己特定的"刚性需求"。刚性需求也是不断变化的,比如,手机刚出现时,还属于"有钱人"的弹性需求,近年来,手机已经成为"人人必需"的刚性商品。

# 市场也会忽悠你——相对过剩

在 20 世纪 30 年代初的美国密西西比河畔,农场主们正把一桶桶的牛奶倒入河中,把一车车的大肥猪倒进河中,仅 1933 年,就有 640 万头猪被活活扔到河里淹死,有 5 万多亩棉花被点火烧光。

实际上,将过剩的牛奶倒入河中,在我国也曾发生。自 2002 年以来,南京、成都、石家庄等地相继发生奶农把鲜奶倒入下水道的事件。2004 年 7 月 15 日中央电视台《经济半小时》栏目报道:2005 年 8 月 11 日,陕西省某些地方也出现奶农把鲜奶倒入污水沟,地方政府找到相关企业收购,价钱 1.2 元／公斤,虽然价格如此低,该企业到最后竟也停止了被收购。

【经济学释义】

人们不禁要问:难道中国的鲜奶多得喝不完了吗?这不是"真正过剩"。广大人民的需求是存在的,只是无钱来购买足够的食物用

品，产品的"过剩"只是相对于广大劳动者的无钱购买来说的。

由于前几年大批农民养殖奶牛，可生产大量鲜奶，许多企业进入了制作奶制品行业，许多产品进入市场，但消费者的购买力却没有上去，供给不断增加而需求量却没有上去，因此造成奶农的鲜奶过剩。

为了维护必要的供需平衡和必要的价格，生产者就必须限产，以此平衡供求关系。这是一个不以人们的意识形态和主观愿望为转移的客观规律。当人们的需求不断提升，达到一定程度，供给跟不上需求的时候，生产者就得调整生产，增加供应，从而维持供需基本平衡。

> **过剩程度衡量的标准**
>
> 经济学博士罗德明认为，衡量中国经济发展向"过剩经济"转变，可以采用四个方面的指标：一是总量增长指标；二是市场供求状况指标；三是生产能力利用状况指标；四是物价指数的变动指标。

现代房地产市场也存在着这一现象。房地产市场由于价格太高，老百姓买不起房子而导致大量空置，看起来是房子卖不出去，实际上老百姓的住房需求并没有得到满足。在劳动力就业市场上，也有相对过剩的现象。我们经常听到"大学生太多了""人才太多了"之类的话，试问一下，中国的人才真的供大于求而人才过剩了吗？

如果就相对人才的供给与需求的关系而言，我们的人才甚至出现了过剩。比如，现在不少大学毕业生找不到工作，或找不到合适的工作，在人才市场上大学生数百人争一个岗位早已经不是新闻了；还有不少大学生做专科生的工作、研究生做本科生的工作；不少机关干部和科技人员分流下岗或人浮于事；等等。这些现象都说明：我们的人才的确处于"过剩"的状态——更准确地说，处于相对过剩状态。

人才也是一种商品，是一种特殊的商品，也是受市场供求规律支配的。所以，当人才出现供大于求的时候，当然也会造成人才过剩的结果；这种人才过剩，也是相对的：因为实际上并不是每一个机关、企业或农村都拥有了懂得管理、法律、营销及电脑、信息、科技等的大学生；而是在就业市场有限、对大学生的需求有限的情况下出现的一种人才商品的相对过剩。

无论是牛奶过剩还是人才过剩，其实都是供求规律在背后起作用。认识了供求规律，便能看穿所谓"过剩"的实质。

第二章 看得见的与看不见的 ——市场经济学 | 41

## 我们购买的究竟是什么——使用价值

惠施是名家的代表人物，有一次对庄子说："魏王送给我一粒大葫芦种子，我把它种了下去，没想到收获的葫芦太大了，竟然可以在里面存放五石粮食。我想用它来存水，可是皮太脆，没有力量承受；我把它剖开当瓢用，可是它太大，没有水缸能够容纳它。它太大，大到了无所适用的地步，所以我一生气，就把它给砸碎了。"庄子回答说："以我的看法，不是瓢大无用，而是你不懂得如何使用它。"

**【经济学释义】**

这是《庄子·逍遥游》里的一个故事，叫"大瓢无用"，讲的就是大瓢的使用价值。使用价值，是指能满足人们某种需要的物品的效用，如粮食能充饥、衣服能御寒等。使用价值是商品的基本属性之一，是价值的物质承担者，是形成社会

### 交换价值

交换价值是指当一种产品在进行交换时，能换取到其他产品的价值。交换价值在马克思的学说中，是物品借着一种明确的经济关系才能够产生出的价值，也就是说，交换价值只有一个产品在进行交换时，特别是产品被作为商品在经济关系中出售及购买时，才具有意义。

财富的物质内容。空气、草原等自然物以及不是为了交换的劳动产品，没有价值，但有使用价值。

商品的使用价值是指商品能够满足人们某种需要的属性。使用价值是一切商品都具有的共同属性之一。任何物品要成为商品都必须具有可供人类使用的价值；反之，毫无使用价值的物品是不会成为商品的。

通常情况下，同一事物蕴含着多种使用价值；同一使用价值又可由多种事物表现出来；同一事物对于不同使用主体可表现出不同的使用价值；同一事物对于同一使用主体在不同使用时间或在不同的环境条件下又可表现出不同的使用价值。

使用价值反映了事物对于人类生存和发展所产生的积极作用。大千世界里各种事物以千姿百态的使用价值为人们所喜爱、所器重，构成了人们丰富多彩的物质生活和精神生活内容，人们的一切活动都离不开这些事物的使用价值。

使用价值是明显不同于交换价值的。首先，使用价值是商品的自然属性，反映的是人与自然的关系；交换价值是商品的社会属性，反映的是商品生产者之间的社会关系。其次，使用价值是永恒的范畴，交换价值只有在商品交换时才能得到体现。再次，使用价值的存在不以交换价值的存在为前提，而具有交换价值的物品必定具有使用价值。最后，商品生产者生产商品是为了获取交换价值，商品消费者是为了获取使用价值，只有通过交换才能解决二者的矛盾。

# 怎样一眼识别餐馆菜品的好坏——最高限价

2007年，兰州市民发现，他们钟爱的牛肉面竟一夜之间上涨0.5元。小碗牛肉面由原来2.3元上涨到2.8元，大碗牛肉面由原来2.5元上涨到3元。许多市民惊呼：吃不起牛肉面了！兰州物价部门在"掂量"了"牛大碗"的轻重厚实后首次限定：凡兰州市普通级牛肉面馆，大碗牛肉面售价不得超过2.5元，小碗与大碗差价为0.2元，违规者将被严厉查处。

【经济学释义】

兰州物价部门为了限制牛肉面的价格上涨而强行规定了最高价格，但限制价格却低于市场均衡价格。实际上，在牛肉面限价的问题上，政府可能是好心做了错事。

政府实行最高限价的目的是保持市场物价的基本稳定，保持人民生活的基本安定，并且体现国家的价格政策。但是，老百姓似乎并不买账。他们发现政府强行限价，即使牛肉面降了价，牛肉面的质量也会受到影响，市民很难吃到一碗真正的牛肉面，最后，损害的还是消费者的利益。

作为一个消费者，他永远希望东西越便宜越好，作为一个生产者，他希望他的东西越贵越好。这都是市场的问题，政府不能因为老百姓要求降低价格，就强迫生产者降低价格，这两者之间要靠市场的力量来平衡，而不能只听消费者的，比如去吃面，所有人都希望面是便宜的，但是希望和事实之间的利益分配关系是另一回事。要想牛肉面便宜，需要在牛肉面生产的价格贵了以后，生产的厂商多了，牛肉面馆多了，他们会在竞争中把牛肉面的价格降下来。

"牛肉面限价"作为一种最高限价，在经济学上叫作价格天花板。在20世纪90年代中期，因为通货膨胀，不少地方政

**最低限价**

最低限价是指由国家规定价格的最低限度和允许经营者向上浮动幅度的价格形式，也属于国家指导价的具体形式之一。企业可以根据具体情况在规定的幅度内制定具体的价格，但不低于最低限价。最低限价是为了保护经营者的利益，避免价格的恶性竞争而给经营造成困难。

府对肉类、蔬菜产品等就制定过最高限价，其目的主要有两个：一是压抑物价上涨；二是平息老百姓对物价上涨的抱怨。如果牛肉面的分量、质量下降，政府就很有可能卷入本应该由市场来完成的活动中。

显然，政府不喜欢商家"短斤缺两""粗制滥造"，可是，如果一定要将政策贯彻到底，就必须派出大量工商执法人员定期抽查，这样的结果无外乎有两个：或者指令被变相架空，或者付出极高的监督成本。

牛肉面限价只是一个很小的问题，不过小问题折射大道理。基于以上原因，一般经济学家会反对长期采用限制价格政策，一般只在战争或自然灾害等特殊时期使用。如在战争或饥荒时，政府会为生活必需品制定最高限价，使穷人能够负担得起，以利于社会稳定。

# 天价理发店——价格

2008年3月29日,在郑州市某中专读二年级的小亚和同学小莉一起到郑州市繁华的二七广场逛街。下午2时许,两人看到旁边"保罗国际"的橱窗玻璃上贴着"洗剪吹38元"的字样,原本就准备理发的她们便走了进去。

在理发之前,店员向她们出示了消费单,账单上只有3个项目,分别是洗剪吹38元、洗发用品60元和护发用品60元。两人剪完头发,已是下午6时许。可结账时,收银员却报出了总共1.2万元的天价。然而小亚和小莉拿不出那么多钱,店员便不让她们离开。

后来,店员给她们支招,只要办理一张该店的会员卡,就可以享受5折的优惠折扣,每张会员卡至少要一次性充值9800元,剩余的钱将存在卡里。两人身上

**价格指数**

价格指数表示在给定的时间段里,一组商品的平均价格如何变化的一种指数。在计算平均数时,不同商品的价格一般要根据其经济重要性进行加权处理(例如在计算消费者价格指数时,加权的依据就是每种商品在总消费支出中所占的份额)。

当时只有不到 300 元钱的生活费，她们无奈之下只好掏出手机向同学求援。当晚 10 时 30 分许，小亚和小莉一共向 30 多名同学借钱，总算凑够 9800 元送到了店里，她们才得以脱身。

理发收取 1.2 万元的价格，令人瞠目结舌。经过媒体曝光，郑州的"天价理发"事件在当地引起强烈反响。

## 【经济学释义】

价格是商品同货币交换比例的指数，或者说，价格是价值的货币表现。价格是商品的交换价值在流通过程中所取得的转化形式。

从本质上来说，价格是一种从属于价值并由价值决定的货币价值形式。价值的变动是价格变动的内在的、支配性的因素，是价格形成的基础。但是，由于商品的价格既是由商品本身的价值决定的，也是由货币本身的价值决定的，因而商品价格的变动不一定反映商品价值的变动，例如，在商品价值不变时，货币价值的变动就会引起商品价格的变动。

商品价值的变动也并不一定就会引起商品价格的变动。例如，在商品价值和货币价值按同一方向发生相同比例变动时，商品价值的变动并不会引起商品价格的变动。因此，商品的价格虽然是表现价值的，但是仍然存在着商品价格和商品价值不相一致的情况。

在简单商品经济条件下，商品价格随市场供求关系的变动，直接围绕它的价值上下波动；在商品经济条件下，由于部门之间的竞争和利润的平均化，商品价值转化为生产价格，商品价格随市场供求关系的变动，围绕生产价格上下波动。

价值是价格的基础，商品供给是价格形成和变化的直接条件。价格是市场的"晴雨表"，反映了供给与需求之间的相互作用与变化。供给与需求是使市场经济运行的力量，它们决定了每种物品的产量及出售的价格。

另外，价格的变化与市场环境的变化也息息相关。例如，在欧洲，每年夏天，当新英格兰地区天气变暖时，加勒比地区饭店房间的价格直线下降；当中东爆发战争时，美国的汽油价格上升，而二手凯迪拉克轿车价格下降，这些都表现出供给与需求对市场的作用，而所有的这一切都是通过价格来反映的。

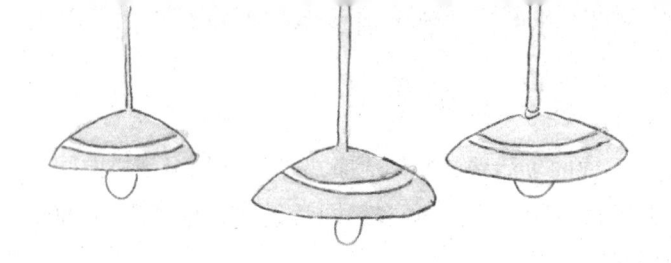

## 价格游戏中谁是赢家——均衡价格

一位顾客到服装店里买衣服，问老板：这件衣服多少钱？

老板：550元。

顾客：太贵了，我最多给250元。

老板：250多不好听啊，干脆我以进价卖给你，450！

顾客：还是太贵了，300元怎么样？

老板：300元太便宜了，要不咱们都让让，400元成交。

顾客：350元给不给？不给我就走人。

老板：等会儿，等会儿，350就350吧。这次绝对是亏本卖给你了。

当然服装店老板是不会亏本的，在买卖双方的讨价还价过程中，350元成为双方都能接受的价格，于是一笔交易成功了。

> **最高限价**
> 最高限价是由国家规定价格的最高限度和允许经营者向下浮动幅度的价格形式，是国家指导价的具体形式之一。

【经济学释义】

均衡价格是指一种商品需求量与供给量相等时的价格，这时该商品的需求价格与供给价格相等。均衡价格的形成就是价格决定的过程。需要强调的是，均衡价格的形成完全是在市场上供求双方的竞争过程中自发形成的，有外力干预的价格不是均衡价格。

在市场上，需求和供给对市场价格变化做出的反应是相反的。由于均衡是暂时的、相对的，而不均衡是经常的，所以供不应求或供过于求经常发生。

当供过于求时，市场价格下降，从而导致供给量减少而需求量增加；当供不应求时，市场价格会上升，从而导致供给量增加而需求量减少。供给与需求相互作用最终会使商品的需求量和供给量在某一价格水平上正好相等。这时既没有过剩（供过于求），也没有短缺（供不应求），市场正好均衡。这个价格就是供求双方都可以接受的均衡价格，市场也只有在这个价格水平上才能达到均衡。

当一个市场价格高于均衡价格时，物品的供给量将超过需求量，这样就会出现物品的过剩——在现行价格时卖者不能卖出他们想卖的所有物品，这种情况被称为超额供给。超额供给的反应是降低价格，而且价格要一直下降到市场达到均衡时为止。

同样，如果物品需求量超过供给量，这样就会存在物品短缺——需求者不能按现行价格买到他们想买的一切，这种情况被称为超额需求。此时，可以做出的反应是提高自己的价格而不是失去销售量。随着价格上升，市场又一次向均衡变动。

因此，许多买者与卖者的活动自发地把市场价格推向均衡价格。一旦市场达到其均衡价格，所有买者和卖者都得到满足，也就不存在价格上升或下降的压力。不同市场达到均衡的快慢是不同的，这取决于价格调整的快慢。

但是，在大多数自由市场上，由于价格最终要变动到其均衡水平，因此，过剩与短缺都只是暂时的。实际上，这种现象普遍存在，以至于有时被称为供求规律——任何一种物品价格的调整都会使该物品的供给与需求达到平衡。

# 为什么价格越贵，越要买——吉芬商品

美国人罗伯特·西奥迪尼写的《影响力》一书中有这样一个故事。

在美国亚利桑那州的一处旅游胜地，新开了一家售卖印第安饰品的珠宝店。由于正值旅游旺季，珠宝店里总是顾客盈门，各种价格高昂的银饰、宝石首饰都卖得很好。唯独一批光泽莹润、价格低廉的绿松石总是无人问津。为了尽快脱手，老板试了很多方法，例如，把绿松石摆在最显眼的地方，让店员进行强力推销等。

然而，所有这一切都徒劳无功。在一次到外地进货之前，不胜其烦的老板决定亏本处理掉这批绿松石。在出行前她给店员留下一张纸条："所有绿松石珠宝，价格乘二分之一。"等她进货归来，那批绿松石全部售罄。店员兴奋地告诉她，自从提价以后，那批绿松石成了店里的招牌货。"提价？"老板瞪大了眼睛。原来，粗心的店员把纸条中的"乘二分之一"看成了"乘二"。

**【经济学释义】**

按照正常的供求规律，商品的价格上升，需求量下降，但是为什么绿松石的价格贵了一倍，却销售一空呢？原来供求关系也是有例外的。我们不妨了解一下价格上升需求量随之上升的商品——吉芬商品。

单就一种现象而言，天底下到处都有吉芬商品或者吉芬现象。很多"北漂"的人选择在北京城乡接合部租房子住，但是那里的居住环境比市区要差，交通也不太便利，其房屋的性价比也比较低，房屋一般比较简陋。却有越来越多的人涌入城乡接合部，其背后的原因就是，虽然城乡接合部的租房价格不断上涨，但相比主城区而言价格还是比较便宜，对于刚刚在北京立足的年轻人来说，选择在那里租房能享受到相对便宜的房租，哪怕房子的性价比并不高。

可为什么有些东西越贵，人们越愿意去购买？经济学家认为，吉芬现象是市场经济中的一种反常现象，是需求规律中的例外，但也是一种客观存在的现象，是人们无法回避的。

例如，如果天降大雨，地铁口的雨伞尽管价格较平时上涨，但销量还在上升，其关键原因不是价格上涨，而是由于天空突降大雨，人们对价格已经不再敏感。在这种情况下，只要价格还不是高得离谱，人们就会购买。试想如果雨并不是很大，人们可以赶到商店再购买的话，小贩们的高价雨伞自然就无人问津了。

其实，生活中的"吉芬现象"并不少见，最突出的就是这几年来的房市。房价涨得越来越快，而买房子的人却越来越多，许多没钱的人也在想方设法购买，借钱、按揭、攒钱……无不希望自己"有房一族"的美梦早日成真。

吉芬现象还常常被商家利用。为了迎合部分高消费群体的需求，商家也不失时机地推出了高价商品。

**吉芬现象**

英国学者罗伯特·吉芬19世纪在爱尔兰观察到一个现象：1845年，爱尔兰爆发了大灾荒，虽然土豆的价格在饥荒中急剧上涨，但爱尔兰农民反而增加了对土豆的消费。后来人们为了纪念吉芬，就把吉芬发现的这种价格升高而需求量也随之增加的经济现象叫作吉芬现象，简单地说就是越贵越买。

# 既然青菜贵了，那就吃腌菜吧——替代效应

2009年岁末一场大范围降雪致使各地的青菜价格猛涨了不少。细心的人会发现，青菜价格涨了，买的人也跟着少了。据卖菜的摊主说，虽然青菜价格涨价太快，但整体上还不如正常天气下卖菜赚得钱多。这是为什么？

随着鲜菜价格的大涨，精打细算的消费者们开始盯上了价格一向稳定的腌制蔬菜。"菜价涨得凶，只有腌菜价格没动。一年到头都可以吃到新鲜蔬菜，偶尔换换口味也不错。"很多消费者都这样想。于是，腌制的萝卜、雪菜、苋菜、霉干菜等，都卖得不错，风头明显超过了平时颇受青睐的新鲜蔬菜。不过，随着天气转好，鲜菜价格恢复平稳，鲜菜的销量也随之上升了，腌菜又重新恢复了"冷门"。

**【经济学释义】**

这其实就是替代效应在发挥作用。替代效应是指由于一种商品价格变动而引起商品的相对价格发生变动，从而导致消费者在保持效用不变的条件下，对商品需求量的改变，称为价格变动的替代效应。

比如，你在市场买水果，一看到橙子降价了，而橘子的价格没有变化，在降价的橙子面前，橘子好像变贵了，这样你往往会多买橙子而不买橘子了。对于两种物品，如果一种物品价格的上升引起另一种物品需求的增加，则这两种物品被称为替代品。

> **收入效应**
>
> 具体来说就是当你在购买一种商品时，如果该种商品的价格下降了，你的实际购买力增强了，即可以买到更多的该种商品。这种实际货币收入的提高，会改变消费者对商品的购买量，从而达到更高的效用水平，这就是收入效应。

替代效应在生活中非常普遍。我们日常的生活用品，大多是可以相互替代的。萝卜贵了多吃白菜，大米贵了多吃面食。一般来说，越是难以替代的物品，价格越是高昂。比如，产品的技术含量越高价格就越高，因为高技术的产品只有高技术才能完成，替代性较低；而馒头谁都会做，所以价格极低。再如艺术品价格高昂，就是因为艺术品是一种个性化极强的物品，找不到替代品。王羲之的《兰亭序》价值连城，就是因为它只有一幅。

当 2008 年猪肉价格暴涨后，许多市民增加了其他涨价较少的肉类食品的消费比例，其实这就是替代效应在发挥作用。在生活中我们往往具有这样的智慧：当我们发现某种经常使用的消费品涨价后，通常会选择价格更为便宜的其他商品。

其实，在我们的工作中，替代效应也还在发挥作用。那些有技术、有才能的人在企业里是香饽饽，老板不但给他加薪，还笑脸相迎，为什么？因为这个世界上有技术、有才能的人并不是很多，找一个能替代的人更是不容易。而普通员工，企业很容易从劳务市场上找到替代的人，你不愿意干，想干的人多的是。如果别人的薪金比自己高，不要总是怨天尤人，只要使自己具有不可替代性，自己的待遇自然会提上来。

替代效应在人们的日常生活中无处不在，我们要认识并能充分利用这种效应，做一个聪明的经济人。

## 一笔隐藏在交易背后的成本——交易费用

《韩非子》里有一则"郑人买履"的故事。

有个郑国人,想要到集市上去买鞋子。早上在家里时量了自己的脚,把量好的尺码放在了他自己的座位上。到了集市当他拿起鞋子的时候,他才想起自己忘了带量好的尺码,于是对卖鞋子的人说:"我忘记带量好的尺码了。"就返回家去取量好的尺码。等到他返回集市的时候,集市已经散了,最终没有买到鞋。有人问他:"你为什么不用你的脚试鞋呢?"他说:"宁可相信量好的尺码,也不相信自己的脚。"

### 【经济学释义】

"郑人买履"的寓言意在讽刺那些固执己见、死守教条、不知变通、不懂得根据客观实际采取灵活对策的人。单从郑人买鞋的结果来看,他在集市与家之间往返两趟,浪费了大量时间和精力,最终还是没有买到鞋子。用经济学的话来说,他的交易费用实在太高了。

交易费用又称交易成本，最早由美国经济学家罗纳德·科斯提出。他在《企业的性质》一文中认为交易成本是通过价格机制组织产生的，最明显的成本就是所有发现相对价格的成本、市场上发生的每一笔交易的谈判和签约的费用，以及利用价格机制存在的其他方面的成本。

学术界一般认可交易费用可分为广义交易费用和狭义交易费用两种。广义交易费用是指为了冲破一切阻碍，达成交易所需要的有形及无形的成本。狭义交易费用是指市场交易费用，即外生交易费用。包括搜索费用、谈判费用及履约费用。

在生活中，我们每个人为了实现自己的交易行为，都要以不同的形式支付交易成本。对于不同的人来说，其自身的交易成本是不同的。在菜市场上，可以看到不少老太太与小商贩为几毛钱的菜款而讨价还价。

这是因为，老太太已经退休，她用来讨价还价的时间并不能作他用，如果能买到便宜的蔬菜，就是降低自己的生活成本了。但是如果放到年轻人身上，贵几毛钱就贵几毛钱吧，有讨价还价的时间还不如抓紧时间多挣钱。

## 交易成本经济学

交易成本经济学是融法学、经济学和组织学于一体的新颖的边缘学科。一般认为，市场运行及资源配置有效与否，关键取决于两个因素：一是交易的自由度大小；二是交易成本的高低。

# 物品之间的替代与并存——互补品

20世纪60年代初,柯达公司意欲开辟胶卷市场,他们并不急于动手,因为他们深知要使新开发的胶卷能在市场上脱颖而出,并非易事。于是,在1963年开发大众化相机,并宣布其他厂家可以仿制,一时出现了自动相机热。相机的暴增,给胶卷带来广阔的市场,柯达公司乘机迅速推出胶卷,一时销路遍及全球。

柯达公司采用发展互补品的办法,用相机的热销来拉动胶卷的市场。

【经济学释义】

所谓互补品,是指两种商品在效用上是互相补充的,二者必须结合起来共同使用才能满足消费者的需求,也可以把这种需求叫作联合需求,即一种商品的消费必须与另一种商品的消费相配套。

一般而言,某种商品的互补品价格上升,将会因为互补品需求量的下降而导

### 独立品

独立品是指一种产品的销售状况不受其他产品销售变化的影响。假设存在两种产品A和B,那么,A是独立品的情形会有两种:一是A和B完全独立,不存在任何销售方面的相关关系,日光灯与空调机之间的关系就属此类;二是产品A的销售增长可能会引起产品B的销售增长,而产品B的销售变化绝不会作用于产品A的销售状况。那么A相对B而言仍是独立品。

致该商品需求量的下降。汽油价格居高不下的时候，经常听到有人说："买得起车，用不起油啊。"因为消费汽车的同时必须消费汽油，如果汽车价格比较低，我们还要考虑汽油的价格问题。从经济学的角度来说，汽车和汽油就是互补品的关系。

也就是说，两种商品必须互相配合，才能共同满足消费者的同一种需要，如照相机和胶卷。胶卷的需求量与照相机的价格有着密切关系，一般而言，照相机价格上升，胶卷的需求量下降，两者呈现反方向变化。所以，如果 X 和 Y 是互补品，X 的需求量就与 Y 的价格呈反向变化。

如果一个产品与其互补产品都处在成熟的市场阶段，互补品所产生的互补效应恐怕不那么明显。众所周知，对于洗衣者来说，洗衣机与洗衣粉是典型的互补产品。今天的消费者倾向于对两者的购买独立决策，他们对洗衣机与洗衣粉都有自己独立的品牌偏好。这时候，厂家推荐的 A 牌洗衣机与 B 牌洗衣粉组合的方案就不一定能奏效了。

如果在一个尚未发育成熟的市场中，对产品信息了解不多的消费者占了绝大多数。企业通过广告宣传等方式强化消费者对互补产品联系的主观感知，就可能确立互补产品之间的战略重要性，微软推出的互补战略就是显证。反之，在一个较充分了解产品信息的消费者占绝大多数的成熟市场中，互补产品之间的紧密联系则较难建立。

# 酋长的"珍贵礼物"——价值悖论

一个穷人家徒四壁，只有一只木碗是自己的唯一财富，他把木碗顶在头上流浪。一天穷人出海遭遇了大风暴，风浪将船打碎。穷人抱着一根大木头，被海水冲到一个小岛上，岛上的酋长看见穷人头顶的木碗，感到非常新奇，便用一大口袋最好的钻石换走了木碗，还派人把穷人送回了家。

一个富翁听到了穷人的奇遇，心中暗想："一只木碗都换回这么多钻石，如果我送去很多可口的食品，该换回多少钻石！"富翁装了满满一船山珍海味和美酒，找到了穷人去过的小岛。酋长接受了富人送来的礼物，品尝之后赞不绝口，声称要送给他最珍贵的东西。富人心中暗自得意。一抬头，富人猛然看见酋长双手捧着的"珍贵礼物"，不由得愣住了：居然是穷人用过的那只旧木碗！

## 【经济学释义】

价值悖论，是指某些物品虽然实用价值大，但是廉价；而另一些物品虽然实用价值不大，但很昂贵的现象。例如，世界上没有什么东西能比水更有用了，可一吨水才几块钱。而成千上万吨的水才换得一颗钻石，但钻石除了能让人炫耀他的财富外，几乎没有什么用途。但为什么水的用途大而价格低，而钻石的用途小却价格高呢？这就是经济学所说的价值悖论。

约翰·劳认为水之所以用途大、价值小，是因为世上水的数量远远超过对它的需求，而用途小的钻石之所以价值大，是因为世上钻石的数量太少，不能满足人们对它的需求。正像俗话所说的那样，物以稀为贵。

西方边际学派试图用"边际效用"来说明问题。由于水的数量一般来说总是取之不竭的，而人对水的需要总是有一定的限度，不可能无休止。就拿喝水来说，随着人的肚子逐渐鼓胀起来，水对他来说就变成可喝可不喝的了，即水对人增加的效用也就很小。西方边际学派认为边际效用决定商品的价值，边际效用小，其价值也小。而钻石的数量相对人的需求来说却少得可怜，所以它的边际效用很大，价值也大。

马歇尔则用供求均衡来解释这一"谜团"。他认为，由于水的供应量极其充足，人们对水所愿支付的价格仅能保持在一个较低的水平；可是，钻石的供

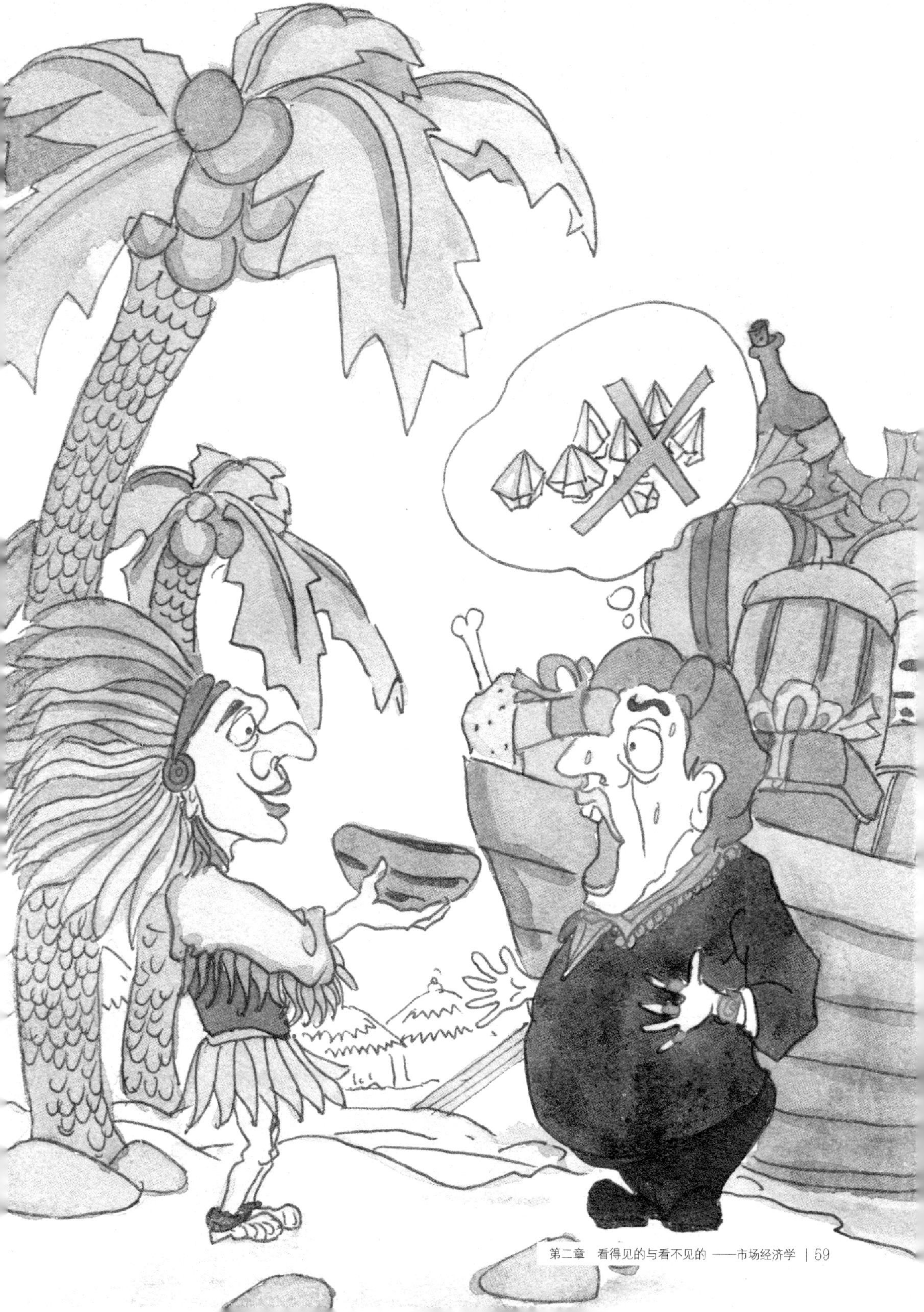

应量却非常少，而需要的人又多，所以，要得到它的人，就必须付出超出众人的价格。

而上文讲述的故事表明，一般情况下，钻石极其稀少，而木碗却比比皆是，故钻石的价值或价格远远高于木碗。而这个海岛上的情况却完全相反：钻石数量极多，木碗却从未见过。因此，海岛上木碗的价值或价格远远高于钻石。

**悖论的主要形式**

悖论主要有三种形式：一种论断看起来好像肯定错了，实际上却是对的（佯谬）；一种论断看起来好像肯定是对的，实际上却错了（似是而非的理论）；一系列推理看起来好像无懈可击，却导致逻辑上自相矛盾。

第三章

# 谁动了你的钱包
## ——消费经济学

# 花钱是为了让人嫉妒——炫耀性消费

法国皇帝拿破仑三世是一个奢靡的人，同时也是一个喜欢炫耀自己的人。他常常大摆宴席，宴请天下宾客。每次宴会，他总是显示皇帝的尊贵。餐桌上的用具几乎全是用银制成的，唯有他自己用的那一个碗却是铝制品。有人可能有疑问：为什么贵为法国皇帝，不用高贵而亮丽的银碗，而用色泽要暗得多的铝碗呢？

原来，在拿破仑三世时代，冶炼和使用金银已经有很长的历史，宫廷中的银器比比皆是。可是，在那个时候，人们才刚刚懂得可以从铝矾土中炼出铝来，冶炼铝的技术还非常落后，炼铝十分困难。所以，当时铝是非常稀罕的东西，不要说平民百姓用不起，就是大臣贵族也用不起。拿破仑三世让客人们用银餐具，而自己用铝碗，就是为了显示自己的高贵。

## 【经济学释义】

这事听起来感觉十分可笑，因为在今天，铝不仅比银便宜得多，而且光泽和性能都远远比不上银。对于拿破仑三世时代的人来说，铝碗无疑是奢侈品，时过境迁，奢侈品变成了寻常百姓的生活必需品。奢侈品在经济学上，指的是价值与品质比值最高的产品。从另一个角度上看，奢侈品又是指无形价值与有形价值比值最高的产品。从经济意义上看，奢侈品实质是一种高档消费行为，本身并无褒贬之分。

经济学家把消费极为昂贵的产品或服务称为炫耀性消费。其含义在于这种消费行为的目的不在于其实用价值，而在于炫耀自己的身份。此外，消费心理学研

### 炫耀性消费的内涵

炫耀性消费有两点含义。其一，是"消费的象征"，即借助消费者消费表达和传递某种意义和信息，包括消费者的地位、身份、个性、品位、情趣和认同。消费过程不仅是满足人的基本需要，而且是社会表现和社会交流的过程。其二，是"象征的消费"，即消费者不仅消费商品本身，而且消费这些商品所象征的某种社会文化意义，包括消费时的心情、美感、氛围、气派和情调。

究也表明，商品的价格具有很好的排他作用，能够很好地显示出个人收入水平。利用收入优势，高层次者常常能够有效地把自己与低层次者分开。

炫耀性消费是一种重要的社会经济现象，这个概念最早是由凡勃伦于1899年出版的《有闲阶级论——关于制度的经济研究》一书中提出来的。凡勃伦认为商品可分为两大类：非炫耀性商品和炫耀性商品。其中，非炫耀性商品只能给消费者带来物质效用，炫耀性商品则给消费者带来虚荣效用。所谓虚荣效用，是指通过消费某种特殊的商品而受到其他人尊敬所带来的满足感。他认为，富裕的人常常消费一些炫耀性商品来显示其拥有较多的财富或者较高社会地位。

实际上，炫耀并非缺点，正是通过炫耀，一个人对财富拥有的满足才能折射到另一个人的梦想中，并转化为一群人追求财富的动力。但不正常的炫耀性消费所带来的损害是巨大的。在很多腐败案例中，一些高官为显示自己的地位和权势，大肆进行炫耀性消费，并为满足欲望而放弃原则和违犯法律，进行权钱交易，贪污受贿，直至腐化堕落。这时，炫耀性消费就成了一种典型的非理性行为。其实，炫耀其身份的方式不一定非得通过消费奢侈品等行为体现，可以通过慈善等其他方式得以体现。

## 不是要便宜，而是要感到占了便宜——消费者剩余

在一场猫王专辑的小型拍卖会上，有小琳、小文、老李、阿俊四个猫王迷同时出现。他们每一个人都想拥有这张专辑，但每个人愿意为此付出的价格都有限。小琳的支付意愿为 100 元，小文为 80 元，老李愿意出 70 元，阿俊只想出 50 元。

拍卖会开始了，拍卖者首先将最低价格定为 20 元，开始叫价。由于每个人都非常想要这张专辑，并且每个人愿意出的价格远远高于 20 元，于是价格很快上升。当价格达到 50 元时，阿俊不再参与竞拍。当专辑价格提升为 70 元时，老李退出了竞拍。最后，当小琳愿意出 81 元时，竞拍结束了，因为小文也不愿意出高于 80 元的价格购买这张专辑。

那么，小琳究竟从这张专辑中得到了什么利益呢？实际上，小琳愿意为这张专辑支付 100 元，但他最终只为此支付了 81 元，比预期节省了 19 元。这"节省"出来的 19 元就是小琳的"消费者剩余"。

**【经济学释义】**

消费者剩余是指消费者购买某种商品时，所愿支付的价格与实际支付的价格之间的差额。在西方经济学中，这一概念是马歇尔提出来的，他在《经济学原理》中为消费者剩余下了这样的定义："一个人对一物所付的价格，绝不会超过，而且也很少达到他宁愿支付而不愿得不到此物的价格。因此，他从购买此物所得的满足，通常超过他因付出此物的代价而放弃的满足。这样，他就从这种购买中得到一种满足的剩余。他宁愿付出而不愿得不到此物的价格，超过他实际付出的价格的部分，是这种剩余满足的经济衡量。这个部分可以称为消费者剩余。"

> **边际买者**
>
> 如果价格再提高一点儿就首先离开的买者。例如，一张流行唱片，张三愿意出20元购买，李四愿意支付25元，王刚愿意支付30元。在这个消费队伍中，张三就是一个边际买者。如果唱片价格上调，第一个离开的就是他。一般来说，边际买者可能得到的消费者剩余最少。

消费者在买东西时对所购买的物品有一种主观评价。这种主观评价表现为其愿为这种物品所支付的最高价格，即需求价格。决定这种需求价格的主要有两个因素：一是消费者满足程度的高低，即效用的大小；二是与其他同类物品所带来的效用和价格的比较。消费者愿意出的最高价格并不一定等于供求双方决定的市场价格。当消费者所愿意出的最高价格高于市场价格时，这两种价格之间的差额就称为消费者剩余。消费者剩余可以用下列公式来表示：

**消费者剩余＝买者的评价－买者支付的量**

消费者剩余可以用来衡量消费者购买并消费某种物品或劳务所得到的经济福利的大小。消费者购买和消费物品或劳务是为了得到经济福利，一种物品或劳务给消费者带来的消费者剩余越大，即市场价格越低于消费者愿意出的最高价格，消费者就越愿意购买；反之，如果市场价格高于消费者愿意出的最高价格，那么消费者就会认为购买该物品或劳务不值得，或者说消费者剩余为负数，那么消费者就不会购买。

# 我们是如何成为剁手党的——冲动型消费

大学生塞利娜·哈尔平素习惯穿平跟鞋,但一时兴起想买高跟鞋,于是一口气买下好几款颜色不同的高跟鞋。然而,没隔多久,她就不喜欢这些新鞋,不愿再穿。

女性无疑是冲动型消费的主力军。日本一个专门研究消费者形态的机构有一个统计,女性冲动型购买的比率为34.9%。换句话说,每3个女性消费者里面,就有一个是冲动型购买者。女性的非理性消费彻底颠覆了经济学家所能预测的消费模式,你会常常看到这样的现象,她们在进入超市之前做了周密的购物计划,但在购物的时候却买回不少自己喜欢却并不实用,甚至根本用不上的商品。

"我被购物冲动抓住,如果不买东西,我就感觉焦虑,如同不能呼吸一般。这听起来荒唐,但这事每个月都在发生。"一位参与这项科学研究的女性这样说。

经济学家说,女人们的这种消费轨迹无法捉摸,因为没有一丝规律可循。但困扰经济学家们的是——女性为什么倾向于非理性消费?

## 【经济学释义】

当你在商场中看到一些比较便宜或很讨你喜欢的东西,这些东西可能是你经常看到但从来没有使用过的。你猛然间觉得自己好像很需要它,于是将其买下。但是事后却发现你根本不需要它,或者它的作用很小。这就是典型的冲动型消费。

英国心理学家研究发现,女性在月经周期最后10天左右更易产生购物冲动。月经周期中体内荷尔蒙的变化容易引起不良情绪,如抑郁、压力感和生气。她们感到非常有压力或沮丧,容易选择购物这一方式,帮自己调节情绪。对许多女性而言,购物成为一种"情感上的习惯"。她们不是因为需要而购买商品,而是享受购物带来的兴奋感。

冲动型消费是指在某种急切的购买心理的支配下,仅凭直观感觉与情绪就决定购买商品。在冲动型消费者身上,个人消费的情感因素超出认知与意志因素的制约,容易接受商品(特别是时尚潮流商品)的外观和广告宣传的影响。冲动型消费一般可分为以下几种类型。

(1)纯冲动型。顾客事先完全无购买愿望,是一种突发性的行为,出于心理

反应或情感冲动而"一时兴起"或"心血来潮",或是"图新奇""求变化"。

（2）刺激冲动型。顾客在购物现场见到某种产品或某些广告宣传、营业推广，提示或激起顾客尚未满足的消费需求，从而引起消费欲望，而决定购买，是购物现场刺激的结果。

（3）计划冲动型。顾客具有某种购买需求，但没有确定购买地点和时间。如得知某超市要让利销售，专门到该超市购物，但没有具体的购物清单，因而买"便宜货"是有计划的，买何种"便宜货"则是冲动的。

### 理性消费

理性消费是指消费者在消费能力允许的条件下，按照追求效用最大化原则进行的消费。从心理学的角度看，理性消费是消费者根据自己的知识和知觉做出合理的购买决策，当物质还不充裕时理性消费者心理追求的商品是价廉物美、经久耐用。

事实上，具有冲动消费的不仅仅是女性，每个人都有冲动消费的倾向。在消费者最容易冲动购买的商品类别上，男女是有区别的，男性一般倾向于买高技术、新发明的产品，而女性在服装鞋帽上很难克制自己的购物欲望。

而作为理性人，应该时刻谨记"冲动是魔鬼"，并能控制随兴而起的"购物冲动"，做到有计划、有目标地购物！

# 排队，是消费者难掩的情结——从众消费

一个石油商死后上了天堂，结果圣彼得说："实在抱歉，我知道您在世时行为正派，做了很多善事，但是天堂里已经饱和，实在住不下人了。"这个石油商说："不要紧，我有办法。"他对天堂的大门大喊一声："地狱里发现石油啦！"马上从大门里跑出一大堆人，要赶到地狱去。圣彼得吃惊地看着这一切，说："现在你可以进天堂了。"不料石油商说："我决定去地狱，这么多人都去了地狱，说不定这个消息是真的呢。"

## 【经济学释义】

这则故事反映了人们的从众心理。从众是人们自觉或不自觉地以某种集团规范或多数人的意见为准则，做出社会判断、改变态度的现象。在经济学中，从众行为也被称为"羊群行为"。

羊群是一种很散乱的组织，平时在一起也是盲目地左冲右撞，但一旦有一只头羊动起来，其他的羊也会不假思索地一哄而上，全然不顾前面可能有狼或者不远处有更好的草。比如在一群羊前面横放一根木棍，第一只羊跳了过去，第二只、第三只也会跟着跳过去。这时，把那根棍子撤走，后面的羊，走到这里，仍然像前面的羊一样，向上跳一下，尽管拦路的棍子已经不在了，这就是所谓的"羊群效应"。

从众心理很容易导致盲从，而盲从往往会陷入骗局或遭到失败。在市场中的普通大众，往往容易丧失基本判断力。一见别人排队买东西，就以为有"便宜"可占，一见别人都夸这东西好，就赶快掏腰包。这种现象司空见惯。报纸上不

---

**示范效应**

示范效应是指受外界因素影响所诱发的不顾生产力水平和经济条件去模仿过高消费水平和消费方式的经济现象。比如，一个人收入没有增加，而如果周围人的收入和消费增加了，他会因顾及在社会上的相对地位，也会打肿脸充胖子地提高自己的消费水平。

时揭露的不法商家雇"托儿"的卑劣手段，就是诱使人从众以使其上当的最好注脚。

在现实生活中，消费跟风的例子很常见，一说流行什么，满大街全是。在消费方式上，尤其明显。流行西服，连农民下地干活也穿西服；流行"松糕厚底鞋"，不分高矮胖瘦，脚下统统蹬着大厚底；流行"文化衫"，满街的人背着"文化"跑……

其实，从众行为也是一种预期理性行为。在现有的信息条件下，人们通过模仿领头羊的行为以期达到自己的预期结果。虽然预期希望常常不能如愿以偿，但是在做出这个选择之前，人们有一种理性的预期希望，为了达到这种预期的希望，人们选择跟从行为，因此经济学中的从众行为并不见得就一无是处。在信息不对称和预期不确定条件下，从众行为确实是风险比较低的。从众消费对于弱势群体的保护和成长是很有帮助的。

值得注意的是，消费者从众行为是有一定限度的。在对商品了解较多，并有客观判断标准的情况下，很少有从众行为；商品信息模糊时，容易产生从众行为。对每个消费者来说，是否会产生从众行为还与其个性因素有密切关系，依赖性强、缺乏自信、易受暗示、知识面窄的消费者更容易产生从众行为。

## 移动电话资费套餐的秘密——捆绑销售

美国的约翰逊黑人化妆品公司总经理约翰逊是一个知名度很高的企业家。可他创业时，也曾为产品的销售伤透了脑筋。由于约翰逊经营着一个很小的黑人化妆品公司，而当时美国有一家最大的黑人化妆品制造商佛雷公司，几乎垄断了这个市场。

经过很长时间的考虑，约翰逊提出了一句措辞非常巧妙的广告语："当你用过佛雷公司的化妆品后，再擦一次约翰逊的粉质膏，将会得到意想不到的效果。"

约翰逊的这一招的确高明，不仅没有引起佛雷公司的戒备，而且使消费者很自然地接受了他的产品，达到了事半功倍的效果。因为他当时主推的只有一种产品，凡是用佛雷公司化妆品的黑人，大多不会在乎再增加一种对自己确实有好处的化妆品的。

随着粉质化妆膏销量的大幅度上升，约翰逊抓住

**捆绑定价**

捆绑定价也叫价格捆绑策略或捆绑价格策略，是指将两种或两种以上的相关产品，捆绑打包出售，并制定一个合理的价格，这种销售行为和定价方法常常出现在信息商品领域，例如微软公司将 IE 浏览器与 Windows XP 捆绑，并以零价格附随出售。

了这一有利时机迅速扩大市场占有率。为了强化约翰逊化妆品在黑人化妆品市场上的地位，他同时加速了产品开发，连续推出了能够改善黑人头发干燥、缺乏亮度的"黑发润丝精""卷发喷雾剂"等一系列产品。经过几年的努力，约翰逊系列化妆品占领了绝大部分美国黑人化妆品市场。

**【经济学释义】**

不知从何时起，捆绑销售已悄悄地侵入我们的生活，而且有愈演愈烈之势。大至买楼房送车位、买大件家电送电饭锅，小至买手机送话费，酸奶"买二送一"，甚至买支牙膏也送个钥匙圈。问商家不要赠品能否降些价，商家回答：不要可以，但不降价。

捆绑销售也被称为附带条件销售，即一个销售商要求消费者在购买其产品或者服务的同时，也得购买其另一种产品或者服务，并且把消费者购买其第二种产品或者服务作为其可以购买第一种产品或者服务的条件。捆绑销售通过两个或两个以上的品牌或公司在销售过程中进行合作，从而扩大它们的影响力，可以说是共生营销的一种形式，开始被越来越多的企业重视和运用。

捆绑实际上是资源的再次创新与整合，是在原有资源的基础上，创造出一种更有力度的模式，更利于消费者对信息的接收与处理，甚至变被动为主动。如果进行科学规划，对相关品牌进行整合，那么，这样的科学捆绑也许可以创造奇迹。

"全球通"在广州市区推出了"免费频道"服务，由移动公司提供网络支持，由广告公司、商家和移动电话客户共同参与，共同受益。具体内容是：移动用户须在自己的手机上拨打"免费频道"号码，仔细听完系统播放的信息（广告），回答相关简单的问题，就可获得一定数额的话费。

真可谓超级整合，超级捆绑。消费者由被动变主动，在"话费"的"驱使"下，热情空前高涨。为回答商家的问题，对广告自然认真收听，效果不同凡响。利用电信这条超级绳索，把商家和消费者紧紧地"绑"在了一起。

如何少花钱、多办事，节省资金、降低成本、提高竞争力，是我们共同关心的话题。但不要走向另一个极端，为了省钱，什么都"绑"，搞得风马牛不相及，甚至引起消费者的反感。

"捆绑销售"，不是倾销，不是折价销售，更不是买一送三。我们应把它看成一种把宣传、销售、促销等多种因素集合在一起的全新事例系统，目的是节省资源、提高效力。合理的捆绑销售方式能给生产者带来良好的销售效果。

# 被长袍"胁迫"的狄德罗——配套效应

法国人丹尼·狄德罗是 18 世纪欧洲启蒙运动的代表人物之一。他才华横溢，在文学、艺术、哲学等诸多领域做出了卓越贡献，是当时赫赫有名的思想巨人。

有一天，一位朋友送给狄德罗一件质地精良、做工考究、图案高雅的酒红色长袍，狄德罗非常喜欢，马上将旧的长袍丢弃了，穿上了新长袍。可是不久之后，他就产生了烦恼。因为当他穿着华贵的长袍在书房里踱来踱去时，越发觉得那张自己用了好久的办公桌破旧不堪。

于是，狄德罗叫来了仆人，让他去市场上买一张与新长袍相搭配的新办公桌。当新办公桌买来之后，狄德罗又马上发现了新的问题：挂在书房墙上的花毯针脚粗得吓人，与新办公桌不配套！狄德罗马上打发仆人买来了新挂毯。

可是，没过多久，他又发现椅子、雕像、书架、闹钟等摆设都显得与挂上新挂毯后的房间不协调，需要更换。慢慢地，旧物件挨个儿都更新完了，狄德罗得到了一个神气十足的书房。

**附加价值**

附加价值是指所生产的商品的价值与生产它们所使用的材料和供给的成本之间的差额。在一块 1 元的面包中，可能包含了 0.6 元的小麦和其他材料的价值，这时其附加值为 0.4 元。

这时，这位哲人突然发现"自己居然被一件长袍胁迫了"，更换了那么多他原本无意更换的东西。于是，狄德罗十分后悔自己丢弃了旧长袍。他还把这种感觉写成了一篇文章，题目就叫《丢掉旧长袍之后的烦恼》。

整整过了两百年之后，在1988年，美国人格兰特·麦克莱肯读了这篇文章，感慨颇多。他认为这个案例具有典型意义，集中揭示了消费品之间的协调统一的文化现象，并借用狄德罗的名义，将这一类现象概括为"狄德罗效应"，也称为配套效应。

【经济学释义】

在人们的观念里，高雅的长袍是富贵的象征，应该与高档的家具、华贵的地毯、豪华的住宅相配套，否则就会使主人感到"很不舒服"。这种"配套效应"在事物的联系中为整个事物的发展提供了动因，从而促进了周围事物的变化发展和更新。

狄德罗效应在生活中屡见不鲜。在服饰消费中，人们会重视帽子、围巾、上衣、裤子、袜子、鞋子、首饰、手表等物品之间在色彩、款式上的相互搭配。在装修时，人们会注重灯具、厨具、地板、电器、艺术品和整体风格之间的和谐统一。这些都是为了实现"配套"，达到一种和谐。

生产厂家和商场最善于利用这种配套效应了。配套效应的核心并不在于那件新长袍的风格样式，而在于它所象征的一种生活方式，后面的一切都是为了这种生活方式的完整构成。所以，厂家和商家往往会想方设法，利用这一效应来推销自己的商品。他们会告诉你这些商品是如何与你的气质相配，如何符合你的档次，等等。总之一句话，它们都是你不能不拥有的"狄德罗商品"。

很多人都有这种经历：在外出购物时明明只想买一样东西，结果却买回了一大堆。比方说，出门时只想买一件衬衫，但买下衬衫之后，觉得跟裤子不配套，于是又去买了一条新裤子。穿上裤子，又觉得皮鞋的式样不般配，只好又去买了一双皮鞋。回到家才发现，原本只想花几十块钱，最后却花了好几百元。

市场上的商品种类五花八门，琳琅满目。但是这些商品之间往往有着一种搭配关系。各种不同消费品，虽然可能满足的是不同的生活需求，但如果它们都是与某种生活水平相一致的，这些消费品就是相互搭配的。如果人们的这些消费需求之间构成了一个系统，那么满足这些需求的消费品也构成一个完整的系统。如果其中某个物品缺失，就会导致生活水平的缺损和消费心理上的缺憾。

配套效应给人们一种启示：对于那些非必需的东西尽量不要。因为如果你接受了一件，那么外界的和心理的压力会使你不断地接受更多非必需的东西。

# 纣王的奢侈生活——棘轮效应

商朝末年纣王登位之初，天下人都认为在这位精明的国君治理下，商朝的江山一定会坚如磐石。有一天，纣王命人用象牙做了一双筷子，十分高兴地使用这双象牙筷子就餐。他的叔叔箕子见了，劝他收藏起来，而纣王却满不在乎，满朝文武大臣也不以为意，认为这本来是一件很平常的小事。

箕子为此忧心忡忡，有的大臣问他原因，箕子回答说："纣王用象牙做筷子，必定再不会用土制的瓦罐盛汤装饭，肯定要改用犀牛角做成的杯子和美玉制成的饭碗，有了象牙筷、犀牛角杯和美玉碗，难道还会用它来吃粗茶淡饭和豆子煮的汤吗？大王的餐桌从此顿顿都要摆上美酒佳肴。吃的是美酒佳肴，穿的自然要绫罗绸缎，住的就要求富丽堂皇，还要大兴土木筑起楼台亭阁以便取乐了。对这样的后果我觉得不寒而栗。"仅仅5年，箕子的预言果然应验了，商纣王恣意骄奢，最终断送了商朝绵延500多年的江山。

【经济学释义】

在这则故事中，箕子对纣王使用象牙筷子的评价，反映了现代经济学中的消费效应——棘轮效应。棘轮效应，又称制轮作用，是指人的消费习惯形成之后有不可逆性，即易于向上调整，而难于向下调整。尤其是在短期内消费是不可逆的，其习惯效应较大。实际上棘轮效应可以用宋代政治家和文学家司马光一句著名的话来概括：由俭入奢易，由奢入俭难。

"棘轮效应"最初来自对苏联计划经济制度的研究，美国经济学家杜森贝利后来使用了这个概念。古典经济学家凯恩斯主张消费是可逆的，即绝对收入水平变动必然立即引起消费水平的变化。针对这一观点，杜森贝利认为，对于消费者来说，增加消费容易，减少消费很难。因为一向过着高生活水平的人，即使实际收入降低，多半不会马上降低消费水准，而会继续保持相当高的消费水准。即消费"指标"一旦上去了，便很难再降下来，就像"棘轮"一样，只能前进，不能后退。

狭义的棘轮效应是指即使收入水平下降，个人消费习惯也不会随之下降。在居民的生活中，这种"能上不能下"的事件出现过多次，比如石油价格上涨，导致成品油价格大幅上涨及出租车价格上涨,广州增加了1元特别附加费,北京则将每公里的单价从1.2元和1.6元统一为2元。但是在之后的国际油价下调过程中,这些价格并没有相应下调。

在房价问题上,棘轮效应的表现更加明显。现在,房价已经形成了棘轮效应,易上难下。这是因为,尽管房价上涨的各种负面影响很大,但一旦涨上去再跌下来,就将引发严重的经济问题。就整个经济体系来说,房价可以不涨,但绝对不能暴跌,否则就有可能引发严重的经济危机。

棘轮效应是出于人的一种本性,人生而有欲,"饥而欲食,寒而欲暖",这是人与生俱来的欲望。人有了欲望就会千方百计地寻求满足。从经济学的角度来说,一方面,资源的稀缺性决定了不能放任棘轮效应任意发挥作用,无限制地利用资源来满足人类无尽的欲望;另一方面,也应该利用棘轮效应的特点来拉动经济的增长和繁荣。

**消费指数**

消费指数是指衡量所选定的一篮子消费品购买价格的指数。它是反映与居民生活有关的产品及劳务价格统计出来的物价变动指标,通常作为观察通货膨胀水平的重要指标。

# 同货不同价，看人下菜碟的"艺术"——价格歧视

越剧《何文秀》中有个段子是这样的，算命先生说："大户人家叫算命，命金要收五两银；中等人家叫算命，待茶待饭待点心；贫穷人家叫算命，不要银子半毫分，倘若家中有小儿，先生还要送礼金，倒贴铜钱二十四文，送与小儿买糕饼。"在这段唱词中，算命先生的一副好心肠令大家感动不已。

当然，算命先生的话即使被大户人家听到了，大户人家还是会找他算命，只要算命先生能提供与价值相符的服务。算命先生对不同人家的不同定价策略，似乎并不影响他的生意。

【经济学释义】

精明的商家们从算命先生的定价策略中得到了启示，于是便出现了"价格歧视"。价格歧视，实质上是一种价格差异，通常指商品或服务的提供者在向不同的接受者提供相同等级、相同质量的商品或服务时，在接受者之间实行不同的销售

> **价格垄断**
>
> 价格垄断是垄断厂商凭借自身的垄断地位（在一个行业内，某些企业所占份额很大，既可决定产量又可操纵产品价格），为谋求自身利益最大化而制定垄断高价或垄断低价的行为。通过垄断价格行为，垄断者或垄断部门可获得高额垄断利润。

价格或收费标准。

实行价格歧视的目的是获得较多的利润。如果以较高的价格能把商品卖出去，生产者就可以多赚一些钱，因此生产者尽量把商品价格定得高些。但如果把商品价格定得太高了，又会赶走许多支付能力较低的消费者，从而导致生产者利润的减少。采取一种两全其美的方法，既以较高的商品价格赚得富人的钱，又以较低的价格把穷人的钱也赚过来，这就是生产者所要达到的目的，也是"价格歧视"产生的根本动因。

"价格歧视"的前提是市场分割。如果生产者不能分割市场，就只能实行一个价格。如果生产者能够分割市场、区别顾客，而且分割出的不同市场具有明显不同的支付能力，这样企业就可以对不同的群体实行不同的商品价格，尽最大的可能实现企业较高的商业利润。

如果没有歧视，人人平等，实际上必然造成对高需求者的歧视。在整个价格歧视中，不同的有效需求者都能得到有效的供给，因而从需求与供给相等的意义上说，没有任何人遭到歧视。所以说，价格歧视本身也是一种市场公平的体现。比如，大学生放寒假要坐火车回家，如果坚持价格无歧视，取消学生半价票，结果可想而知。

# 看着钱买东西和看着东西花钱——消费者均衡

李大妈是个很会过日子的人，买东西精打细算。这天她准备做午饭，看着家里没什么菜了，就去菜市场买菜。她先买了白菜、萝卜和西红柿，花了10元钱；又买了豆腐和粉条，花了5元钱。一看钱包里只剩下2元钱了，本来还想买一斤肉，可钱不够了。这怎么办？不能不买肉，家里已经没有荤菜了。李大妈这时才觉得白菜、萝卜和西红柿买多了，于是找卖菜的想退掉一些。买了菜还要退货？好在卖菜的见李大妈是老主顾，就退了她5元钱的菜。李大妈于是花7元钱买了点肉，心满意足地回家了。

【经济学释义】

李大妈退货的目的是重新将货币分配于菜和肉的购买上，这样实现了消费者均衡，从而心满意足。消费者均衡是指在消费者的收入和商品的价格既定的条件下，当消费者选择商品组合获取了最大的效用满足，并将保持这种状态不变时，

称消费者处于均衡状态。

消费者的货币收入总是有限的，他要把有限的货币收入用于各种物品的购买，以满足自己的欲望。他应该如何把货币分配于各种物品的购买才能获得最大限度的满足，使心理平衡呢？如果我们用 $Px$ 和 $Py$ 分别表示 X 商品和 Y 商品的价格，再用 $MWx$ 和 $MWy$ 分别表示 X 商品和 Y 商品的边际欲望，那么，消费者均衡将由以下公式反映：

$$MWx/Px = MWy/Py$$

**消费市场**

消费市场是指进行消费品交换的场所，是市场体系的重要组成部分。消费市场是连接生产与消费之间的桥梁，既让生产过程中的价值得到实现，也让消费者需求得到满足。

如果消费者认为 X 商品的边际欲望与价格之比大于 Y 商品的边际欲望与价格之比，那么，消费者就会增加 X 商品的购买量，减少 Y 商品的购买量，直至两个比值相等为止。虽然消费者均衡公式只有一个，但是消费者均衡的比值却不计其数。因为每一个消费者的欲望尺度都不相同。

在消费者的货币收入固定和物品的价格已知的条件下，消费者总是想让自己购买的各种物品的边际欲望与各自价格的比值都相等。同时，实现消费者均衡必须具备以下假设性条件。

（1）消费者的偏好既定。消费者对各种物品效用的评价是既定的，不会发生变动。比如一个消费者在去商店之前，对商品购买的排列顺序是盐、电池、点心，这一排列顺序到商店后也不会发生改变。这就是说先花第一元钱购买商品时，买盐在消费者心目中的边际效用最大，电池次之，点心排在最后。

（2）消费者的收入既定。由于货币收入是有限的，货币可以购买一切物品，所以货币的边际效用不存在递减问题。因为收入有限，需要用货币购买的物品很多，但不可能全部都买，只能买自己认为最重要的几种。因为每一元货币的功能都是一样的，在购买各种商品时最后多花的每一元钱都应该为自己增加同样的满足程度，否则消费者就会放弃不符合这一条件的购买量组合，而选择自己认为更合适的购买量组合。

（3）物品的价格既定。由于物品价格既定，消费者就要考虑如何把有限的收入分配于各种物品的购买与消费上，以获得最大效用。由于收入固定，物品价格相对不变，消费者用有限的收入能够购买的商品所带来的最大的满足程度也是可以计量的。因为满足程度可以比较，所以对于商品的不同购买量组合所带来的总效用可以进行主观上的分析评价。

# 你是如何陷入贫穷和忙碌的——信贷消费

随着改革开放和我国的经济迅速发展,"用明天的钱,做今天的事",这一新的消费观念随着个人消费信贷的全面推广,已渐渐被消费者认识和接受。如今市场上流行的信贷消费主要有四种:短期赊销;购买住宅,分期付款;购买昂贵的消费品,分期付款;信用卡信贷。

细细想一下,我们传统的消费观念总是讲量入为出、量力而行。负债消费的兴起,最早始于20世纪90年代,这和住宅市场化有关,和信用卡等金融工具的出现有关,而且主要发生于青年群体中。

"花明天的钱圆今天的梦"得以大行其道有一个背景在起作用,这就是全球化语境下的消费主义影响。全球化与后现代主义消费观席卷整个世界,外来消费文化借助商品、广告等传播媒介,对社会形成越来越大的强势影响,不知不觉中,奢侈品消费、透支的理念、超前消费的冲动,催生出所谓"月光族""负翁",在高消费享受的光环下,负债消费渐成一种社会生活风尚。

【经济学释义】

信贷消费本身无所谓好坏,尤其在内需不足的今天。适度负债消费的确有利于拉动经济增长。但是,从更大、更远的社会发展视野看,高负债能够促进消费、刺激经济是讲究匹配的运行环境的。显然,我们目前负债消费的支撑力有限。

从西方大多数国家的经验看,在市场经济发展到一定时期,通常会产生消费萎缩导致经济不景气的问题,采用个人消费信贷的方法能有效地解决这个难题。

由此来看,个人信贷消费是引导消费、扩大内需,推动经济发展的一项良好举措,值得我们在国内消费需求不足的今天大力提倡。然而,与信贷消费相伴而来的负面影响,也需要我们时时警惕。

信用卡刷卡消费这种形式已经逐渐被许多年轻人所接受,并成为一

**个人消费信贷**

个人消费信贷是指银行或其他金融机构采取信用、抵押、质押担保或保证方式,以商品型货币形式向个人消费者提供的信用。按接受贷款对象的不同,消费信贷又分为买方信贷和卖方信贷。

种消费时尚。众所周知，信用卡的主要功用就是透支，主张超前消费，这无疑给人们的日常消费带来了许多方便与乐趣。然而，高消费和透支消费带来的是债台高筑，加之现代社会竞争力大，求职不易，失业率增加，对于那些缺乏社会阅历、工资收入低、正在求学或刚刚组建家庭的青年群体来说，无疑是雪上加霜。

　　随着银行业务的增多，办理信用卡已经变得异常便利，很多人选择了办理信用卡业务。再加上每年必须刷卡三次否则需要缴纳年费这样的规定，一定让很多信用卡的持有者有过信用卡透支的经历。信用卡给人们带来了不少方便，但是它的透支功能也让一些人花钱失去了节制。甚至有些人最后不得不向朋友和家人借钱还账。其实他们在办理信用卡时并没有真正理解信贷消费所体现的消费理念，而仅仅看中了其透支消费的功能。

　　年轻人爱追求潮流和新奇，具有较强的虚荣心，而信用卡透支消费一不小心就会成为年轻人奢侈购物的催化剂。不管是哪种形式的消费，在消费者没有具备相应经济实力的时候，千万不要盲目提前消费。对于那些信用卡消费过度的人，还是及早调整消费习惯，以免等到欠了债再叫苦；同时还要对消费者进行适当的消费指引，让他们了解到拥有一张信用卡不仅拥有许多权利，还有一份责任。

# 罩在光环下的黑洞——消费陷阱

市场上经常可以看到"一洗黑"的洗发新产品,这一类洗发水大多宣传其产品是纯天然植物制成,使用后头发很快就能变黑,安全又方便。2009年1月4日中央电视台《每周质量报告》曝光了"一洗黑"背后的秘密,多个品牌的"一洗黑"洗发水实际上添加了未标明的"对苯二胺"染发剂。而标明自己是纯天然成为它最大的噱头,其一套"首领一洗黑草本精华洗护套装",每盒售价168元,比市面上的普通洗发水贵数倍。

【经济学释义】

以"天然"之名对产品进行宣传,进而实施高价格销售,是商家经常使用的手法之一。天然食品流行的最重要的原因,是不断有食品危害身体健康的消息出

> **消费者行为**
>
> 在狭义上，消费者行为仅仅指消费者的购买行为以及对消费资料的实际消费。在广义上，消费者行为是指消费者为索取、使用、处置消费物品所采取的各种行动，以及先于且决定这些行动的决策过程，甚至包括消费收入的取得等一系列复杂的过程。

现，很多人认为天然食品更好。于是商家应顾客之所需，市场上便大量出现了所谓的"天然食品"。消费者通过理性分析可以知道，市面上不可能有这么多天然食品，绝大部分天然食品就是假借"天然"的噱头。

由此看来，很多商家其实都是在以"天然"之名欺诈消费者。消费者在消费过程中一定要注意类似的消费陷阱。媒体上，有关消费陷阱的例子不胜枚举，大学生、教授、政府职员和家庭主妇屡屡上当受骗的新闻经常见诸报端。毕竟我们的消费者还是"肉眼凡胎"，面对五花八门、形形色色的诈骗伎俩，可谓防不胜防。

仔细研究一下那些形形色色的骗术，实际上并不复杂，也不高明，多是些"草台班子"的小儿科作品。但就是这样的简单骗术，仍然会让高智商的大学生和专家学者们上当受骗。而消费陷阱为什么屡屡出现呢？

首先是那些消费者耳熟能详的名人们。他们代言了自己根本不会使用的产品，仅仅因为给了钱，就成为企业产品的"应声虫"，屡屡曝光出知名人士代言的产品出现问题就反映了这一点。

其次是那些充当假冒伪劣产品欺诈平台的某些电视媒体。整日整夜地狂轰滥炸的低俗广告，有些电视台在播放电视剧时，广告时间甚至是电视剧时间的数倍。于是，几个俄罗斯人穿上白大褂，变成了哈佛教授；明明就在郊区生产，转眼便成了"德国原版"；"纳米""基因"技术，实际不过是一块普通的线路板……

市场上的商品质量良莠不齐，很多商品以次充好。因此在消费活动中，面对越来越多的选择，消费者应该用理性的经济学头脑，分析识别市场上商家的各种行为。同时要了解各种产品知识，尽可能扩大自己的知识面。

# 商店入口处的"价格洗脑"——尾数定价

快过春节了,小敏和妈妈一起去商场采购年货,她小心地挑选着每一件物品,结果她发现货架上的商品价格极少是整数,且多以8或9结尾。一瓶海飞丝怡神舒爽去屑洗发水标价22.9元、一袋绿色鲜豆浆标价0.8元、一个牙刷标价6.8元、牛肉每斤29.9元、一台惠普笔记本电脑标价8999元……小敏很不解,就问妈妈:"如果采取像22元、1元、7元、30元、9000元这样的整数价格不是更容易让人记住吗?而且收银台汇总几件商品价格的时候更加便捷也不用找零。"可是妈妈笑了笑,却回答不出问题。

**【经济学释义】**

如果小敏的妈妈了解尾数定价的含义,就可以解答小敏的疑问了。商家这样的定价策略就是尾数定价策略。尾数定价是指利用消费者感觉整数与比它相差很小的带尾数的数字相差很大的心理,将价格故意定成带尾数的数字以吸引消费者购买的策略。

心理学家的研究表明,价格尾数的微小差别,能够明显影响消费者的购买行为。在西方国家,许多零售商利用这一心理特点来为商品定价。目前这种定价策略已被商家广泛应用,从国外的家乐福、沃尔玛到国内的华联及大型百货商场,从生活日用品到家电、汽

车都采用尾数定价策略。

"尾数定价"利用消费者求廉的心理，制定非整数价格，使用户在心理上有一种便宜的感觉，或者是价格尾数取吉利数，从而激起消费者的购买欲望，促进商品销售。

尾数定价为什么会产生如此的特殊效果呢？其原因主要表现在以下几点。

1. 便宜

标价 99.95 元的商品和标价 100.05 元的商品，虽然仅差 0.1 元，但前者给消费者的感觉是还不到"100 元"，而后者却使人产生"100 多元"的想法，因此前者可以使消费者认为商品价格低、便宜，更令人易于接受。

2. 精确

带有尾数的价格会使消费者认为企业定价是非常认真、精确的，连零头都算得清清楚楚，进而会对商家或企业的产品产生一种信任感。

3. 吉利

由于民族习惯、社会风俗、文化传统和价值观念的影响，某些特殊数字常常会被赋予一些独特的含义，企业在定价时如果能加以巧用，其产品就会因之而得到消费者的偏爱。例如，"8"字作为价格尾数在我国内地南方和港澳地区比较流行，人们认为"8"即"发"，有吉祥如意的意味，因此企业经常采用。

在我国目前现有的主要零售业态形式中，都可以看到类似的尾数心理价格的影子。不仅包括超市的大量日常用品，而且用于百货商店的服装、家用电器、手机等。如果从价格形式上不加区分地采用技法雷同的尾数价格，必然混淆各种业态之间的经营定位，模糊业态之间的经营特色，不利于商家发挥先进零售业态的优势和实现企业快速发展的目标。

### 尾数定价法的适用条件

超市、便利店等以中低收入群体为目标顾客、经营日常用品的商家适合采用尾数定价策略，而以中高收入群体为目标顾客，经营高档消费品的大商场、大百货不适合采用尾数定价法，而应该用声望定价策略。

# 他给"面子",你掏钱——面子与消费

齐国有一个人,家里有一妻一妾。他每次出门后,必定是吃饱、喝得醉醺醺才回家。他的妻子问他一起吃喝的都是些什么人,据他说全都是些有钱有势的人。

时间一长,齐人的妻子开始起了疑心,她就对妾说:"丈夫出门,总是酒醉肉饱地回来,问他和什么人一起吃喝,他说都是些有钱有势的人,但我们从没见到什么有钱有势的人物到家里来过。我们明天偷偷跟着,看看他到底去了哪儿。"

第二天一早,齐人的妻妾便尾随着他出了门。走遍全城,没有看到一个人同齐人说过话。最后,齐人来到东郊的墓地,等祭扫坟墓的人走后,就大吃起祭品来。原来这就是齐人酒足饭饱的办法。

## 【经济学释义】

齐人对妻妾撒谎的原因,就在于"面子"问题。中国人在交往中很注重面子,面子影响了中国人的消费观。无论城市还是农村,过去还是现在,为了面子一掷千金,为了面子送大礼,为了面子主动或被动攀比消费等现象屡见不鲜。面子为什么能影响人们的日常消费行为呢?

首先,人都想追求最大的效用。这里的效用是指一个人一生的总体效用。而一个人的生活总体包括物质、精神两个方面。因为面子本身是精神产品,所以,有了面子,就直接增加了一个人的精神收益,从而也就直接增加了一个人的生活总效用。

其次,面子也会产生间接经济价值。面子是一个人的品牌和形象,和一般人相比,人们更乐于和有面子的人打交道和进行各种交易。在这种情况下,有面子的人就比一般人有着更多的牟利机会,并且交易成功的可能性也较大。

### 女性经济

阿维瓦·维滕贝格和艾利森·梅特兰合著的《女人不容小觑》中提出女性经济,即由女性日益增长的实力与潜力引起的经济革命,如果忽略这种人口统计学与商业上的发展,就做不好生意。在我国,女性经济在一定程度上刺激了"面子"消费。

# 第四章

# 信息不对称,谁的话语权更大——信息经济学

# 请狐狸建鸡舍的安全性有多高——委托代理与道德风险

《克雷洛夫寓言》中有一则"狐狸建筑师"的故事。一头狮子特别喜欢养鸡,但鸡舍不好,总是丢鸡。狮子决定请最好的建筑师狐狸来建一个坚固的鸡舍。鸡舍建得极为精美,看起来固若金汤,围墙又高又严密,但鸡仍然在一天天减少。原来狐狸就是偷鸡贼,它虽然把鸡舍盖得非常严密,谁也进不去,却把一个秘密通道留给了自己。

【经济学释义】

狮子委托狐狸建鸡舍是出于它的无知,用经济学术语说就是狮子和狐狸之间的信息不对称。一旦狮子知道了狐狸的偷鸡本性,就会从维护自己的利益出发,炒掉狐狸。假设狐狸没有偷鸡的动机,鸡舍也不一定能盖好,比如偷鸡的黄鼠狼有可能给狐狸贿赂,让狐狸留下通道。

在以分工为基础的现代社会中,委托代理关系是普遍存在的。委托代理关系形成以后,由于信息不对称,就可能出现代理人的道德风险。

道德风险是20世纪80年代西方经济学家提出的一个经济哲学范畴的概念,即"从事经济活动的人在最大限度地增进自身效用的同时做出不利于他人的行动"。或者说是,当签约一方不完全承担风险后果时所采取的自身效

用最大化的自私行为。道德风险亦称道德危机,但道德风险并不等同于道德败坏。

在经济活动中,道德风险问题相当普遍。可以说,只要市场经济存在,道德风险就不可避免。诺贝尔经济学奖获得者斯蒂格里茨在研究保险市场时,发现了一个经典的例子:美国一所大学学生自行车被盗比率约为10%,有几个有经营头脑的学生发起了一个对自行车的保险,保费为保险标的15%。按常理,这几个有经营头脑的学生应获得5%左右的利润。但该保险运作一段时间后,这几个学生发现自行车被盗比率迅速提高到15%以上。何以如此?这是因为自行车投保后学生们对自行车安全防范措施明显减少。投保的学生由于不完全承担自行车被盗的风险后果,因而采取了对自行车安全防范的不作为行为。而这种不作为的行为,就是道德风险。

保险就是典型的委托代理关系。基于理性人假设,个人努力追求自己的效用最大化,因为任何预防性措施的采取都有代价,同时保险公司承担了保险的全部风险,所以理性的投保人不会在预防措施上投资,这样增加了风险发生的可能,给保险公司带来了损失。更为极端的是个人会促使损失的发生,从而获得保险公司的理赔。保险公司预测投保人投保后的这种行为,就会要求投保人交纳更多的保险金,这样降低了保险市场的效率。投保人相对采取预防措施下的收益也会降低。

为有效防止代理人的道德风险,可以将代理人的报酬与他的绩效挂钩,就能激励他的工作热情。还有一些其他机制控制代理人的道德风险行为,比如用相对业绩来确定经理人的报酬,即代理人的报酬不仅依赖于自己的业绩,而且依赖于相同行业的其他经理人的业绩。

**不良贷款**

出现违约的贷款。一般而言,借款人若拖延还本付息达三个月,贷款即被视为不良贷款。银行在确定不良贷款已无法收回时,应从利润中予以注销。预期贷款无法收回但尚未确定时,则应在账面上提列坏账损失准备。

# 颜回"偷吃"——信息不完全

孔子被困在陈、蔡之间，只能吃没有米粒的野菜汤度日，七天没尝到粮食，白天也只得睡觉。一天，颜回讨到一点儿米回来做饭，饭快熟时，孔子看到颜回抓取锅中饭吃。一会儿，饭熟了，颜回拜见孔子并端上饭食。

孔子装作不知颜回抓饭之事，说："今天我梦见了先君，把饭食弄干净了去祭先君。"颜回回答说："不行，刚才灰尘落进饭锅里，扔掉沾着灰尘的食物是浪费的，我就抓出来吃了。"孔子叹息着说："所相信的是眼睛，可眼睛看到的还是不可以相信；所依靠的是心，可是心里揣度的还是不足以依靠，看来了解人真的很不容易。"

## 【经济学释义】

孔圣人尚不易辨识真实的世界，而作为凡夫俗子的我们要洞穿世间万物就更不容易了。我们总是愿意选择相信眼前的世界，但是这却并不是最真实的世界，因为我们无法看到所有的信息。

古典经济学有一个重要假设，就是完全信息假设，即假设市场的每一个参与者对商品的所有信息都了如指掌。实际生活中却常常不是这么回事，我们一直生活在一个信息不完全的世界中。

我们知道，"天天平价、始终如一"是沃尔玛驰骋全球零售业市场的营销策略，也是沃尔玛成功经营的核心法宝。实际上，商店不可能把所有的商品都如此打折销售。我们可以看到，只有部分商品如此打折，并且是轮流打折。这一次是饮料打折，下一次是衣服打折，还有可能是日用品打折。

一般来说，消费者不可能知道究竟有什么商品在打折促销，当来到沃尔玛，不可能只买自己预期的打折商品，很可能还买其他商品。在经济生活中，消费者掌握的商品信息往往是不完全的。在生活中，我们也经常能发现信息不完全，可见，信息不完全在经济生活中具有普遍性。

实际上，信息不完全不仅是指那种绝对意

> **完全信息**
>
> 所谓完全信息，是指市场参与者拥有的对于某种经济环境状态的全部知识。

义上的不完全，即由于认识能力的限制，人们不可能知道在任何时候、任何地方发生的任何情况，还包括"相对"意义上的不完全，即信息不对称。因此，人们总是尽可能获取自己所要了解的完全信息。

在获取完全信息的过程中，信息商品为人们所推崇。作为一种有价值的资源，信息不同于普通商品。人们在购买普通商品时，先要了解它的价值，看看值不值得买。但是，购买信息商品无法做到这一点。

信息是不完全的，这就决定了竞争是不完全的，决策个体之间存在直接的相互作用和影响，私人信息发挥着重要作用。在信息不完全和非对称条件下，完全理性转化为有限理性，即经济个体是自私的，按最大化原则行事，但他通常并不具有做出最优决策所需要的信息。因此，经济个体的能力是有限的，理性也就是有限的。

# "东床快婿"王羲之——信息不对称

晋代太傅郗鉴想在丞相王导府上物色个女婿,便派他的门生到王家代自己挑选。门生来到东厢房王家子弟齐集的地方一个个相看了一番,回去向郗鉴报告说:"王家的小伙子都很好,难分上下。不过,听说您要选女婿,他们个个都打扮得衣冠楚楚、举止矜持,希望能被选中;只有一个后生躺在东边的床上,敞开衣襟,露着肚皮,满不在乎,好像根本不知道您要选女婿似的。"郗鉴听了,高兴地说:"这个人正是我要选的佳婿。"

于是郗太傅就把女儿许配给了这个人。原来那个躺在东边床上坦露肚子的人,就是日后成为大书法家的王羲之。这个故事作为美谈流传了下来,渐渐地人们就把别人的好女婿称为"东床佳婿""东床坦腹""东床""东坦"等。

## 【经济学释义】

王羲之敢于将自己的真实一面展示给别人,而郗太傅也能慧眼识人。这和经济学中的信息对称有异曲同工之妙。倘若一方掌握的信息多,另一方掌握的信息少,二者不"对称",这交易就很难做成;或者即使做成了,也很可能是不公平交易。

在现实经济活动中,信息不对称的情况是十分普遍的。人们在购买商品的过程中,对商品的个体信息认知也会产生信息不对称的情形。一般而言,卖家比买家拥有更多关于交易物品的信息。有些商品是内外有别的,而且很难在购买时加以检验。如瓶装的酒类、盒装的香烟、录音带、录像带等。对于这类产品,卖者比买者更清楚产品实际的质量情况。

可以说自交换产生以来,人类社会一直处于信息不对称的情况之下。信息不对称引起信息多的一方欺骗另一方的可能性。政府与公众信息不对称将致使行政权力失去监督,滋生政府腐败;企业委托人与代理人信息不对称会引起机会主义行为;劳动力市场上信息不对称会致使雇主和求职者受到侵害;人与人之间信息不对称是诚信丧失的重要原因……所以,信息不对称问题是经济学的热门话题。

虽然经济生活中存在大量信息不对称问题,但人们总是能够想出高超的解决办法,用以提高信息的质量,或减少因信息不对称所造成的损失。举例来说,当

**信息对称**

信息对称是指相关信息为所有参与交易各方共同分享，在市场条件下，要实现公平交易，交易双方掌握的信息必须对称。

你需要购买电脑但对电脑硬件又不了解时，你会找懂行的朋友咨询，参考网站和杂志，希望借此能得到实用信息，在想购买的产品中做出理性的选择。正是通过不断地搜寻信息，以希求获得最全面的信息，给自己的决策提供有价值的参考。

不过，信息不对称也不见得完全是坏事。比如国防机密，所有信息都公之于众，反倒会妨害国家安全；夫妻双方信息完全对称，各自连自己的一点儿隐私都没有，生活往往并不幸福。其实仔细想想，信息太对称，这世界反倒无趣了。在信息化的今天，还是给各方留一点儿私人空间为好。

现实世界是不完美的，信息不对称也是正常的。我们没有必要去追求完美，也没有必要在任何情况下都要实现信息完全对称。当然，也并不是说，信息不对称就好得不得了。在许多情况下，我们还是要努力获得对方更多的信息。

21世纪就是一个信息社会，对于个人来说，提高我们获取信息的能力，增加我们获得信息的渠道，以我们充满智慧和理性的头脑，我们将尽可能减少信息不对称给我们造成的损失。

# 哈雷彗星"变身记"——信息传递

据说,某部队的一次命令传递的过程是这样的。

少校对值班军官说:"今晚 8 点前后,在这个地区可能会看到哈雷彗星,这种彗星 76 年才能看见一次。命令所有士兵身穿野战服在操场上集合,我将向他们解释这一罕见现象。如果下雨的话,就在礼堂集合,我为他们放一部有关彗星的影片。"

值班军官对上尉说:"根据少校的命令,今晚 8 点,76 年出现一次的哈雷彗星将在操场上空出现。如果下雨,就让士兵身穿野战服前往礼堂,这一罕见现象将在那里出现。"

上尉对中尉说:"根据少校命令,今晚 8 点,非凡的哈雷彗星将军将身穿野战服在礼堂出现。如果操场上有雨,少校将下达另一个命令,这种命令每隔 76 年才下达一次。"

中尉对上士说:"晚上 8 点,少将将带着哈雷彗星在礼堂出现,这是每隔 76 年才有的事。如果下雨,少校将命令彗星穿上野战服到操场上去。"

上士对士兵说:"在今晚 8 点下雨的时候,著名的 76 岁的哈雷将军将在少校的

> **信息传递的模型**
>
> 信息传递的模型是哈佛大学教授迈克尔·斯宾塞提出的。他指出：教育不仅仅具有生产性，更重要的是教育具有信号传递的作用。在企业眼中，品牌是最有效的信息传递手段。同样是刚毕业的大学生，企业肯定优先选择名校毕业生。

陪同下，身穿野战服，开着他那辆'彗星'牌汽车，经过操场前往礼堂。"

## 【经济学释义】

这个故事的真实性已经无关紧要，细心观察可以在我们的生活中发现类似的事，一个人说街上有老虎，人们不信；两个人说街上有老虎，人们开始有点相信；当三个人都说街上有老虎时，人们肯定相信了，这就是"三人成虎"。

在信息传递的过程中，往往存在失真的可能性。甚至会发生以讹传讹的情况，这就要求人们必须加以辨别考察。当将信息传递引用到现在的市场经济中时，我们又会看到它们被赋予了新的意义。

在市场上，商家是拥有信息的一方，也能决定如何向外界传递信息。此时，传递信息的成本要依靠商家自己来付出。他们需要主动地通过广告等方式，在诸多同类产品中凸显出来，如此才可能有利可图。否则，如果一个企业没有卓有成效的信息传递，没有别具一格的形象推广，产品就很难有效推向市场。

1995 年之前，康佳彩电公司事业刚刚有所起色，但在信息宣传上的不力，造成了消费者对康佳彩电存在很多认知盲点和误区。这对企业形象的树立和产品的广泛传播造成了很大障碍，以致经常有消费者将康佳彩电的产品同其他质量次等的产品混为一谈。

当今社会，任何一个企业，都能体会到信息的价值。他们从信息中寻找商机，再利用信息将自己的产品推销出去。信息的生产、制造、传播对于一个企业十分关键。一系列的行为必然导致企业考虑信息所带来的成本。这些成本，其实就是信息的收集、加工、传播需要花费时间、占用精力，甚至花钱购买，等等。

随着经济学研究的深入发展，特别是社会信息化进程的加快，人们认识到信息传递的失真会带来额外的成本。因此，我们必须认识到降低或避免信息失真成本的重要性。要充分利用现代信息技术，减少信息传递的中间环节。此外，要建立一套避免信息失真的保障制度，如对那些专门制造虚假信息的提供者给予相应的处罚。

## 被操纵的自由选择——霍布森选择

1631年，英国剑桥商人霍布森从事马匹生意，他说，所有人买我的马或者租我的马，价格绝对便宜，并且你们可以随便挑选。霍布森的马圈很大，马匹很多，然而马圈只有一个小门，高头大马出不去，能出来的都是瘦马、赖马、小马。来买马的左挑右选，不是瘦的，就是赖的。霍布森只允许人们在马圈的出口处选。大家挑来挑去，自以为完成了满意的选择，最后的结果可想而知——只是一个低级的决策结果，其实质是小选择、假选择、形式主义的选择。

### 西蒙

赫伯特·亚历山大·西蒙（Herbert Alexander Simon）是20世纪科学界的一位奇特的通才，在众多的领域深刻地影响着我们这个时代。他学识渊博、兴趣广泛，研究工作涉及经济学、政治学、管理学、社会学、心理学、运筹学、计算机科学、认知科学、人工智能等广大领域，并做出了创造性贡献，在国际上获得了诸多特殊荣誉。

【经济学释义】

可以看出，这种选择是在有限的空间里进行有限的选择，无论你如何思考、评估与甄别，最终得到的还是一匹劣马。后来，管理学家西蒙把这种没有选择余地的所谓"选择"讥讽为"霍布森选择"。

对于个人决策来说，如果陷入"霍布森选择"的困境，就不可能发挥自己的创造性。没有选择余地的"选择"，就等于无法判断，就等于扼杀创造。一个企业家在挑选部门经理时，往往只局限在自己的圈子里挑选人才，选来选去，再怎么公平、公正和自由，也只是在小范围内进行挑选，很容易出现"霍布森选择"的局面，甚至出现"矮子里拔将军"的惨淡状况。

其实在生活中，我们面临各式各样的选择，但很多不过是假选择，但我们经常被表面上众多的选择弄昏了头，其实质是，其他的选择并不可行，摆在面前的只有一个选项或者没有选项。20世纪著名的汽车商亨利·福特曾经说："你可以订白色的、红色的、蓝色的、黄色的、黑色的汽车，订什么颜色的汽车都可以，但是我生产出来的汽车只有黑色的。"固执的福特再一次践行了"霍布斯选择"。

在生活中，我们经常听到"自由选择"，实际上，这种自由总是或多或少受到限制和约束，这使选择的范围大大缩小。对于一个"自由"的大学生来说，他毕业后可以工作，可以攻读研究生，也可以出国留学，甚至可以成为自由职业者。因为囊中羞涩，出国留学的路走不通；因为英语基础差，考研成功的可能性很低，又使读研成为弃选项；因为家里强烈反对他做自由职业者，于是必须放弃这种选择……因此他必须在毕业后找寻一份正式的工作。

现代商品经济下，生产资料日益丰富，走进超市面对各种品牌的同类商品往往会使人有点无从下手，不知道自己该选择哪个，很担心自己会选中质量差的产品。而如果只有一种商品可供选择，人们对该商品的认知已经很清晰，就不会再有这些担心。如果只有一种选择，也可节省选择的机会成本。由此看来，"霍布斯选择"也并不是一无是处。

当然，绝大多数人还是希望拥有更多的选择机会，更多的选择机会总是令人身心愉悦。因此，我们理应利用自己的智慧之眼，洞悉所谓的"霍布森选择"，为自己创造尽可能多的选择机会。

# 所罗门王的智慧——信息甄别

两位母亲争夺一个孩子，双方都声称自己是孩子的亲生母亲，僵持不下。在那个没有亲子鉴定、DNA检测的时代，不可能用科技手段验证事实的真相。主持调解的所罗门王下令手下拿把刀来，告诉她们，将孩子一斩两半，两人各得一半。这时一位母亲的反应是"我得不到孩子，她也别想得到，斩就斩"，另一位母亲则哀求道："王啊，求你不要斩孩子，我把孩子让给她好了。"所罗门王此时已经知道心疼孩子的才是真正的母亲，就把这个孩子判给了她。

【经济学释义】

所罗门王判案是一次典型的信息甄别案例。在市场经济中，消费者面对琳琅满目的商品和纷繁的信息，甄别是一项非常复杂的工作。在所罗门判案的例子中，其实所罗门王并没有将孩子劈为两半，而是发出"将孩子劈为两半"的信号来甄别谁才是孩子的母亲。在日常经济生活中，信息发送与信息甄别是比较常见的。

对于市场中的卖方来说，如果手中的商品有可能不为顾客所熟悉，但是商品质量确实比较高，他就会主动将商品信息向买方传递，让买方了解商品的信息。我们在市场中可以看到这样的情形：卖西瓜的小贩，会问你要不要给你挑好的西瓜切个三角形口子，如果不是鲜红的瓜瓤就不要你的钱了，这就是信号发送。

> **甄别信息的方法**
> （1）根据信息来源途径判别，道听途说不可信。
> （2）不盲目相信自己已获取的信息，要根据原有的经验进行理性判断。
> （3）多渠道获取信息，广泛的信息量有助于自己做出理性的决策。
> （4）向权威机构核实。

对于市场中的买方来说，因为怕自己得不到商品的真实信息而吃亏，面对纷繁的信息来源，买方必须运用自己的信息甄别能力来做决策。比如你要买一件羽绒服，就要想方设法知道里面究竟是鸡毛还是鸭绒。

信息不对称，导致消费者必须为之付出更多的成本。也就是说，在买卖双方的较量中，信息如同资本、土地一样，是一种需要进行经济核算的生产要素。俗话说，隔行如隔山。现在，这座山就是信息不对称，而要获得准确的信息，消费者就要具备一定的能力：信息甄别能力。商家对商品信息和营销策略的占有，才保证了每一次交易的获利。

相信很多人都会收到类似中奖多少的手机短信，如果不加甄别，往往会吃亏。若不是某些人贪小便宜，在利益面前失去理智，也不会自惹麻烦。

福州的陈女士收到这样一条短信：本行接银联通知：您在南街大洋百货刷卡消费 7585 元已确认成功。此笔金额将从您的银联卡上扣除，如有疑问请咨询我行城南客户受理中心 0591－2271××××。中国建设银行福州银联管理中心。

收到这短信，她的心里咯噔了一下，她确实有张建行的信用卡，几天前还借给朋友使用过。陈女士很焦急，她现在联系不到那个朋友。

在这种情况下，应该如何甄别此条信息呢？既然陈女士联系不上她的朋友，她就应该通过其他途径甄别信息的真伪：可以自己去银行实地查询，也可以打银行的电话查询（当然不是短信上告知的电话）。

我们生活在信息社会中，每天都要接收到来自四面八方的信息，这些信息泥沙俱下，真假夹杂。我们要做经济学世界中的"人精"，提升自己甄别信息的能力，不断采用各种方式筛选信息。

# 价值百万的有效信息——信息提取

有则"九方皋相马"的故事。秦穆公对伯乐说:"你的年纪大了,你能给我推荐相马的人吗?"伯乐说:"我有个朋友叫九方皋,这个人对于马的识别能力不在我之下,请您召见他。"穆公召见了九方皋,派他去寻找千里马。三个月以后九方皋返回,报告说:"已经找到了,在沙丘那个地方。"穆公问:"是什么样的马?"九方皋回答说:"是黄色的母马。"

穆公派人去取马,却是匹纯黑色的公马。穆公很不高兴,召见伯乐,对他说:"你推荐的人连马的颜色和雌雄都不能识别,又怎么能识别千里马呢?"伯乐叹气道:"九方皋所看见的是内在的素质,发现它的精髓而忽略其他方面,注意力在它的内在而忽略它的外表,关注他所应该关注的,不去注意他所不该注意的,像九方皋这样的相马方法,是比千里马还要珍贵的。"穆公试了试马,果然是匹千里马。

【经济学释义】

这则寓言故事说明只有透过现象看本质,才能提取有效信息,才能发现真正有价值的东西。在生活中面对同样的信息,不同的人可能做出不同的解读,从而做出不同的决策,这种差别来源于对有效信息的提取不同。

同样的境况,不同的人对有效信息提取的不同就会得出不同的结论。现在市场上的信息多如牛毛,但仍有人感叹自己的信息来源不够充足。为什么会形成这样的矛盾?

问题的关键就是——有效信息提取的不同。市场上的信息无处不在,而我们所需要提取的是对自己有用的信息。这个信息提取的过程可能是长期的,但必须是正确的。只有具备了这种正确性,信息才能为我们带来商机。

美国南北战争时期,市场受到影响,猪肉价格非常高。商人亚默尔观察这种现象很久了,他通过自己收集的信息认定,这种现象不会持续太久。因为只要战争一停止,猪肉的价格就一定会降下来。

从此,他更加关注战事的发展,准备抓住重要信息,大赚一笔。一天,他在报纸上挖掘到了这样一条信息:李将军的大本营出现了缺少食物的现象。通过分

**有效信息**

所谓有效信息就是信息中能够支撑和加强沟通有效的内容。它与冗余信息相对应。在传播中，有效信息是需要传递到用户的内容及对用户构成影响的内容。

析，他认为，战争快要结束了，战争结束就意味着他发财的机会来了。

亚默尔立刻与东部的市场签订了一个大胆的销售合同，要将自己的猪肉低价销售，不过可能要迟几天交货。按照当时的情形，他的猪肉价格实在是太便宜了。销售商们没有放过这一机会，都积极进货。

不久后，战争果然就结束了。市场上的猪肉价格一下子就跌了下来。这时亚默尔的猪肉早就卖光了，而在这次行动中，他共赚了100多万美元！

现在，随着网络——"高速信息公路"的普及，我们正走入信息经济时代，但有几个人能像发现市场的营销经理和亚默尔那样，找到对自己有效的信息？如今，人们追求的已经不是信息的全面，而是信息的有效。越来越多的信息充斥着人们的生活，我们绝不能困在对全面信息的无限追求中，那将耗尽我们过多的时间和成本。

# 火箭助推器和马屁股一样宽，是真的吗——路径依赖

在国际 IT 行业中，戴尔电脑是一个财富的神话。据戴尔的创始人迈克尔·戴尔透露，他早在少年时就已经找到了自己成功的法宝。

戴尔 12 岁那年，酷爱集邮的他不想再在拍卖会上卖邮票，而是通过说服一个同样喜欢集邮的邻居把邮票委托给戴尔，然后在专业刊物上刊登卖邮票的广告。效果出乎意料地好，他赚到了 2000 美元，第一次尝到了抛弃中间人、"直接接触"的好处。后来，戴尔的创业一直和这种"直接销售"模式分不开。

上初中时，戴尔就已经开始做电脑生意了。他自己买来零部件，组装后再卖掉。在这个过程中，他发现一台售价 3000 美元的 IBM 个人电脑，零部件只要六七百美元就能买到。戴尔决定：抛弃中间商，自己改装电脑，不但有价格上的优势，还有品质和服务上的优势，能够根据顾客的要求直接提供不同功能的电脑。自此，后来风靡世界的"直接销售"和"市场细分"模式就诞生了。其内核就是：真正按照顾客的要求来设计制造产品，并把它在尽可能短的时间内直接送到顾客手上。

此后，戴尔便凭借着这种模式，一路做下去。到 2002 年排在《财富》杂志全球 500 强中的第 131 位，其间不到 20 年，戴尔公司成了全世界最著名的公司之一。

## 【经济学释义】

正是初次做生意时的正确路径选择，奠定了后来戴尔事业成功的基础。这在经济学上被称为路径依赖。所谓路径依赖，是指一旦人们做了某种选择，就好比走上了一条不归之路，惯性的力量会使这一选择不断自我强化，并让你轻易走不出去。人们把"路径依赖"广泛应用在选择和习惯的各个方面。在日常生活中，人们的一切选择都会受到路径依赖的巨大影响，人们过去做出的选择决定了他们现在可能的选择。据说美国航天飞机火箭助推器的宽度，竟然是由两千年前两匹马屁股的宽度所决定的。

现代铁路两条铁轨之间的标准距离是 4.85 英尺。原来，早期的铁路是由建电车的人设计的，而 4.85 英尺正是电车所用的轮距标准。那么，电车的标准又是从哪里来的呢？最先造电车的人以前是造马车的，所以电车的标准是沿用马车的轮

## "路径依赖"理论

第一个使"路径依赖"理论并声名远播的人是道格拉斯·诺思,诺思认为,"路径依赖"类似于物理学中的惯性,事物一旦进入某一路径,就可能对这种路径产生依赖。经济生活与物理世界一样,存在着报酬递增和自我强化的机制。这种机制使人们一旦选择走上某一路径,就会在以后的发展中不断地自我强化这一路径。

距标准。

马车又为什么要用这个轮距标准呢?英国马路辙迹的宽度是 4.85 英尺,所以,如果马车用其他轮距,它的轮子很快会在英国的老路上撞坏。这些辙迹又是从何而来的呢?是从古罗马人那里来的。因为整个欧洲,包括英国的长途老路都是由罗马人为它的军队所铺设的,而 4.85 英尺正是罗马战车的宽度。任何其他轮宽的战车在这些路上行驶的话,轮子的寿命都不会很长。

可以再问,罗马人为什么以 4.85 英尺作为战车的轮距宽度呢?这是牵引一辆战车的两匹马屁股的宽度。故事到此还没有结束。美国航天飞机燃料箱的两旁有两个火箭推进器,因为这些推进器造好之后要用火车运送,路上又要通过一些隧道,而这些隧道的宽度只比火车轨道宽一点儿,因此火箭助推器的宽度是由铁轨的宽度决定的。

所以,最后的结论是:路径依赖导致了美国航天飞机火箭助推器的宽度,竟然是由两千年前两匹马屁股的宽度决定的。

人们关于习惯的一切理论都可以用"路径依赖"来解释。要想路径依赖的负面效应不发生,就要在最初的时候找准一个正确的方向。可以说,做好了你的第一次选择,你就设定了自己的人生。

生活中的方方面面也遵循这种效应——人们会选择光顾一些熟悉的店铺,会选择同样的方式提高自己的工作效率,会喜欢在同样的商品上长年付出同样的价钱……需要注意的是,在一直遵循对某种路径的依赖时,我们应当提醒自己,要随着条件和时间的变化进行必要调整。

# 二手车越来越差——逆向选择

经济学中有一个著名的"二手车市场"的分析模型。

假设有一个二手车市场，里面的车虽然表面上看起来都一样，但其质量有很大差别。卖主对自己的车的质量了解得很清楚，而买主则没法知道车的质量。假设汽车的质量由好到坏分布得比较均匀，质量最好的车价格为 50 万元，买方会愿意出多少钱买一辆他不清楚质量的车呢？最正常的出价是 25 万元。那么，卖方会怎么做呢？很明显，价格在 25 万元以上的"好车"的主人将不再在这个市场上出售他的车了。

这样一来就会进入恶性循环状态，当买车的人发现有一半的车退出市场后，他们就会判断剩下的都是中等质量以下的车了，于是，买方的出价就会降到 15 万元，车主对此的反应是再次将质量高于 15 万元的车退出市场。以此类推，市场上的好车数量将越来越少，最终导致这个二手车市场瓦解。在这里，人们通常做出的是"逆向选择"，它出现的原因就在于信息不对称。

【经济学释义】

逆向选择是指在信息不对称的前提下，交易中的卖方往往故意隐瞒某种真实信息，使买方最后的选择并非最有利于买方自己，这时候买方的这种选择就叫作逆向选择。"一个人掌握的信息达到何种程度，就会采取相应的选择。"这是信息经济学的一个基本原理。

在现实的经济生活中，存在着一些和常规不一致的现象。例如，在产品市场上，特别是在旧货市场上，由于卖方比买方拥有更多的关于商品质量的信息，买方无法识别商品质量的优劣，只愿根据商品的平均质量付价，这就使优质商品价格被低估而退出市场交易，结果只有劣质商品成交，进而导致交易停止。

逆向选择违背了市场竞争中优胜劣汰的选择法则。在生活中，铺天盖地的减肥产品一路咆哮着向市场涌来，

> **激励相容**
>
> 在存在道德风险的情况下，保证拥有信息优势的一方（称为代理人）按照契约的另一方（委托人）的意愿行动，从而使双方都能趋向于效用最大化。

"一个半月能减48斤""快速减肥""签约减肥""不反弹不松弛"……再加上那些华丽的包装、煽动性的语言,还有一些不曾为人知的噱头,那些渴望瘦下来的人士无疑会心动。但是,等你尝试之后就会发现,根本不是那么回事。

商家正是利用消费者对减肥原理、减肥器械、"无效退款"等不了解或了解不深的情况,故意隐瞒一些真实信息,置买卖双方于信息不对称的情境下,以此诱惑消费者做出对他们并非最有利的逆向选择,损害了消费者的利益。

因为虚假广告上当,从表面看是因为受害者目光不够准确,一时冲动花钱当了冤大头,但是以信息经济学的眼光看,则是由于受害者掌握的信息不够充分,只能根据自己所知的信息做出选择。

在日常生活中,逆向选择的案例还有很多。逆向选择在招聘场合也是经常发生的现象,所以才会有那么多人找不到合适的工作,而单位又抱怨招不到合适的人才。一方面招聘会上人头攒动,人声鼎沸;另一方面企业求贤若渴,迫不及待。两相对比的反差,正是招聘中逆向选择的规律在起作用。

只要有市场,只要进行交易,就可能出现逆向选择。出现逆向选择的根本原因在于信息不对称,即买方和卖方所掌握的信息不一样。最佳也是最终的解决办法,就是尽量使交易双方信息对称,信息传递、沟通得越充分,越有利于交易的达成,也就越有利于市场的健康发展。

# 卖优质药材的药店倒闭了——柠檬市场

明代的刘伯温讲过这样一个故事。四川有三个商人，都在市场上卖药。其中一人专门购进优质药材，按照进价确定卖出价，不虚报价格，更不过多地取得盈利。另一人进货的药材有优质的也有劣质的，他售价的高低根据买者的需求程度来定，然后用优质品或次品来应对他们。还有一人不购进优质品，只求多，卖的价钱也便宜。于是人们争着到专卖劣质药的那家去买药，他店铺的门槛每个月换一次。过了一年就非常富裕了。那个兼顾优质品和次品的药商，前往他家买药的稍微少些，过了两年也富裕了。而那个专门卖优质品的药商，不到一年时间就穷得吃了上顿没下顿了。

## 【经济学释义】

在这个故事中，卖优质药材的反倒穷得揭不开锅，卖劣质药材的反倒很快致富，这是柠檬市场上的"劣币驱逐良币"效应。"柠檬"在美国俚语中表示"次品"或"不中用的东西"，"柠檬市场"是次品市场的意思。当产品的卖方对产品质量比买方掌握更多信息时，柠檬市场就会出现，低质量产品会不断驱逐高质量产品。

"劣币驱逐良币"是柠檬市场的一个重要现象，也是经济学中的一个著名定律。金属货币作为主货币有较长的历史。由于直接使用金属做货币有不便之处，历史上人们将金属铸造成便于携带和交易，也便于计算的"钱"。人为铸造的"金属货币"，有了一个"面值"，或称为名义价值。

16世纪的英国商业贸易已经很发达，玛丽女王时代铸制了一些成色不足（价值不足）的铸币投入流通中。当面值相同而实际价值不同的铸币同时进入流通时，人们会将足值的货币贮藏起来，或熔化或流通到国外，最后回到英国偿付贸易和流通的，则是那些不足值的"劣币"，英国由此受到巨大损失。

产生这种现象的根源在于当事人的信息不对称。因为如果交易双方对货币的成色或者真伪都十分了解，劣币持有者就很难将手中的劣币花出去，或者即使能够花出去也只能按照劣币的"实际"而非"法定"价值与对方进行交易。

在信息不对称的市场中，因为产品的卖方对产品的质量拥有比买方更多的信

### 劣币驱逐良币

"劣币驱逐良币"是经济学中的一个著名定律。该定律是这样一种历史现象的归纳：在铸币时代，当那些低于法定重量或者成色的铸币——"劣币"进入流通领域之后，人们就倾向于将那些足值货币——"良币"收藏起来。最后，良币将被驱逐，市场上流通的就只剩下劣币了。

息。在极端情况下，市场会萎缩止步和不存在，从而产生柠檬市场效应。柠檬市场效应是指在信息不对称的情况下，往往好的商品遭受淘汰，而劣等品会逐渐占领市场，从而取代好的商品，导致市场中都是劣等品。

传统的市场竞争机制得出来的结论是"优胜劣汰"，可是，在信息不对称的情况下，市场的运行可能是无效率的，并且会得出"劣币驱逐良币"的结论。产品的质量与价格有关，较高的价格诱导出较高的质量，较低的价格导致较低的质量。"柠檬"市场无处不在，只有认识了"柠檬"现象，在很多时候才可以使我们免受其害。

# 环境污染是一个经济问题——科斯定理

广东省江门市一家陶瓷厂捐资修建新中学。这是为什么呢？当年，该陶瓷厂在当地刚投产，就因其排放的气体严重影响附近中学而引发纠纷。学校与工厂仅一路之隔，工厂排出的废气弥漫校园，师生深受其害，学生家长还联手到陶瓷厂堵住厂门禁止其开工，一度造成企业和学校群众之间的严重对立。后来，经各方努力，该厂出资200万元购买原校区，还捐资100多万元资助新校区建设。同时也投入资金完善治污设施。

【经济学释义】

学校早就存在了，工厂是后来建造的。按照传统思路，认为工厂的污染侵害了学校利益，因此，应该对其罚款，甚至勒令它停产整顿。这个案例反映了经济学上的一个定理，即科斯定理。科斯定理来源于罗纳德·H.科斯一篇名为《社会

成本问题》的文章。这一定理告诉人们，只要明晰产权，就能实现产值最大化。

在无交易成本情况下，任何一种权利的起始配置都会产生高效率资源配置。因此，权利的初始界定是无关紧要的，重要的是能够允许双方通过交易来调整配置结构和权利。一般人会认为，因为企业无污染的权利，要对污染企业课以重税，甚至查封。那么，这种污染税的多少又由谁来确定？而什么程度的污染才应该交税？显然，答案是模糊的，同时这也会为权力的寻租创造更大的空间。

显然，工厂捐资建设新校区，不是因为他们有爱心，而是他们知道，这比停产整顿要好得多。该中学已经有数十年的历史了，当地规划的工业区，恰好位于中学旁边，随着当地工业的快速发展，学校的原址已越来越不适合教学。经各方沟通，该厂也意识到学校搬迁对工厂发展有利，于是出资买下了学校，作为扩充工厂的用地，并且捐资建新学校。这个"捐资"其实就是工厂支付给学校的费用，用来购买他们污染的权利。

当然，过重的污染会对自然环境造成大的损害，并且如果污染企业要和被污染人达成协议，交易费用将是不可估量的。这也是为什么科斯定理中存在交易费用为零的前提原因。所以在环保部门督促下，该厂还是逐步投入资金，完善治污设施。

在陶瓷厂污染事件中，如果学校把工厂告上法庭，而法院判定，工厂的污染损害了学校利益，要停业整顿，这样的结果是工厂利益受到损害；而学校也未必得益，因为位于工业区边缘，工业区不断增加的工厂或多或少都会对学校产生影响。而由企业出资搬迁学校，学校容貌得到改观，是双赢。双赢的前提，是允许交易。世界的多姿多彩正是因为各式各样的交易存在。

### 罗纳德·哈里·科斯（Ronald H. Coase）

罗纳德·哈里·科斯被称为新制度经济学的鼻祖，是1991年诺贝尔经济学奖的获得者。他的主要学术贡献在于，揭示了"交易价值"在经济组织结构的产权和功能中的重要性；他的杰出贡献是发现并阐明了交换成本和产权在经济组织和制度结构中的重要性及其在经济活动中的作用。

## 年终奖少了，为什么员工还很欣喜——信息披露

农历春节将至，公司很多人都在盘算能拿到多少钱回家过年。过去几年公司效益不错，每个人年终奖都是双月工资以上。但是最近，有传言说各部门都要按比例上报裁员名单。员工都在不断犯嘀咕，裁员千万不要裁到自己。

就在此时，公司出面辟谣，表示公司虽然碰到了困难，但公司再困难也会尽全力避免采用裁员的手段降低成本，但是希望大家做好心理准备，一起勒紧裤腰带（没有年终奖）共渡难关。员工们还能苛求什么呢？不走人已经算是好消息了，之前的流言风波平息了，大家的心态也慢慢平和了。

又过了几天，公司郑重宣布：年终奖以一个月薪水为准……多数人的脸上显露的是意外的欣喜。不用说，当多数员工获知年终奖照发的消息时，他们会更加努力地工作，尽管他们年终收益实际上减少了。

【经济学释义】

信息的披露方式在很大程度上决定了结果如何。作为一个经济人，懂得如何披露信息是至关重要的。也就是说，在信息接收方面前，如何选择信息输出的策略，是极为关键的。

某知名网站的 CEO 就曾经说过，在互联网时代的今天，若想经营好网站就要懂得细节决定成败，特别是在网上，同用户交流的过程中，应当注意信息披露的方法。例如，当网站出现资金少、带宽小、访问慢等问题时，应当借助时机，一次性将问题摆出来。这样，除了能获得客户的体谅外，还能保证客户流失量最小。

在生活中，信息披露运用得非常巧妙，能够带来意想不到的效果。在好消息与坏消息面前，不一样的披露方式往往会直接导致不一样的结果。这一过程，也让众人清楚了信息披露的不同方法带来的不同效用，因此人们在生活中也可以加以运用，一定能获益匪浅。

信息披露不是要隐瞒信息或发布虚假信息，而是利用不同的披露方式给信息接收方带来不同的心理感受。不同的信息披露方式，将会带来不同的结果。在此，就要提到西方经济学家萨勒提出的四个信息披露规则了。

第一种，当你拥有众多好消息时，要分开将它们发布。因为根据西方行为经

> **信息披露制度**
>
> 信息披露制度又称公示制度、公开披露制度，是上市公司为保障投资者利益、接受社会公众的监督而依照法律规定必须将其自身的财务变化、经营状况等信息和资料向证券管理部门和证券交易所报告，并向社会公开或公告，以便使投资者充分了解情况的制度。

济学大师卡尼曼的前景理论，将好消息相隔一段时间逐个发布出去，人们将经历多次感受到高兴的过程，带来的效用将远远大于将消息一同说出来所带来的总的效用。

第二种，如果有几个坏消息，要将它们一并发布出去。人们承受损失的痛苦也会有边际效用递减的情况，当你将两个坏消息一同说出的时候，其痛苦就会小于分别经历两次。

第三种，如果有一个大大的好消息和一个小小的坏消息，由于两者带来的感受刚刚相反，但当一同告诉别人时，好消息带来的幸福效用能冲散坏消息带来的痛苦，负面作用将减少很多。

第四种，如果有一个大大的坏消息和一个小小的好消息，就应当将两者分别公布，因为这样好消息带来的效用就不会被坏消息的痛苦所淹没。按照前景理论，人们在损失和获得同样多的钱财时，前者更让人感受深刻，何况此处是一个大大的坏消息和一个小小的好消息。将两者分别公布，会使获得消息的人仍能够感受到些许的幸福和满足。

# 第五章

# 竞争压力下的商业交锋——市场竞争

# 自然保护区的全员搏杀——完全竞争市场

在美国的阿拉斯加自然保护区里,人们为了保护鹿,就消灭了狼。鹿没有了天敌,生活很是悠闲,不再四处奔波,便大量繁衍,引起了一系列的生态问题,致使瘟疫在鹿群中蔓延,鹿大量死亡。

后来护养人员及时引进了狼,狼和鹿之间又展开了血腥的生死竞争。在狼的追赶捕食下,鹿群只得紧张地奔跑逃命。这样一来,除了那些老弱病残者被狼捕食外,其他鹿的体质日益增强,鹿群变得生机勃勃,恢复了往日的活力。

## 【经济学释义】

完全竞争又称为自由竞争，是指一个市场完全靠一只"看不见的手"，即价格来调节供求。完全竞争具备两个不可缺少的因素：所提供销售的物品是完全相同的，不存在产品差别；买者和卖者都很多且规模相当，以至没有一个买者或卖者可以影响市场价格。

例如，小麦市场就是一个很典型的完全竞争市场，有成千上万出售小麦的农民和千百万使用小麦和小麦产品的消费者。由于没有一个买者或卖者能影响小麦价格，所以，每个人只是价格的接受者，竞争地位平等。

### 不完全竞争

完全竞争不能保持，因为至少要有一个大到足以影响市场价格的买者（或卖者），并因此面对向下倾斜的需求（或供给）曲线。包括各种不完全因素，诸如完全垄断、寡头垄断或垄断竞争等。

鹿群的故事表明竞争是必要的，在人类经济生活中，竞争对人类发展的促进作用也是异常明显的。在完全竞争的市场条件下，消费者和生产者都不会有什么不利，因为完全竞争的存在，迫使商品生产者竞相在降低成本、压低售价上做文章，可以使消费者按实际可以达到的最低价格来购买，而生产者按此价格出售也可获得正常利润。

从社会角度来看，完全竞争促使社会资源可以有效地分配到每一个部门、每一种商品的生产上，使之得到充分利用。生产效率低的企业在竞争中逐步被打败，从而使它的资金、劳力、设备等社会资源重新组合到生产效率高的企业中，这是社会的一种进步。因为竞争能够促进经济良性循环，刺激生产者的积极性，所以，要大力鼓励竞争，创造公平竞争的环境，这是建设社会主义市场经济体制的重要内容。

# 把自己逼疯，把对手逼死——价格战

2010年12月8日，当当网登陆美国纽约证券交易所，随后京东商城宣布图书全场降价20%。16日，当当网正式宣布斥资4000万元促销反击京东商城。促销的范围不再局限于图书，还包括京东赖以起家的数码3C领域。在之后的六个交易日内，当当股价连跌六天累计下挫超30%，价格战从图书蔓延至整个3C领域。

随后，京东商城也对外宣布，将对图书、3C、日用百货等11大类的商品展开总金额8000万元的年底大促销，热销商品价格将保持行业最低价。

短短数日，由京东低价卖书挑起的这场口水战，已经全面升级成为两家之间的图书价格战、数码百货战、配送服务战等。这也意味着，京东与当当之间的"价格战"进入白热化的地步。

【经济学释义】

尽管专业人士认为双方的价格战是"形式大于内容"，但当当与京东之间的市场竞争确实以价格战的方式拉开序幕。价格战是指商家之间以降低产品价格为竞争手段的活动。毋庸讳言，在我们周围，价格战已经成为商家之间竞争的法宝之一，所以消费者也乐得坐享其成。打价格战，成为很多企业占据市场的最佳选择。

在近几年的价格战中，无论是哪个行业，挑起价格战的企业都得到了不小的好处，有的市场份额大幅上升，确立或稳固了行业龙头老大的位置；有的知名度迅速提高，赢得了消费者倾心，这正是降价策略的魅力所在。

降价竞争对有的企业是战略决策的需要，对有的企业则是市场环境下的无奈的行动。启动消费、抢夺市场是企业生存的关键，生产的产品难以售出则意味着危机，利润一时没了，来日还可以挣回；市场没了，则等于丢了江山，这才是生命攸关的大事。

随着价格逐渐逼近成本，企业无利润可赚时，其他的竞争形式，包括品牌竞争、质量竞争、服务竞争、产品品种竞争及技术竞争等就成为企业竞争的主体，企业的品牌、服务、质量、技术提高的同时就会促进整个行业的提高和进步。因此，在一定程度上，"价格战"既可以促进行业自身进步，也可以促进相关行业的发展。

许多人担心，价格竞争过度会导致"行业垮台"，但在世界各国的市场经济发展过程中，从来没有过价格竞争导致"行业垮台"的先例。因为价格竞争的一种结果是资源的优化配置和资源利用效率的提高。在资源有限的条件下，提高效率是发展的根本途径，同时也使企业竞争力提高。

面临市场的严峻挑战和各行业内部结构上的矛盾，价格战是时势所致，不可阻挡，是国内市场转轨时期的必然结果，也是企业在市场转型期逐步适应市场、从幼弱走向成熟的必经阶段。它所带来的利是长远的、根本的，带来的弊是暂时的、必要的。

**竞争均衡**

以完全竞争为特征的市场或经济中供给和需求的平衡。由于完全竞争中单独的买者和卖者都没有力量（支配性地）影响市场，价格将趋向等于边际成本和边际效用的水平。

# 浮云般的合作协议——价格联盟

在拉·封丹的寓言《鼠盟》里，有一只自称"既不怕公猫也不怕母猫，既不怕牙咬也不怕爪挠"的鼠爷，在它的带领下，老鼠们签订协议，组成了对抗老猫联盟，去救一只小耗子。结果，面对老猫，"首鼠两端不敢再大吵大闹，个个望风而逃，躲进洞里把小命保，谁要不知趣，当心老雄猫"。鼠盟就这样瓦解了，协议变成了一纸空文。

【经济学释义】

寓言故事中使鼠盟难以形成的原因是猫的强大无比；同理，使价格同盟难以实现的原因是市场供求力量强大无比，不可抗拒。在市场经济中，决定价格的最基本因素是供求关系。供小于求，价格上升；供大于求，价格下降，这是什么力量也抗拒不了的。

价格联盟一词对于我们而言，并不陌生。早些年，国内九大彩电企业结盟深圳，以同行议价形式共同提高彩电零售价格，并迫使彩管供应商降价。以钢铁、彩电为发端，其后又有空调联盟、民航机票价格联盟、电脑价格联盟，还有券商们的佣金价格联盟等，一时间甚嚣尘上。然而，这些价格联盟无一例外都摆脱不了短命而亡的宿命。

> **价格联盟的特征**
>
> 它是两个或两个以上的经营者自愿采取的联合行动；是处于同一经营层次或环节上的竞争者之间的联合行动；联合行动是通过合同、协议或其他方式进行的；协议的内容是固定价格或限定价格；其共同目的是通过限制竞争以获取高额利润。

价格联盟被称为"卡特尔"，任何价格卡特尔一经形成必然走向它的反面。联盟一经形成，价格便富有极大的弹性，只要其中的某一个成员降低价格，必将从中获利。为追逐利益，联盟成员之间的价格争斗不可避免，这就必然导致卡特尔机制的瓦解。

国内企业各种各样的"联盟"声不绝于耳，并且屡战屡败，而后又屡败屡战，很多企业乐此不疲。企业搞联盟是想在市场的海洋中寻求一个救生圈，而结果则不然，每次联盟均告失败的事实说明：这种被不少企业看作制胜法宝的价格联盟是靠不住的。

我国如今的经济好像成了"联盟时代",在种种共同利益的驱动下,一些企业动不动就扛起"联盟"大旗,或是价格的抬价压价,或是限产保价,或是联合起来一致对外。仔细分析,这些企业联盟形式大致逃脱不了两种模式:一是企业之间自愿建立的松散联盟;二是主管部门主导、企业参加的联盟。

早在18世纪初,亚当·斯密就说过这样一句话:"同业中的人即使为了娱乐和消遣也很少聚在一起,但他们的对话通常不是导致对付公众的阴谋,便是抬高价格的计划。"事实也一再证明,这种非寡头垄断同盟缺乏有效的约束机制,具有相当的不确定性。

其实,企业之间还可进行一些非价格的竞争,如企业在提高产品质量、增加技术含量上下功夫,向品牌、技术竞争过渡;优势企业兼并劣势企业;劣势企业主动从行业中退出;从国际市场上寻找出路。因此,中国的企业家们应该尽快地从联盟的阴影中走出来,以一种更加成熟的心态谋求发展。

# 独占市场的合理性——垄断

美国司法部起诉微软捆绑销售IE浏览器软件，涉嫌违反美国《反托拉斯法》，要求将它一分为二。哈佛大学教授高里·曼昆对分拆微软计划提出了质疑，并且在文章中讲了一个寓言故事：某人发明了第一双鞋，并为此申请了专利，成立了公司。鞋很快卖疯了，他成了最富裕的人。但这时他变得贪婪了，把袜子和鞋捆绑销售，还声称这种捆绑销售对消费者有利。

## 【经济学释义】

有经济学家认为，微软公司无论从结构上（市场份额）还是从行为上（捆绑销售）都具备了垄断企业的性质，使更新更先进的技术没有了生长的空间，消费者付出了更高的价格，造成了社会福利的损失。

另一种意见认为，微软是通过正当的市场竞争手段获取的垄断地位，这种垄断有理无错，因为任何一个竞争中的厂商最终无不追求垄断利润，搞捆绑销售只不过是企业营销战略的选择，只要不是政府行为或寻租行为形成的垄断都是可以接受的，将微软分拆无疑会对美国的新经济带来负面影响，因为它改变了创业者的预期，对创业财富的安全性产生了疑虑。

其实这种分歧是经济学家们对于垄断的不同看法。我们认为对垄断不能一概反对，要看这个垄断是怎么形成的，限制了它对技术创新有没有好处。像微软这样的企业是靠技术创新形成的，分拆后对鼓励创新没有好处，应在一定时间内允许它拥有垄断地位。

可以肯定的是，完全垄断市场上的商品价格将大大高于完全竞争市场上的商品价格，垄断企业因此可以获得超过正常利润的垄断利润，由于其他企业无法加入该行业进行竞争，所以这种垄断利润将长期存在。

但是，垄断企业不可能任意地抬高价格，因为任何商品都会有一些替代品。如果

### 完全垄断

垄断的意思是"唯一的卖主"，指的是经济中一种特殊的情况，即一家厂商控制了某种产品的市场。比如说，一个城市中只有一家自来水公司，而且它又能够阻止其他竞争对手进入它的势力范围，这就叫作完全垄断。

电费使人负担不起的话，恐怕人们还会用蜡烛来照明。所以，较高的价格必然抑制一部分人的消费，从而使需求量降低，不一定能给企业带来最大的利润。

理论上纯粹的完全垄断市场必须同时满足以下三个条件。

（1）市场上只有一家企业。

（2）该企业的产品不存在相近的替代品。

（3）进入该市场存在着障碍。

现实中真正满足这三个条件的市场几乎是没有的，因为人的欲望是无止境的，他们总能找到各种替代品。

通常认为，完全垄断对经济是不利的。因为它会使资源无法自由流通，引起资源浪费，而且消费者也由于商品定价过高而得不到实惠。可这些垄断企业具有雄厚的资金和人力，正是开发高科技新产品必不可少的条件。另外，由政府垄断的某些公用事业，虽免不了因官僚主义而效率低下，却并不以追求垄断利润为目的，对全社会还是有好处的。

# 冰火两重天中的保暖内衣——垄断竞争

1996 年，俞兆林发明了导湿保暖复合绒，并将这一发明运用在内衣上，从此服饰领域多了"保暖内衣"这一新概念。"保暖内衣"这个服装领域的新宠，一时间成为人们谈论冬季保暖话题的流行词。

1999 年保暖内衣更是成为市场追捧的对象，各种保暖内衣可谓炙手可热、尽占春色。这一新生行业在 1999 年只有几十家，到 2000 年猛增至 500 家，总销量在 1999 年不足 700 万套，2000 年则上升至 3000 多万套！结果是鱼龙混杂、泥沙俱下。同时，伴随激烈竞争而推出的各种营销手段更是层出不穷。各种广告宣传语更是充斥大街小巷、报端电视。而当行业内厂商激战正酣，市场上消费者、行业管理人员的反应又怎样呢？

根据市场调查发现，尽管价格较 1999 年已有明显下降，但 2000 年市场反应仍十分冷淡，1999 年那种排长队提货的情景没有了，而产品专卖区更是十分萧条。

有营业员说，与 1999 年的火爆场面相比，这里常常数十分钟无人光顾。

【经济学释义】

保暖内衣何以出现如此"冰火两重天"的景象呢？这是因为保暖内衣从产品开发到市场化经历了从垄断到垄断竞争的市场结构变化过程。

中国保暖内衣市场形成过程经历了两个阶段。首先，各厂商通过价格和非价格竞争来争取一个较大的市场份额和垄断利润；其次，垄断超额利润的存在使新厂商的进入成为可能，使垄断利润逐渐消失。特别是当保暖技术不再成为行业进入的主要障碍时，大量差异产品充斥市场，使行业生产规模超出市场需求，表现在单个厂商身上则是市场的萎缩。

> **纯粹竞争**
>
> 在纯粹竞争中，大量的小卖主向同一市场供应同类产品，其中无一人能影响市场价格，而必须接受由所有卖主提供产品的总供给量和所有买主对产品的总需求量所决定的市场价格。

垄断竞争市场是一种处在完全竞争和完全垄断之间的，既有垄断又有竞争的市场结构。引起垄断竞争的基本条件是产品差别的存在，即同一种产品在质量、包装、牌号、配方或销售条件等方面的差别。

一种产品不仅要满足人们的实际生活需要，还要满足人们的心理需要。于是，每一种有差别的产品都可以以自己的产品特点在一部分消费者中形成垄断地位。但是产品差别是同一种产品的差别，这样各种有差别的产品之间又存在替代性，就引起了这些产品之间的竞争。

总的来说，产品差别是垄断竞争市场的本质特征。而这些差别有可能来自各个方面，因此，消费者在享受产品差别所带来的多样化的同时，不得不提防虚假差异甚至伪劣产品所带来的侵害。这样，一个垄断竞争市场的形成必然需要一个严格的市场管理，要有一个严格的行业标准来规范市场，以防不法厂商借制造假差异来垄断市场，从而危害消费者利益。

# 逃离红海就一定能避开竞争吗——蓝海战略

一位营销人士给一个功能性食品做了一个营销方案，要把这个产品开发成功能饮料，原因是保健品的竞争太激烈，把它开发成饮料是基于蓝海的思想。开辟新途径，但意料之外的是保健品的红海是避开了，但是产品又进入了快速消费品的纷争，这就反映出了问题：如果蓝海与红海只相对于自身的话，根本就没有突出新意，你的蓝海可能早已是别人的红海，实际上无非从一个红海跳到另一个红海，从一场战争进入另一场战争。

**【经济学释义】**

经济学认为，现存的市场由两种海洋组成，即红海和蓝海。红海代表现今存在的所有产业，也就是我们已知的市场空间；蓝海则代表现在还不存在的产业，就是未知的市场空间。

"红海"是竞争极端激烈的市场，但"蓝海"也不是一个没有竞争的领域，而是一个通过差异化手段得到的崭新市场领域，在这里，企业凭借其创新能力获得更快的增长和更高的利润。蓝海战略要求企业突破传统的血腥竞争所形成的"红海"，拓展新的非竞争性市场空间。

与已有的、通常呈收缩趋势的竞争市场需求不同，蓝海战略考虑的是如何创造需求，突破竞争。蓝海的目标是在当前的已知市场空间的红海竞争之外，构筑系统性、可操作的蓝海战略，并加以执行。只有这样，企业才能以明智和负责的方式拓展蓝海领域，同时实现机会的最大化和风险的最小化。

有人这样理解：我没涉足过的领域就是蓝海；我的产品进入过去没进入的渠道就是蓝海；我用的营销策略过去没用过就是蓝海，这是不正确的。

蓝海战略其实就是企业超越传统产业竞争、开创全新的市场的企业战略。如今这个新的经济理念，正得到全球工商企业界的关注。那么什么才是蓝海战略呢？它有以下六项原则。

1. 重建市场边界。
（1）跨越他择产业看市场。
（2）跨越产业内不同的战略集团看市场。

（3）重新界定产业的买方群体。

（4）跨越互补性产品和服务看市场。

（5）跨越针对卖方的产业功能与情感导向。

2. 注重全局而非数字。

3. 超越现有需求。

4. 遵循合理的战略顺序。

5. 克服关键组织障碍。

6. 将战略执行建成战略的一部分。

当然，创造蓝海战略并非那么轻而易举。要创造一种趋势很难，要打造一个行业也很难。企业能否找到产品或项目的核心竞争力，这种变化是不可能凭空生成的，需要时间的考验和成功经验的积累。对于企业而言，蓝海战略提供了崭新的理念，只不过在运用蓝海战略时，还是需要多一点儿谨慎为好。

### 蓝海战略出处

蓝海战略出处最早是由W.钱·金（W.Chan Kim）和勒妮·莫博涅（Renée Mauborgne）于2005年2月在合著的《蓝海战略》一书中提出。蓝海战略认为，聚焦于红海等于接受了商战的限制性因素，即在有限的土地上求胜，却否认了商业世界开创新市场的可能。运用蓝海战略，可以跨越现有竞争边界，将不同市场的买方价值元素筛选并重新排序，从给定结构下的定位选择向改变市场结构本身转变。

# 顽固少数派的主导地位——寡头垄断

1977年,英国人弗雷迪·雷克闯进航空运输市场,开办了一家名为"雷克"的航空公司。他实行低价策略,从伦敦飞往纽约的航班票价是135美元,远远低于当时的最低票价382美元。

毫无疑问,雷克公司一成立便生意不断。1978年,雷克荣获爵士头衔。到1981年,"弗雷迪爵士"的年营业额达到5亿美元,其成长速度令人刮目相看。但是好景不长,雷克公司于1982年破产,从此消失。

出了什么事?原来包括泛美、环球、英航和其他公司在内的竞争对手们采取联合行动,一致大幅降低票价,甚至低于雷克的票价。一旦雷克破产,他们的票价马上回升到原来的高水平。更严重的是,这些公司还达成协议,运用各自的影响力量阻止各大金融机构向雷克公司提供贷款,使其难以筹措借以抗争的资金,进一步加速雷克的破产。

【经济学释义】

寡头市场是指少数几家厂商控制整个市场产品的生产和销售的市场组织。寡头市场被认为是一种较为普遍的市场组织,西方国家中不少行业都表现出寡头垄断的特点。例如,美国的汽车业、电气设备业、罐头行业等,都被几家企业所控制。

**寡头政治**

寡头政治指由少数统治者操纵一切的政治制度。简言之,凡属一个国家体系由少数人所统治,或一种政治体系为少数人所把持者,均可称为寡头政治。像古代斯巴达虽有二王,实为寡头政治国家。

形成寡头市场的主要原因有:某些产品的生产必须在相当大的生产规模上进行才能达到最好的经济效益;行业中几家企业对生产所需的基本生产资源的供给的控制;政府的扶助和支持;等等。由此可见,寡头市场的成因和垄断市场是很相似的,只是在程度上有所差别而已。寡头市场是比较接近垄断市场的一种市场组织。

寡头行业可按不同方式分类。根据产品特征,可分为纯粹寡头行业和差别寡头行业两类;

按厂商的行动方式可分为有勾结行为的（合作的）和独立行动的（不合作的）两种类型。

寡头厂商的价格和产量的决定是非常复杂的问题。主要原因在于：在寡头市场上，每个寡头的产量都在全行业的总产量中占较大份额，从而每个厂商的产量和价格的变动都会对其他竞争对手以至整个行业的产量和价格产生举足轻重的影响。

每个寡头厂商在采取某项行动之前，必须首先推测或掌握自己这一行动对其他厂商的影响及其他厂商可能做出的反应，考虑到这些因素之后，才能采取最有力的行动。所以，每个寡头厂商的利润都要受到行业中所有厂商的决策的相互作用的影响。

一般而言，不知道竞争对手的反应方式，就无法建立寡头厂商的模型。或者说，有多少关于竞争对手的反应方式的假定，就有多少寡头厂商的模型，就可以得到多少不同的结果。因此在西方经济学中，没有一种寡头市场模型能对寡头市场的价格产量的决定做出一般的理论总结。

# 当企业买下别的企业——兼并

当今世界航空制造业排行第一的美国波音公司有过多次兼并其他企业的案例，其中最著名的就是兼并美国麦道公司。在1996年，"麦道"在航空制造业排行世界第三，仅次于"波音"和欧洲的"空中客车"。

1996年"波音"以130亿美元的巨资兼并"麦道"，使世界航空制造业由原来"波音""麦道""空中客车"三家共同垄断的局面，变为"波音"和"空中客车"两家之间的超级竞争。新的波音公司在资源、研究与开发等方面的实力急剧膨胀，其资产总额达500多亿美元，员工总数达20万人，成为世界上最大的民用飞机和军用飞机制造企业。这对于"空中客车"来说构成了极为严重的威胁，以致两家公司发生了激烈的争执。

在经过艰苦的协商、谈判后，最终波音公司被迫放弃了已经和美国几十家航空公司签订的垄断性供货合同，以换取欧洲人对这一超级兼并的认可。但是不管怎样，前无古人的空中"巨无霸"由此诞生，并对世界航空业产生了巨大影响。

## 【经济学释义】

企业兼并在当今已经屡见不鲜。当优势企业兼并了劣势企业，后者的资源便可以向前者集中，这样一来就会提高资源的利用率，优化产业结构，进而显著提高企业规模、经济效益和市场竞争力。

对于一个国家而言，企业兼并有利于其调整产业结构，在宏观上提高资源的利用效率。对兼并的研究，一直是经济学家的重点课题。企业兼并，是企业经营管理体制改革的重大进展，对促进企业加强经营管理、提高经济效益、有效配置社会资源具有重要意义。

当今世界，任何一个发达国家在其经济发展过程中，都经历过多次企业兼并的浪潮。以美国为例，在其历史上就曾发生过5次大规模企业兼并。其中发生于19世纪末20世纪初的第一次兼并浪潮便充分发挥了优

> **接收兼并**
>
> 这种兼并方式是以兼并方承担被兼并方的所有债权、债务、人员安排及退休人员的工资等为代价，全面接收被兼并企业，取得被兼并方资产的产权。

化资源配置，在微观上和宏观上"双管齐下"的巨大威力，不仅使企业走上了腾飞之路，更是基本塑造了美国现代工业的结构雏形。

由于兼并涉及两家以上企业的合组，其操作是一个非常复杂的系统工程。成功的企业兼并要符合以下几个基本原则："合法""合理""可操作性强""产业导向正确""产品具有竞争能力"。同时，企业兼并还要处理好"沟通"环节，包括企业之间技术的沟通、人与人之间的交流。只有这样，才能使企业兼并发挥它的优势；否则将会适得其反，在未能达到兼并目的的同时反受其害。

## 麦当劳和肯德基为何总要做邻居——集聚效应

麦当劳和肯德基是世界餐饮行业中的两大巨头，分别在快餐业中占据第一和第二的位置。其中，麦当劳有30000多家门店，肯德基有11000多家分店。原本是针锋相对的对手，但是在经营上却有异曲同工之处。例如，经常光顾麦当劳或肯德基的人不难发现这样一种现象，麦当劳与肯德基这两家店一般在同一条街上选址，或在相隔不到100米的对面，或同街相邻门面。若按常理，这样的竞争会造成更剧烈的市场争夺，以致各个商家利润下降，但为什么两家偏偏还要凑在一起？

【经济学释义】

事实上，平常人往往想象不到的是，不仅消费者愿意扎堆凑热闹，商家也愿意扎堆。至于扎堆的原因，就在于有"集聚效应"。集聚效应是指各种产业和经济活动在空间上集中产生的经济效果及吸引经济活动向一定地区靠近的向心力。

集聚效应是一种常见的经济现象，如产业的集聚效应，最典型的例子当数美国硅谷，聚集了几十家全球IT巨头和数不清的中小型高科技公司；国内的例子也不少见，在浙江，诸如小家电、制鞋、制衣、制扣、打火机等行业都各自聚集在特定的地区，形成一种地区集中化的制造业布局。类似的效应也出现在其他领域，北京、上海这样的大城市就具有多种集聚效应，包括经济、文化、人才、交通乃至政治等。

从世界市场的竞争来看，那些具有国际竞争优势的产品，其产业内的企业往往是群居而不是"分居"的。集聚为什么有助于产生竞争优势？

（1）产业集聚对提高生产率的影响。同一个产业的企业在地理上的集中，能够使厂商更有效率地得到供应商的服务，能够物色、招聘到符合自己意图的员工，能够及时得到本行业竞争所需要的信息，能够比较容易地获得配套的产品和服务。这些都使集聚区内的企业能以更高的生产率来生产产品或提供服务，有利于其获得相对于集聚区域以外的企业更多的竞争优势。

（2）集聚对创新的影响。由于集中的顾客群降低了设立新企业的投资风险，投资者容易发现市场机会。在产业集聚的地方工作，企业能更容易地发现产品或服务的缺口，受到启发建立新的企业。再加上产业集聚区域的进入障碍低于其他地区，所需要的设备、技术、投入及员工都能在区域内解决，因而开办新的企业要比其他地区容易得多。企业所需要的客户、市场信息，可能在新企业成立之前就已经具有了。

（3）集聚对竞争的影响。竞争是企业获得竞争优势的重要来源。集聚带来了竞争，加剧了同行业企业间的竞争。竞争不仅仅表现在对市场的争夺，还表现在其他方面。"同居"一地，同行业相互比较有了业绩评价的标尺，也为企业带来了竞争的压力。绩效好的企业能够从中获得成功的荣誉，而绩效差甚或平庸的企业会因此感受到压力。不断的比较产生了不断的激励。同行业企业的集聚带来剧烈的竞争，竞争对手的存在是有积极意义的。

**产业集聚的因素**

首先，必须是与某一产业领域相关的。其次，产业集聚的企业及其他机构具有密切联系。产业集群内的企业及相关机构不是孤立存在的，而是整个联系网络中的一个节点。最后，产业集聚是一个复杂的有机整体。

# 从一个鸡蛋到百万富翁——范围经济

范围经济在生活中比较常见，比如一个火力发电厂在其附近建一砖厂，而生产砖的原材料就是发电过程中产生的煤渣。煤渣对于发电厂完全是废物，原来发电厂还要花专门的资金清理它们，而现在砖厂不仅可以清理掉煤渣，还可以把它们转变为有用的产品，拿到市场上卖钱。发电厂不仅节省了清理煤渣的费用，还通过砖的销售获得额外的收入。总收入的增加使它相对于同行具有成本优势，即使电的销售价格低于竞争对手，它仍能得到高于对手的利润。

【经济学释义】

范围经济一般指企业通过扩大经营范围，增加产品种类，生产两种或两种以上的产品而引起单位成本的降低。范围经济一般成为企业采取多样化经营战略的理论依据。范围经济是研究经济组织的生产或经营范围与经济效益关系的一个基本范畴。

在上面的例子中，如果砖厂不是发电厂所建，而是由另一个企业所建，就形成了企业间的范围经济。在这样的情况下，发电厂可能把煤渣以很低的价格卖给砖厂，不但可以节省清理费用，还能获得销售煤渣的收入。但是从砖厂来看，因为它的原材料是别的厂商的废料，肯定是成本极低。所以相对于其他砖厂，它就享受到节约成本的好处，成本的降低使它可以降低价格获得竞争优势。

范围经济与规模经济是两个不同的概念，二者之间并无直接关系：一个生产多种产品的企业，其生产过程可能不存在规模经济，却可能获得范围经济；另一个工厂用较大规模只生产某一种产品可能会产生规模经济，但是不可能获得范围经济；范围经济强调生产不同种类产品（包括品种与规格）获得的经济性，而规模经济强调的是产量规模带来的经济性。

那么，范围经济具有哪些优势呢？

（1）生产成本优势。主要表现为分摊固定成本、降低变动成本。分摊固定成本主要表现为分摊固定资产的折旧费用，从而降低单位产品的固定成本；降低变动成本，主要表现在降低采购成本、提高资源利用率等方面。

（2）差异化优势。差异化是指企业提供产品的多样性，包括产品的质量、功

### 范围经济

范围经济是指由厂商的范围而非规模带来的经济，即同时生产两种产品的费用低于分别生产每种产品时，所存在的状况就被称为范围经济。只要把两种或更多的产品合并在一起生产比分开来生产的成本要低，就会存在范围经济。

能、外观、品种、规格及提供的服务等，这种多样性能使消费者认同该产品并区别于其他企业提供的类似产品。

（3）市场营销优势。在买方市场条件下，获得市场营销优势是企业成功的关键。市场营销的关键在于正确定位目标市场的需要和欲望，比竞争者更有效地提供目标市场所要求的满足。市场营销强调满足消费者的需要和欲望，从营销理论来说，就是从产品、价格、地点、促销、公共舆论等方面体现企业的竞争能力。

（4）技术创新优势。首先，对范围经济的理解和受益，使企业管理层对新产品、新工艺的开发更加重视；其次，范围经济利益的驱动可以促成科技创新的良性循环，持续的创新活动将使企业在应用新材料、采用新工艺、培养创新团队、加强市场调研等面获得突破，最终将形成企业强大的核心竞争优势。

（5）抵御风险的优势。范围经济在成本、差异化、市场营销和技术创新等方面获得竞争优势，实际上增加了企业抵御风险的能力。

# 等待"翻身"的炸鸡店——固定成本与可变成本

王洋经营着一家炸鸡店,每块炸鸡的平均成本是10元。若每块售价12元,每块炸鸡可以赚2元。若售价是每块10元,则不赔不赚,收支相抵。虽然利润是零,可是成本中包括了机会成本和会计利润,依旧可以继续经营。但是由于王洋的炸鸡店旁边新开了一家烤鸭店,平时的顾客被分去不少。由于烤鸭店规模较大,开业之际就大搞优惠活动,王洋只得把每块炸鸡的售价降到8元。可这样一来,王洋每卖一块炸鸡就要赔2元。在这种情况下,他还要继续经营下去吗?

【经济学释义】

如果想解决王洋的问题,就必须分析成本与收益。收益非常简单,就是售价乘以售出的炸鸡块数量。可是,还要仔细分析一下成本。成本就是投入的生产要素量乘以价格。短期内,投入的生产要素包括固定投入(比如机器设备)和可变投入(比如劳动)。

所谓固定成本,是指在短期内是固定不变的,又叫不变成本。基于王洋的炸鸡店情况,就算一块炸鸡都不炸,短期内他的店面无法退租,设备不能转卖,租

金与设备的折旧费依旧要支出。但是若生意非常好,产量增加,一天炸了几百块,该成本也依旧不会增加。而平均固定成本会随着产量的增加而不断减少。

可变成本是指在短期内可以随产量的变动而发生变动的成本,当没有产量时就无可变成本,当产量增加时它也会随之增加。因此,在做短期决策时,不必考虑固定成本或者平均固定成本,仅

> **可变成本与平均可变成本的区别**
>
> 可变成本随着产量的增加而不断增加,而平均可变成本却和它不一样。当产量开始增加时,平均可变成本反而减少。等达到某一种产量时,平均可变成本达到最小;之后,当产量再增加时,平均可变成本就又增加了。

仅需要考虑可变成本和平均可变成本。在上面的案例中,假设在正常情况下,每月炸 1000 块炸鸡,总成本是 1 万元,其中 6000 元是固定成本,4000 元是可变成本,那么每块炸鸡的平均固定成本是 6 元,平均可变成本是 4 元。在做决策时,固定成本可以不用考虑,只要能够弥补可变成本便可继续经营。

因此,短期内的营业条件为:

**可变成本 = 总收益 = 产量 × 价格**

对于每块炸鸡来说,此条件可以写成:

**平均可变成本 = 价格**

这一条件也叫停止营业点,也就是说,在此时是否经营结果都相同,经营时支出的平均可变成本(4元)得以弥补,可是固定成本的损失并没有减少。若不经营,可变成本不必支出,固定成本的损失依旧一样。在这个停止的营业点上,即价格高于平均可变成本时,必须经营,这时因为高于平均可变成本的价格那部分可以弥补固定成本。

当价格是 8 元,平均可变成本是 4 元时,每出售一块炸鸡就可以得到 8 元,用 4 元来弥补平均可变成本,其余 4 元用来弥补平均固定成本。如此,平均固定成本的损失就从 6 元减至 2 元,当然是有好处的。亏损 2 元,当然要比亏损 6 元好。此时,利润最大化的原则就变成亏损最小化。若价格低于平均可变成本,则不管怎样都不能继续经营。

其实在很多行业中都存在这样的情况。比如一些旅游城市的服务行业,每到旅游淡季,一些高级饭店和旅游景点的生意就很清淡,游人很少。即使这样,饭店和景点仍然在营业,这个时段赚钱不多甚至会亏本,这是因为饭店和景点的成本主要是固定成本,如租房费用,它已经支出了,如果关门歇业的话,放着也是放着,照样会折旧,不如继续开门营业,只要收入能支付可变成本就行。

# 百万大军敌不过八万精兵——规模经济

383年8月,苻坚亲率步兵六十万、骑兵二十七万、羽林郎(禁卫军)三万,共九十万大军从长安南下,同时,苻坚又命梓潼太守裴元略率水师七万从巴蜀顺流东下,向建康进军。近百万行军队伍"前后千里,旗鼓相望。东西万里,水陆齐进"。

东晋王朝面临生死存亡的危急关头,以丞相谢安为首的主战派决意奋起抵御。谢安之弟谢石为征讨大都督,谢安之侄谢玄为先锋,率领经过七年训练、有较强战斗力的八万"北府兵"沿淮河西上,迎击前秦军主力。派胡彬率领水军五千增援战略要地寿阳(今安徽寿县),又任命桓冲为江州刺史,率十万晋军控制长江中游,阻止秦巴蜀军顺江东下。

双方在淝水展开激战。结果前秦军大败,被歼和逃散的共有七十多万。苻坚统一南北的希望彻底破灭。两年后前秦灭亡。

## 【经济学释义】

前秦的军队规模不可谓不大,但最终还是吃了败仗。看来,规模不一定能产生必然的正面效果。规模经济又称规模利益,是指随生产能力的扩大,单位成本下降,即长期费用曲线呈下降趋势。

若厂商的产量扩大一倍，而厂商增加的成本低于一倍，则称厂商的生产存在规模经济，与规模经济对应的是规模不经济。一般来说，随着产量的增加，厂商的生产规模逐渐扩大，最终厂商扩大规模使生产处于规模经济阶段。

产生规模经济的原因主要有四点。第一，随着生产规模的扩大，厂商可以使用更加先进的生产技术。

> **规模经济**
>
> 规模经济分为三个层次，即产品规模经济、单工厂规模经济、企业规模经济。其中，产品规模经济是最基本的规模经济形态。规模经济侧重经济生产规模的扩大，通过生产要素投入的增加来实现更好的经济效益，是描述企业在生产过程平均成本下降特征的一个指标。

在实际生活中，机器设备往往有不可分割性，有些设备只有在较大的生产规模下才能使用。第二，规模扩大有利于专业分工。第三，随着规模的扩大，厂商可以更为充分地开发和利用各种生产要素，包括一些副产品。第四，随着规模的扩大，厂商生产要素的购买和产品的销售方面就拥有更多的优势，随着厂商产量的增加，这些优势逐渐显现出来。

由此可以看出，规模经济理论主要有两个含义：一是指生产的批量规模，二是指企业的规模。这里所说的企业规模，是指生产同样产品的若干生产线（或工厂）联合成一个经济实体（企业）中形成的经营规模的扩张。这种性质的规模扩张，同样能产出比分散生产经营更高的效益。这种效益主要来源于企业规模扩大后，管理人员和工程技术人员的专业化，企业设备和资源的利用率提高，使企业更具有挑战性。

但是，规模经济并不意味着厂商的规模越大越好，对于特定的生产技术，当厂商的规模扩大到一定程度后，生产就会出现规模不经济，造成规模不经济的原因主要是管理的低效率。由于厂商规模过大，信息传递费用增加，信息失真，滋生官僚主义，带来了成本的增加，出现规模不经济。

# 过去的钱、未来的钱与现在的钱——贴现率

小王6年前投资100万元办了一个工厂,但今年工厂停产关闭了。在这6年里,工厂每年的总收益是20万元,6年共收益120万元。这样算下来,总成本为100万元,总收益为120万元,利润为20万元,投资利润率为20%。

这种算法可以说是正确的,也可以说是不正确的。说这种算法不正确,是因为总收益、总投资、利润都是用货币计算的,而现在的20万元与未来的20万元的实际价值并不相同,也就是说20万元的实际购买力并不相同。

比如经济中会发生通货膨胀,如果通货膨胀率是10%,这种情况下,现在1元的购买力在一年以后就会贬值10%,即现在的1元在一年以后买不到同样的东西。换一个角度来看,即使没有通货膨胀,我们将1元存入银行,如果利率是10%,一年后就成为1.1元,显然这1元在一年后已经不止1元了。

【经济学释义】

在这里,引入两个概念:现值与贴现。我们把一笔未来货币现在的价值称为现值,把未来某一年的货币转变为现在货币的价值称为贴现。在影响一笔货币价值的因素中最重要的是通货膨胀率和利率,通货膨胀率和实际利率之和为名义利率,所以我们常用名义利率来进行贴现。

假设名义利率为 $r$,某一年的货币量为 $Mn$,货币的现值为 $M0$,$n$ 代表第 $n$ 年。贴现的公式如下:

$$M0 = Mn/(1+r)^n$$

例如,未来一年后的货币量为110万元,名义利率为10%,这笔钱的现值为:

$$M0 = 110万/(1+10\%) = 100万元$$

这就是说,当名义利率为10%时,一年后110万元的现值是100万元,或者说一年后110万元的实际价值在今年是100万元。

在确定一笔投资是否有利时,我们要比较的不是现在的投资与未来的收益,而是现在的投资与未来收益的现值。这是以利润最大化为目标的企业在决定投资时所采用的思维方式。换言之,不是在未来能赚多少钱,而是所赚的钱的现值是多少。在我们所举的小王投资的例子中,如果名义利率是10%,各年收益的现

值如下：

第一年（$n=1$）：20 万／（1+10%）= 18.18 万元
第二年（$n=2$）：18.18 万／（1+10%）= 16.53 万元
第三年（$n=3$）：16.53 万／（1+10%）= 15 万元
第四年（$n=4$）：15 万／（1+10%）= 13.66 万元
第五年（$n=5$）：13.66 万／（1+10%）= 12.42 万元
第六年（$n=6$）：14.42 万／（1+10%）= 11.29 万元

未来 6 年中总收益的现值为：

18.18 万 + 16.53 万 + 15 万 + 13.66 万 + 12.42 万 + 11.29 万 = 87.08 万元

如果不进行贴现，总收益为 120 万元，但按 10% 的名义利率进行贴现时，这 120 万元的现值为 87.08 万元。投资为 100 万元，未来收益的现值为 87.08 万元，显然，这笔投资是亏的，亏损为 100 万 – 87.08 万 = 12.92 万元。显然不能进行这笔投资。

由以上的分析还可以看出，一笔未来货币现值的大小取决于名义利率。我们假定名义利率为 5% 时，小王各年收益的现值如下：

第一年（$n=1$）：20 万／（1+5%）= 19.05 万（元）
第二年（$n=2$）：19.05 万／（1+5%）= 18.14 万（元）
第三年（$n=3$）：18.14 万／（1+5%）= 17.28 万（元）
第四年（$n=4$）：17.28 万／（1+5%）= 16.46 万（元）
第五年（$n=5$）：16.46 万／（1+5%）= 15.68 万（元）
第六年（$n=6$）：15.68 万／（1+5%）= 14.93 万（元）

未来 6 年中总收益的现值为：

19.05 万 + 18.14 万 + 17.28 万 + 16.46 万 + 15.68 万 + 14.93 万 = 101.54 万（元）

这表示只有在名义利率为 5% 时，这笔 100 万元的投资才略有微利，即 101.54 万 – 100 万 = 1.53 万元。由此可见，在名义利率为 5% 以上，这笔投资都是不合

## 贴现率的概念

贴现率是指将未来支付改变为现值所使用的利率，或指持票人以没有到期的票据向银行要求兑现，银行将利息先行扣除所使用的利率。它解决了未来经济活动在今天如何评价的问题。贴现率为正值，说明未来一块钱不论是损失还是收益，没有现在的一块钱重要；而且时间隔得越长，未来的价值越低。

适的。

贴现的方法突出了时间因素在经济学中的重要性。人们对等量货币的现在偏好大于未来，这就体现了时间的作用。在企业做出投资决策时，一定要考虑时间因素。收益期越长的投资，时间因素越重要。

在考虑时间因素时，不仅有贴现，而且有投资风险。建立一个工厂往往是一种长期投资。所以在做出这种投资时，不仅要考虑规模的确定，使产量达到平均成本最低的水平，而且要考虑这些产量所能带来的收益现值。

# 第六章

# 老板是如何让钱生钱的
## ——生产经营经济学

# 最后一名乘客的票价——边际成本

从北京开往石家庄的长途车即将出发。客车的票面价格是50元。一个匆匆赶来的乘客见一家国有公司的车上尚有空位，要求以30元上车，被拒绝了。他又找到一家也有空位的私人公司的车，售票员二话没说，收了30元允许他上车了。哪家公司的行为更理性呢？乍一看，私人公司允许这名乘客用30元享受50元的运输服务，当然亏了。但如果用边际分析法分析，私人公司的确比国有公司精明。

**【经济学释义】**

上述案例中，私人公司让这名乘客上车是理性的，无论售票员是否懂得边际的概念与边际分析法，他实际上是按边际收益大于边际成本这一原则做出决策的。国有公司的售票员不让这名乘客上车，或者是受严格制度的制约（例如，售票员无权降价），或者是缺少"边际"概念。

边际成本是指增加一单位的产量随即而增加的成本。边际收益是指增加一单位产品的销售所增加的收益，即最后一单位产品的售出所取得的收益。它可以是正值或负值。

在日常生活中，人们常常会碰到须进行边际分析的问题。譬如，7-11便利店营业时长是24小时，而不是早8点到晚9点。从经济学上来考虑：24小时营业当然要额外（边际）花费一些成本（如水电费、营业员的工资等），但是也会有一定的额外收益（就是多开11小时门的营业收入），只要额外收的钱比额外成本要高便可以干。

在经济学上，这"额外"的部分便称为"边际"，而把由某项业务活动引起的边际收入去和它的边际成本（而不是全部成本）相比较的方法，就叫边际分析法。

从经济学来分析这一现象，说明商品有两种价格：一是它的生产成本；二是消费者愿意出的价格。前者位于商品的边际成本线上，后者位于消费者的需求线上。这两种价格是彼此独立的，互相不发生影响。企业应该明白这样一个道理，即价格应定在边际成本上，边际成本就是指在一定产量水平下，增加或减少一个单位产量所引起成本总额的变动数，用以判断增、减产量在经济上是否合算，这样的定价可以避免浪费，使商品得到最大的产出，造福于社会。

例如，某企业生产某种产品100个单位时，总成本是5000元，单位产品的成本是50元。若生产101个单位时，其总成本为5040元，则所增加一个产品的成本为40元，边际成本即为40元。当产量未达到一定限度时，边际成本随产量的扩大而递减，但当产量超越一定限度时，就转而递增。所以，当增加一个单位产量所增加的收入高于边际成本时，是合算的；如果低于边际成本就是不合算的。因此计算边际成本对制定产品决策具有极其重要的作用。

任何增加一个单位产量的收入不能低于边际成本，否则必然出现亏损；只要增加一个产量的收入能高于边际成本，即使低于总的平均单位成本，也会增加利润或减少亏损。计算边际成本对制定产品决策具有重要的作用，当产量增至边际成本等于边际收入时，将为企业获得其最大利润的产量。因此，考虑边际成本有助于企业制定最佳决策。

### 交易成本

交易成本又称交易费用，最早由美国经济学家罗纳德·科斯提出。他认为交易成本是"通过价格机制组织生产的、最明显的成本，就是所有发现相对价格的成本""市场上发生的每一笔交易的谈判和签约的费用"及利用价格机制存在的其他方面的成本。

# 利润是最有效的生产驱动力——生产者剩余

一个叫凯宁的城里男孩到乡下去，他打算花 100 美元从一位农民那里买一头小毛驴。这位农民收了钱后，很爽快地同意了，并答应第二天把驴牵来给凯宁。第二天一早，农民却匆忙跑来告诉凯宁："小伙子，实在抱歉，我的那头小毛驴死了，就在昨天晚上。"凯宁很无奈地说："原来是这样啊……那你就把那头死驴给我吧。"

过了一段时间，这位农民偶然在街头遇到了凯宁。农民就问："那头死驴后来怎么样了？"凯宁说："我举办了一次幸运抽奖，并把那头驴作为奖品。我总共卖出了 500 张票，每张 2 美元，就这样我赚了 898 美元！"

农民又问："真是令人难以置信！难道就没人对此表示不满？"

凯宁回答："不满的人当然有，但只有一个——就是那个中奖的人。他看到自己的奖品是一头不能食用的死驴后，当即表示了抗议，所以我就把他买票的钱还给了他。"

**【经济学释义】**

抛去道德层面不议，我们可以将凯宁的这种赚钱方式理解成迎合消费者行为的低价策略。对凯宁而言，他用 100 美元买了一头死驴，可是最后他不仅没亏本反而赚了 898 美元，这在经济学上叫作生产者剩余。

生产者剩余就是生产者出售一种商品得到的收入减去成本，说白了就是企业赚的利润。消费者剩余也好，生产者剩余也罢，其实都是福利经济学的概念，它所表示的实际上是买卖双方在交易过程中所得到的收益。

> **生产者剩余与消费者剩余的区别**
>
> 生产者剩余（又称生活者剩余）与消费者剩余相对应。所不同的是，消费者剩余是消费者的心理感受，而生产者剩余是生产者实实在在得到的好处，它等同于生产者出卖商品所得到的价格减去生产者实际支付的成本。

我们可通过生活中的具体实例来解释消费者剩余与生产者剩余。

张老师想装修他的房子，自己设计了一张图纸，然后去找装修公司。他来到第一家装修公司，老板接过图纸，根据房屋面积、材料要求，一个个项目算下来，说整个工程需要 7 万元。张老师认为太贵了，装修公司老板把明细单拿给张老师看，说最多还能便宜 5000 元。张老师一看，确实如此，说回去再考虑考虑。

张老师又拿着图纸来到另一家装修公司，老板看了图纸问了要求，又根据房屋面积、材料要求，一个个账目算下来，说至少需要 6.5 万元。张老师仍然说：怎么这么贵？老板也把明细单拿给他看，说最多只能再便宜 5000 元。张老师仔细分析了两家情况：第二家之所以会便宜一些，主要是材料直接从厂家进货，成本降低了。于是他决定把这个工程交给第二家装修公司做。

从这个例子我们可以看到，张老师之所以把工程交给第二家装修公司做，是因为它家价格低，张老师有了消费者剩余。那么是不是第二家装修公司吃亏了呢？没有，否则它不会接这单活，做亏本的买卖。因为第二家装修公司通过直接进货降低了成本，使成本低于他所报的价格，从而也获得了生产者剩余。

# 一条围裙创造的价值——生产效率

一个工程师站在车间,发现这里的生产效率极低,他问陪同的车间主任:"当工作人员从丝饼上剥除部分纱线,然后将剥除的纱线丢在地上,处理完原丝再拿笤帚打扫地面上的残丝,打扫完废丝然后装入废丝袋。每人每次做完这一工序需要2~3分钟,你算算这一班次损失的总时间。"

"我们每班打扫约20次,就浪费40~60分钟的时间。"车间主任在心里快速核算了一下,然后说。

"目前的这种做法除了影响生产效率外,还会引来其他麻烦。你看看,全公司的纱车轮子几乎都缠绕着废丝,纱车就会不易推拉,甚至损坏在轮子内的滚珠,造成车子损坏,这就像自行车的前后车轴都绕进线一样。"

工程师接着说:"我观察了你们厂的每个工序,最初找不到为什么纱车轮上有废丝缠绕的根本原因。事实上,你们自己很清楚,因为你们把丝丢到地上,造成了纱车轮的废丝缠绕。"

车间主任频频点头:"怎么解决这个问题呢?"

"这个问题最关键的是不要把废丝丢到地上,对不对?"

"对!"

"那么把废丝放在哪里?总不能让员工把满把的废丝每次都送到废丝袋子里。"废丝袋子在车间的一角,离去皮区很近,但是每次都走上那么几步显然是不合适的。

工程师问车间主任:"你见过农村拾棉花吗?"华北平原上种植着大量的棉花,每年进入收获季节,农民就会三三两两地忙碌在田间——拾棉花。

"见过,他们拾棉花用的是围裙——我明白了!"很快,车间主任就为工作人员每人配备一条带兜围裙,用来装残丝。这样一来,工作人

---

**产品质量**

产品质量指是在商品经济范畴,企业依据特定的标准,对产品进行规划、设计、制造、检测、计量、运输、储存、销售、售后服务、生态回收等全程的必要的信息披露。产品质量除了含有实物产品之外,还含有无形产品质量,即服务产品质量。

员顺手把残丝装在了围裙兜里，不仅保持了地面整洁，避免了残丝缠绕在车轮上，提高了效率，也节省了扫地时间，避免了重复劳动。

【经济学释义】

由此看来，一条围裙就提高了生产效率。生产效率是指固定投入量下，实际产出与最大产出两者间的比率，可反映出达成最大产出预定目标或是最佳营运服务的程度，亦可衡量经济个体在产出量、成本、收入或利润等目标下的绩效。

提高生产效率应做到以下几个方面。

（1）提高生产，制度先行。企业必须建立完善的生产制度，以确保生产有章可循。

（2）定期将生产状况反馈给相关部门，由相关部门及时了解并快速调整生产计划。

（3）奖罚分明。生产效率高的员工要获得应有的奖励。

（4）工具与技术，双重优化。即便是一流的员工，没有必要的工具，也难以达到高效率。

（5）激发员工干劲。员工是公司最宝贵的人力资源。这个资源是取之不尽、用之不竭的。我们应充分挖掘它、利用它，使之发挥最大的效用。身为主管，如果了解员工的本性，也就知道如何有效激励他们，领导他们，开发他们。

（6）增强团队凝聚力。团队的凝聚力对于团队行为、团队功能有着重要的作用。增进团队成员之间的交往和意见沟通，提高团队的战斗力。

# 包装"勾引"，连击大脑里的"购买键"——商品包装

《韩非子》中有一则"买椟还珠"的故事。楚国有一个珠宝商人，他在珠宝盒子上下了不少功夫：珍珠是用木兰树的木制的盒子装，用桂椒来熏盒子，用精美的珠玉点缀其上，用美玉点饰，用翠鸟的羽毛装饰盒子。这只盒子不仅精致美丽而且香气四溢。有个郑国人看到这么精美的盒子，非常高兴，于是花重金买下珠宝。令人惊讶的是，郑国人却把里面的珠宝还给楚国人，自己拿着这个精美的盒子走了。

【经济学释义】

这个故事形象地说明了商品包装的重要性。过去人们并不在意包装，认为"真金总是会卖个好价钱"，但在市场经济环境下，质量再好的商品，没有好的包装，就没有吸引力。现今产品的包装越来越引起消费者的关注，并逐渐形成了包装经济。

生活中的商品如果不经过"包装"，往往得不到消费者的认可。事实上，商品包装确实是整体产品的一个重要组成部分，具有保护和美化商品、便利经营和消费及促进销售等功能。商品质量好，当然会受到人们的喜爱。但是，如果它的包

### 商品包装的四大要素

（1）包装材料：包装材料是包装的物质基础，是包装功能的物质承担者。
（2）包装技术：包装技术是实现包装保护功能、保证内装商品质量的关键。
（3）包装结构造型：包装结构造型是包装材料和包装技术的具体形式。
（4）表面装潢：表面装潢是通过画面和文字美化、宣传和介绍商品的主要手段。

装差，质量就连带着会大打折扣。对于一件被推销的商品，更多的人还是会关注包装。

从社会实践来看，由于现代的产品种类繁多，花样复杂，因此，消费者在进行选择的时候，往往挑花了眼睛。不知道该选择哪一个好。这时，产品的包装就可以成为一个宣传媒介，向消费者传递"自我推销"的信息，从而吸引消费者购买。正是第一印象的不同，消费者才做出不同的选择。

各大企业经营者正是观察到了这一点，才将更多的资本投注到广告包装上。他们利用包装塑造精品的形象，利用包装来提升企业的品牌知名度，利用包装来打动消费者。

在产品同质化越来越明显的今天，商品包装正在成为企业产品销售成功的不二法门。不过，商品包装并不是越精美越好，总体上对商品包装有一定的要求。

（1）适应各种流通条件的需要。要确保商品在流通过程中的安全，商品包装应具有一定的强度、坚实、牢固、耐用。对于不同运输方式和运输工具，还应有选择地利用相应的包装容器和技术处理。

（2）应适应商品特性。商品包装必须根据商品的特性，分别采用相应的材料与技术，使包装完全符合商品理化性质的要求。

（3）适应标准化的要求。商品包装必须推行标准化，即对商品包装的包装容（重）量、包装材料、结构造型、规格尺寸、印刷标志等加以统一规定，逐步形成系列化和通用化，以便有利于包装容器的生产，降低成本，易于识别和计量，有利于保证包装质量和商品安全。

（4）包装要适量、适度。对销售包装而言，包装容器大小与内装商品相宜，包装费用应与内装商品相吻合。

（5）商品包装要做到绿色、环保。

总之，商品需要适当的包装，只要有了迎合消费者审美观点和文化意识的包装，就能够达到同推销产品一样的效果。

# 品牌赋能，打造超级爆品——品牌

我们可以看一看著名饮料企业可口可乐的例子：可口可乐公司1999年的销售总额为90亿美元，其利润达30%，即利润额为27亿美元，其中除去5%由资产投资带来的利润，其余22.5亿美元均为品牌为企业带来的高额利润，由此可见品牌特别是名牌给企业带来的较大的收益，而品牌作为无形资产，已为人们所认可。

## 【经济学释义】

可口可乐利用品牌给产品增加了附加值。在经济学中，品牌是给拥有者带来溢价、产生增值的一种无形的资产，它的载体是用以和其他竞争者的产品或劳务相区分的名称、术语、象征、记号或者设计及其组合，增值的源泉来自消费者心智中形成的关于其载体的印象。

品牌不仅仅是一个概念，还代表一种持久的价值体系。它是公司向世界宣扬的价值观，也是公司发展业务的有效方式。一个公司的品牌所带来的效应和影响是深远的。品牌是有效的推销手段，是企业的无形资产，更是企业的形象代表。

在今天商品经济高度发达的条件下，品牌效应越来越受到各国企业的重视。品牌的使用已经给商品的生产者带来了巨大的经济效益，激发着消费者的购买欲望。选择知名品牌，对于消费者而言无疑是一种省事、可靠又减少风险的方法。

随着市场的发展，越来越多的国外品牌涌入中国市场，遍及工作生活的方方面面，很多人如数家珍，非品牌不买。哪怕同样的商品，品牌贵很多，很多消费者都会心甘情愿地掏钱。品牌为何能产生这么大的影响力呢？什么样的产品才能够成为品牌呢？要想成为品牌，必须具备以下两点。

（1）消费者对品牌的认知度与忠诚度非常高。在品牌时代，消费者选择某个商品的原因已经不是产品本身，而是基于品牌形象所传达出来的附加值，这种附加值会让消费者非常忠诚。例如人们对麦当劳、肯德基的快乐生活形象的认同和忠诚。

（2）商品达到差异化。差异化使商品在激烈竞争中脱颖而出，是赢得市场的一大法宝。例如在设计上下功夫、在品质上更讲究、增加商品的时尚性等，让商品在消费者心目中获得更大的优越感和满足感,就会让商品获得品牌效应。

一般而言,产品都有一个生命周期,会经历从投放市场到被淘汰退出市场的整个过程。但是品牌却有可能超越生命周期。一个品牌一旦拥有广大的忠诚顾客,其领导地位就可以经久不变,即使其产品已历经改良和替换。

因此,树品牌、创名牌是企业在市场竞争条件下逐渐形成的共识,人们希望通过品牌对产品、企业加以区别,通过品牌形成品牌追随,通过品牌扩展市场,使品牌成为企业有力的竞争武器。

现在越来越多的企业都以拥有自己的品牌为荣,对于一个有良好品牌信誉的企业来讲,品牌会带来好的影响力。但是,如果当你拥有品牌后,放松警惕,产品出现质量问题,就会让自己的品牌一夜轰塌,这样一来,造成的后果难以弥补。

**品牌效应**

品牌效应是由品牌为企业带来的效应,它是商业社会中企业价值的延续,在当前以品牌为先导的商业模式中,品牌意味着商品定位、经营模式、消费族群和利润回报。

# 赚更多钱的老板，花更多钱的我们——时尚消费

2002年春节，大江南北出现了一个新气象："忽如一夜东风来，千街万巷唐装亮。"满大街的男男女女都穿唐装，似乎时光倒流，回到了"贞观之治"或"开元盛世"。自打21位各国领导人在上海APEC（亚太经济合作组织）会议上集体给唐装做了一个堪称世界上最牛的广告之后，唐装之风自此开始。于是，"唐装热"就开始从前卫的时尚丽人身上蔓延开来。时至春节，这股潮流终于遍地开花，在荧屏内外、全国各地上演了一出盛大的"唐装秀"。

【经济学释义】

当一种消费行为流行于社会，被许多人接受时，就形成一种消费时尚。一旦成为消费时尚，必将影响更多人的消费行为。消费时尚是一种重要的经济现象和文化现象，被人们称为"生活方式的晴雨表、生存质量的意识流"。

时尚商品往往是市场中的重要商品、热点商品，市场广阔，销量大，销售时间相对集中，能给企业带来巨大的利润，对社会生产的发展和市场的繁荣能起到积极的刺激和推动作用。

1. 为企业转移、开拓市场指明方向

消费时尚作为一种消费趋势，其流动性特征十分明显。精明的企业经营者，往往在本地区的消费时尚进入"普及阶段"时，毫不犹豫地顺应消费时尚的流动指向。这样，就能紧跟消费潮流，抓牢消费热点，不仅能盘活存量资产，而且能有效地延长时尚产品的生命周期，缓解新产品开发之苦。

2. 为企业引进技术、设备、资金等提供机会

作为本地的企业经营者，则可以充分利用这一消费时尚规律，及早动手，抓住契机，做本地消费时尚的领头雁。

有两个策略可以借鉴，一是大胆引进技术、设备，或积极谋求经济技术合作，并结合当地的具体情况，如地形、气候、物产、亚文化、经济发展水平等，生产出适合当地需求的时尚商品；二是利用"上一地区"的生产技术设备开发出新产品后，对产品进行创新设计改造，利用消费时尚具有的"变异周期性"规律，再将新产品打入"上一地区"，做"下一波"消费时尚的领头雁。

> **时尚消费的特点**
> （1）消遣性。时尚消费中个人情感色彩更加浓厚。商家营销策略必须更加迎合消遣性的特点。
> （2）平面性。时尚消费呈现出的深度情绪性与情感性，使消费者的消费观念呈现出短平快的特点。
> （3）包装性。如美容消费，呈现出更为直接的包装时尚性。
> （4）低幼性。时尚消费的低幼性在当前大众时尚文化消费中表现得特别明显。
> （5）感觉性。时尚消费的最大心理特点就是排斥理性，跟着感觉走的感性消费。

3. 为新产品开发带来机遇

如今，产品生命周期呈现出逐渐缩短的趋势。这就意味着企业不得不面临日益紧迫、日益频繁的新产品开发工作。而新产品的开发成功与否，事关企业的生死存亡。消费时尚作为一种重要的经济现象，具有巨大的经济价值和市场价值。它不仅对消费者的购买行为具有导向作用，更为企业的新产品开发提供良好的机遇。

4. 为企业促销工作指明道路

消费时尚本无定论，不存在什么该流行、什么不该流行的法则，只要宣传得体、得法、得时，完全可以制造出一种消费时尚。

对企业来说，要根据消费时尚的变化来调整自己的产品结构。无论消费时尚是什么，只要一旦形成，企业就必须迎合。如果企业能及时了解消费时尚的趋势，在某种消费时尚刚刚萌芽时，比其他企业领先一步，生产出适应这种消费时尚的产品，该企业就会成功。无视消费时尚，企业很难成功。

# 无孔不入的信息轰炸——广告

从前有一个愚笨的人，有一天到亲戚家去。主人很殷勤地招待他，并做了好几道好菜，可是忘了放盐，所以每道菜都淡而无味。这位客人对主人说："你今天烧的菜都很名贵，可是淡了一点儿，所以不太好吃。"主人说："我忘了放一样东西。"于是到厨房拿了些盐，放进每一道菜，搅拌了一会儿再请客人品尝，这回每道菜都很可口。

这个愚笨的人心想盐既然那么好吃，那么回去后每餐都买盐来吃，省得做那么多菜。于是到街上买了一大包盐，回到家里急急打开，抓了一把放进嘴里！当然是满嘴苦涩，他还以为被那位亲戚骗了。

【经济学释义】

广告对产品销售的作用正如盐对菜的作用是一样的。在生活中，广告随处可见。打开电视机，铺天盖地的电视广告；翻开报纸，迎面而来的是平面广告；走在大街上，充斥视野的是各种立体广告……广告已经和我们的日常生活形影不离。

广告是为了某种特定的需要，通过一定形式的媒体，公开而广泛地向公众传递信息的宣传手段。而我们这里所说的是狭义广告，也就是商业广告，是指以营利为目的的广告，通常是商品生产者、经营者和消费者之间沟通信息的重要手段，或企业占领市场、推销产品、提供劳务的重要形式，主要目的是扩大经济效益。

> **广告的基本要素**
>
> 一则具体的广告应具备的一些基本要素：
> （1）广告主（提出发布广告的企业、团体或个人）；
> （2）信息；
> （3）广告媒介；
> （4）广告费用。

相信绝大多数人都听说过"黄金搭档"。它的广告天天在电视上出现，传播着保健产品的理念。在庞大的广告宣传下，"黄金搭档"成了人们送礼的首选物品。在当今竞争激烈的社会里，不管一种商品的质量到底如何，商家总是不断地用广告来轰炸消费者，然后刺激出他们的需求，最终达到成功销售的目的。

广告之所以有这么大的威力，主要是它能把消息、资料传递给可能购买的顾客，激起人们购买的欲望。既然广告有这么多积极的效果，为什么我们不多花钱做一些广告呢？事实上有时广告太多，其产品也会引起人们的反感，而且更重要的是经费问题。

任何一家企业在做广告时，都期望看到销售的成长，如果广告费用增加或广告内容改变都无法刺激销售，自然就有人会怀疑广告的效果。如果产品广告对其销售促进不大的话，除了审视影响销售额的各种因素之外，还应该明白：广告不仅是量的问题，其他诸如广告表现、媒体战略是否适当都会影响其对销售的促进。

钱花得多，并不一定能保证广告的效果就好。秦池酒曾经是家喻户晓的全国品牌，于1996年和1997年连续两年成为中央电视台的"标王"。可谓"成也萧何，败也萧何"，广告给秦池酒带来了前所未有的收益，使秦池走上了超常规发展的道路，但巨额的广告费也为秦池的迅速覆亡埋下了祸根。

究竟花多少广告费才合适，现在只能从经济的角度用数学公式推导，还没有人能从社会的观点来衡量。

# 购买者中的主角和龙套——二八法则

1897年，意大利经济学家帕累托偶然注意到19世纪英国人的财富和收益模式。在调查中，他发现大部分财富流向了少数人。同时，他还发现了一件非常重要的事情，即某一个族群占总人口数的百分比和他们所享有的总收入之间有一种微妙的关系。他在不同时期、不同国度都见过这种现象。不论是早期的英国，还是其他国家，甚至从早期的资料中，他都发现这种微妙关系一再出现，而且在数学上呈现出一种稳定的关系。这就是著名的"二八现象"：社会上20%的人占有80%的社会财富。也就是说财富在人口中的分配是不平衡的，反映在数量比例上，大体就是2∶8，这就是应用很广的"重要的少数与琐碎的多数——2／8原理"。

【经济学释义】

二八法则也叫帕累托定律。19世纪末，意大利经济学家帕累托发现了二八法则，这是经济学上的重要法则，全称叫"80／20效率法则"。

二八法则可引申为，在任何特定的群体中，重要的因子通常只占少数，而不重要的因子则常占多数。如在某个单位中，20%的人通常代表80%的人的发言权；在销售公司里，80%的销售额是20%的商品带来的；在经营上，总是20%的企业控制着80%的市场。

> **股市中的二八定律**
>
> 股市中有80%的投资者只想着怎么赚钱，仅有20%的投资者考虑到赔钱时的应变策略。但结果是只有20%的投资者能长期盈利，而80%的投资者却常常赔钱。

在商品营销中，商家往往会认为所有顾客一样重要；所有生意、每一种产品都必须付出相同的努力，所有机会都必须抓住。而二八法则恰恰指出了在原因和结果、投入和产出、努力和报酬之间存在这样一种典型的不平衡现象：80%的成绩归功于20%的努力；市场上80%的商品可能是20%的企业生产的；20%的顾客可能给商家带来80%的利润。

遵循二八法则的企业在经营和管理中往往能抓住关键的少数顾客，精确定位，加强服务，收到事半功倍的效果。美国的普尔斯马特会员店始终坚持会员制，就是基于这一经营理念。许多世界著名的大公司也非常注重二八法则。比如，通用电气公司永远把奖励放在第一位，它的薪金和奖励制度使员工们工作效率更高，也更出色，但只奖励那些完成了高难度工作指标的员工。

摩托罗拉公司认为，在100名员工中，前面25名是好的，后面25名差一些，应该做好两头人的工作。对于后面25人，要给他们提供发展的机会；对于表现好的，要设法保持他们的激情。

二八法则反映了一种不平衡性，而且在社会、经济及生活中无处不在。只要细心观察，你就会发现：

——20%的产品或20%的客户，为企业赚得约80%的利润；

——20%的罪犯的罪行占所有犯罪行为的80%；

——20%的"汽车狂人"制造80%的交通事故；

——80%的能源浪费在燃烧上，只有20%可以应用到车辆中，而这20%的投入，却回报以100%的产出；

——在一个国家的医疗体系中，20%的人口与20%的疾病会消耗80%的医疗资源。

# 真正的竞争对手是"瞬息万变的顾客需求"——产品定位

某省一位茅台啤酒代理商百思不得其解：茅台这么大的牌子，为啥茅台啤酒就不被市场所接受呢？作为中国白酒类第一品牌的延伸产品——茅台啤酒，按品牌法则是应当红红火火的，可是什么原因使茅台啤酒这么多年来一直没做起来呢？

茅台啤酒也曾做过定位：茅台啤酒，啤酒中的茅台。其广告一段时间内也在央视强势推出，可市场的反应平平。还有很多消费者会反问：茅台也有啤酒？茅台生产啤酒吗？

一个冠名茅台的啤酒就和茅台白酒一样好！这个逻辑行得通？这些年茅台啤酒陷于困境：普通人嫌它价贵不消费，高端人士不喝因为没有消费它的理由。白酒价有高低之分，产品形象有好坏之别。而啤酒却只有价格高低之分，没有产品形象好坏之别！所以在地摊小店喝哈啤的人不会感到很有面子，而在五星酒店喝哈啤的人也不会感到丢面子。

## 【经济学释义】

定位的力量，来自对认知优势的充分发掘，所以定位的首要原则就是符合顾客已有的认知。一旦品牌认知与定位相冲突，就很难获得成功。

娃哈哈从 AD 钙奶到纯净水的延伸成功了，但向童装的延伸却失败了。从 AD 钙奶到纯净水的延伸，其实后者是借

### "定位"的来历

定位是由著名的美国营销专家艾尔·列斯（Al Ries）与杰克·特罗（Jack Trout）于20世纪70年代早期提出来的，当时，他们在美国《广告时代》发表了名为《定位时代》的系列文章，以后，他们又把这些观点和理论集中反映在他们的第一本著作《广告攻心战略》中。1996年，杰克·特罗写出了《新定位》一书，其核心思想却仍然源自他们于1972年提出的定位论。

助了前者品牌在渠道和分销的优势。而童装呢？渠道的优势完全没有了，它期望利用的是自身品牌儿童专家的定位。娃哈哈是儿童专家吗？"娃哈哈？你说的是那个生产纯净水的吗？"产品定位是建立在消费者认可的基础上的。

就产品定位而言，至少存在以下五方面的误区。

（1）把品牌定位看作市场划分。这个问题的关键是在业务战略或市场细分、目标市场选择时就应该搞定。因为，市场细分时，这个变量是不可或缺的。所以，品牌定位不是市场划分。

（2）把品牌定位看作产品差异化。定位也讲差异化，但更多的是战略层面的，在同一定位下面，不同产品可以有不同的差异化策略。

（3）把品牌定位看作竞争优势。比如，一个品牌的定位是"天然"，他们的员工会到处说：天然是我们的优势。这句话，就把定位和竞争优势画等号了。

（4）把品牌定位看作广告语。从广告语里能够看出一个品牌的定位和承诺。但广告语可以不断更换，定位却不可以。

（5）把品牌定位看作企业价值观。很多企业老板们把定位和企业文化画等号。在企业，如果一定要划分大小的话，企业价值观应该大于品牌定位。企业价值观是针对企业生存价值而言的，是企业非标准、做事原则、员工风气等。通俗地讲，价值观是企业的"宗教"。而品牌定位是针对消费者而言的，是考虑到价值观基础上的，是与消费者直接沟通的工具。

当科技使人类生活获得更多自由后，人们对品牌的认识不仅停留在功能上，更是扩充到情感世界、生活态度等概念上。比如，星巴克在10年前还只是一个咖啡店的名字，今天已经成为一种生活标志。所以越来越多的企业用概念跨越的方法来打造单一品牌的多领域跨越。

# 美丽就是生产力——她经济

时代蔚蓝网站是由清华大学的三位博士和三位硕士建立的，最初想发展成为专业的学术图书网站，但是"卖书太不挣钱了"，在两轮风险投资介入之后，时代蔚蓝的发展思路逐渐有了转变，开始面向女大学生卖化妆品。而正是这样的转变给网站带来了意想不到的收获，时代蔚蓝比以前单纯卖书赚钱多了。

数据显示，我国每年在校女大学生化妆品的消费总额有 20 亿元。女大学生的消费潜力很大，除化妆品、饰品、服装外，女生还不断为男朋友买东西，市场太大了，而且前景看好。

曾经有位女大学生发帖子，把自己购买的彩妆罗列出来，结果让人瞠目结舌，仅眼影一类就有 100 多盒。女性爱美，不管有没有消费能力，为了美丽不计成本。女性认为购买护肤品、化妆品、服装、饰品可以让自己变美丽，有了这种心理之后，女性的消费能力是不可想象的。

2008 年的一项统计数据显示，目前我国女性每年化妆品消费额高达 80 亿元，加上服装、珠宝、饰品、汽车等，市场很大。"她经济"正受到越来越多人的关注。

## 【经济学释义】

"她经济"是教育部 2007 年 8 月公布的 171 个汉语新词之一。"她经济"就是"女性经济"，是随着女性经济和社会地位的提高，围绕着女性理财、消费而形成的特有的经济圈和经济现象。由于女性对消费的推崇，推动经济的效果很明显，所以称为"她经济"。

"她经济"正扑面而来！国内市场研究机构 CTR 的调查数据显示，大约每 3 位企业高层管理者中就有一位是女性，每 4 位女性当中就有一位具有大专以上学历，每 10 位女性中，就有一位个人月收入在 5000 元以上。随着女性的社会地位、文化素质和消费能力的不断提高，女性群体已经成为中国市场上不可忽视的"她力量"。

现代女性拥有更多的收入和更多的机会，她

> **裙摆理论**
>
> 裙摆理论是指经济的繁荣程度和女性的裙摆长度成反比例关系。简单地说，经济繁荣时代，女性的裙摆会越来越短；经济一旦进入衰退期，短裙则随之变成长裙。

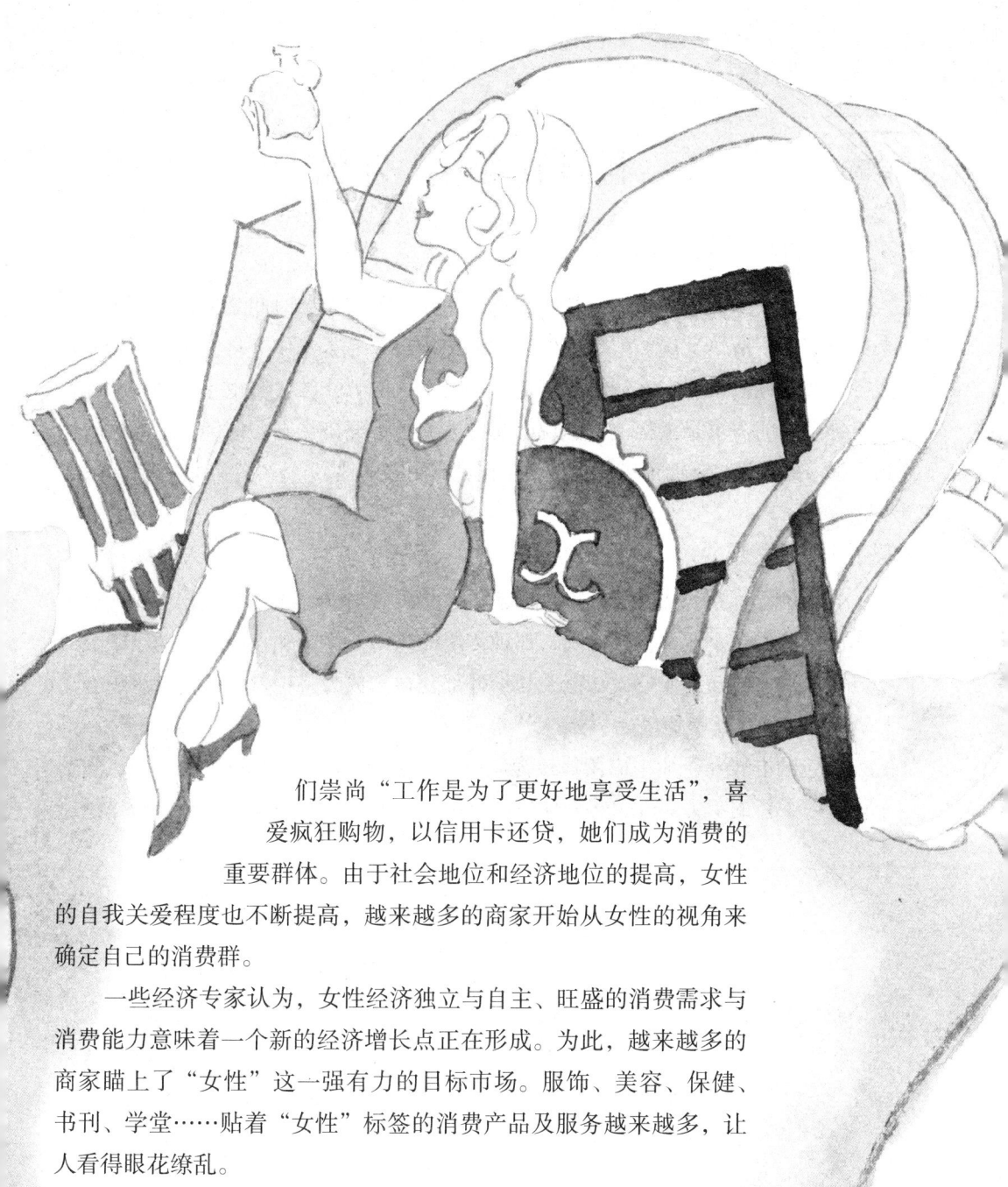

们崇尚"工作是为了更好地享受生活",喜爱疯狂购物,以信用卡还贷,她们成为消费的重要群体。由于社会地位和经济地位的提高,女性的自我关爱程度也不断提高,越来越多的商家开始从女性的视角来确定自己的消费群。

一些经济专家认为,女性经济独立与自主、旺盛的消费需求与消费能力意味着一个新的经济增长点正在形成。为此,越来越多的商家瞄上了"女性"这一强有力的目标市场。服饰、美容、保健、书刊、学堂……贴着"女性"标签的消费产品及服务越来越多,让人看得眼花缭乱。

女人是花,女人也会花。女人和儿童的钱是最好赚的。不仅女性自己喜欢消费,男士也热衷这类感情投资。据统计,近八成已婚女性掌握着家庭的"财务大权"。此外,女性是时尚最坚定的追随者,她们的消费额是男性的7倍,正逐渐成为消费市场的绝对主流。

# 利润裂变——外包

现在好多家庭，尤其是双职工家庭，由于工作繁忙，时间紧迫，就请钟点工来照顾孩子、清洁家庭、整理庭院。这种把核心业务（工作）自己做，而把其他业务（如照顾孩子、家庭清洁等事情）包给别人的方式，其实也是一种外包。如今对钟点工的需求量大幅上升，说明现在人们更有经济头脑，请钟点工减轻自己的日常家务负担，从而可以集中精力工作，赚更多的钱。

【经济学释义】

在21世纪初期，世界已进入知识经济时代。工作流水线所体现出的企业分工协作已经扩展到企业、行业之间，那种传统的纵向一体化和自给自足的组织模式不灵了。将公司部分业务或功能委托给外部公司正成为一种重要的商业组织方式和竞争手段。这就是外包。

外包的方式在企业中应用得最为广泛。外包业是新近兴起的一个行业，它给企业带来了新的活力。外包将企业解放出来以更专注于核心业务。外包合作伙伴

### 外包的地理分类

根据供应商的地理分布状况将外包划分为两种类型：境内外包和离岸外包。境内外包是指外包商与其外包供应商来自同一个国家，因而外包工作在国内完成。离岸外包则指外包商与其供应商来自不同国家，外包工作跨国完成。

由于劳动力成本的差异，外包商通常来自劳动力成本较高的国家，如美国、西欧和日本，外包供应商则来自劳动力成本较低的国家，如中国、菲律宾和印度。

---

为企业带来知识，增加后备管理时间。外包协会曾经进行的一项研究显示：外包协议使企业节省9%的成本，而能力与质量则上升了15%。

外包使一些新的经营业务得以实现。一些小公司和刚起步的公司可因外包大量运营职能而获得全球性的飞速增长。一方面，有效的外包行为增强了企业的竞争力；另一方面，企业也因市场竞争的激烈面临巨大的挑战。市场竞争的加剧，使专注于自己的核心业务成为企业最重要的生存法则之一。因此，外包以其有效降低成本、增强企业的核心竞争力等特性成了越来越多企业采取的一项重要的商业措施。

现在，很多企业的人力资源也实行外包的形式。如果某一天，当你发现经常从楼下的星巴克帮你带杯咖啡的同事每月并不在公司领薪水，而是通过一家外部机构得到工资和报销费用，你不用吃惊，这是新型的人力资源外包。你会发现，你身边拥有"双重身份"的同事越来越多：他既是为公司工作的职员，又是某家人才派遣公司的合同工。

在现实应用中，有些企业或人对外包产生了错误的认识。他们认为"把不懂的业务全部包出去已经成为企业管理新思潮"。这是一个非常普遍又危险的误区。

企业把部分业务外包出去，可以获得很多好处。一方面可以降低成本，另一方面可以专注于自身核心能力的发展，但绝对不是把"租户不懂的业务"，花点钱一包了之。企业层面的业务外包并不是生活中普遍意义的接受服务。对于企业来说，自身对包出去的业务，可以"不专"，但不能"不懂"。如果企业对外包出去的业务"不懂"，很容易就会丧失对业务的监控、管理和对结果的考核能力，最终所得到的结果就会与初衷背道而驰。

总之，接受外包这种新的经营理念是一种必然趋势，外包服务势在必行。企业可以充分利用外包，甩掉不必要的包袱，抓住核心，从而得到又快又好的发展。

# 25%的回头客创造75%的利润——顾客满意度

清朝时,红顶商人胡雪岩十分重视对顾客的服务,将顾客满意作为自己经商的根本。他要求凡出自胡庆余堂的药品一律货真价实,并要求员工必须遵守"戒欺"的店规。凡事以顾客为上,遇到药品质量不高的,要收回调换,不得耽误,直到顾客满意为止。

一次,一名来自远方的客人在胡庆余堂买了一盒胡氏辟瘟丹,结果打开一看,发现药有杂味。于是,他前来退货。胡雪岩听说后,上前审视药丹,发现是因新换药柜引起药物串味。他随即向顾客致歉,并令店员另换新药。谁知,此药已经售完。为免远道而来的顾客失望,胡雪岩将顾客留宿家中,并承诺三天之内必把药丹亲自奉上。果然,三天后,这名顾客拿到了新的药丹,感动之余更是对胡庆余堂的服务赞不绝口。

【经济学释义】

胡雪岩坚持将顾客满意放在做生意的第一位,才取得了日后生意和人生上的成功。作为一代药商,他留给后人的致富秘诀也是此条。其实很多优秀的企业家都将顾客满意视为成功的不二法门。在经济学中,有这样一个词语用来充当顾客是否满意的标尺角色,即顾客满意度。

从本质上讲,顾客满意度反映的是顾客的一种心理状态,它来源于顾客对企业的某种产品服务消费所产

生的感受与自己的期望所进行的对比。也就是说"满意"并不是一个绝对概念，而是一个相对概念。企业不能闭门造车，留恋于自己对服务、服务态度、产品质量、价格等指标是否优化的主观判断上，而应考察所提供的产品服务与顾客期望、要求等吻合的程度如何。

一般来说，消费者在使用商品（包括有形产品和服务）以后，会根据自己的消费经验，对商品做出一个自我评价，并在此评价的基础上形成对该产品的态度，即是否感到满意。在别人眼中，消费者的这种感受充其量只算作一种心理活动，但在善用统计和测量的经济学家看来，这种满意同样是可以被评估和测量的。如同其他生活数据一样，满意也可以利用定量的计算方法来衡量。而这个衡量的结果就是顾客满意度指数。

此时，有人就会问了："满意"怎么可能会被测量出来呢？这个满意度指数怎么可能被测量出来呢？生活中还存在着这样一个公式：满意＝实际效果＞预期。也就是说，对于我们来说，在购买和接受服务之前，都会预先设想到我们应该会有怎样一个体会，也就是说有了一个期望值。

在体验产品的服务时，顾客就会产生一个实际的效果感受。倘若这些效果远远低于客户的期望值，那么客户心里就会亮出不满意的红灯。如果实际效果与期望值差不多，客户会感觉到一般满意；如果实际效果超过了期望值，甚至带来惊喜，客户就会非常满意。

对于顾客来说，满意度指数越高就会对这种产品越给予承认，自然乐意继续消费这种产品，倘若相反，则会对产品有意见，甚至投诉。顾客的满意度指数越高，他们对企业产品的忠诚度就越高，也越能更好地维护企业的顾客群体。

> **潜在顾客**
>
> 潜在顾客包含一般潜在顾客和竞争者顾客两部分。所谓一般潜在顾客，是指已有购买意向却尚未成为任何同类产品或组织的顾客，以及虽然曾经是某组织的顾客但其在购买决策时，对品牌的认可较为随意的顾客；竞争者顾客是指本企业的竞争对手所拥有的顾客群体。

# 饼干和方便面的生死角逐——生产可能性边界

一家食品公司同时生产饼干和方便面两种产品。临近年末，公司开始制订来年上半年的生产计划，该怎样筹划呢？我们知道，公司的资源（如工人、机器、厂房、资金等）是有限的，怎么有效地利用这些资源生产，使公司取得最大盈利是问题的关键。如果调动所有资源，单去生产饼干或者方便面，各自都会有一个最大的生产值。但是，公司不可能只去生产一种产品而忽略另一种产品，饼干和方便面都有各自的市场，放弃任何一种产品，公司都会失去部分订单。因此，管理者们商讨的核心就是怎么确定饼干和方便面之间的产量关系。

**【经济学释义】**

类似这样的情况在现代企业中是经常见到的。这涉及经济学上的"生产可能性边界"概念。生产可能性边界是指在可投入资源数量既定的条件下，一个经济体所能得到的最大产量。如果企业的生产在这一边界内，则说明尚未达到有效生产；如果超过这一边界，则意味着目标会超过企业的生产能力，是难以达到的。

我们在一个简化的经济模型中来说明生产可能性边界。这个模型有三个重要的简化。

第一,生产的所有产品都用于消费。换言之,在简化的模型中,生产规模是不变的,始终维持一种简单再生产。

第二,只生产两种物品:玉米与布料。在这个简化的模型中,我们只分析生产两种产品时的情况。

第三,只有一个人,假定他的名字叫王文,他住在一个与世隔绝的孤岛上,与其他人没有任何交往。

我们假设王文用孤岛上的所有资源生产玉米与布料。可以用下表来说明玉米或布料的生产可能性。

| 可能性 | 玉米(磅/月) | 布料(码/月) |
| --- | --- | --- |
| A | 20 | 0 |
| B | 18 | 1 |
| C | 15 | 2 |
| D | 11 | 3 |
| E | 6 | 4 |
| F | 0 | 5 |

我们可以用下图坐标轴加以说明。$x$轴代表布料,$y$轴代表玉米。A点表示王文把全部时间用于种植玉米,每月产量20磅,但没有时间生产布料,则布料为零。在B点时,王文用8小时种植玉米,产量为18磅,2小时生产布料,产量为1码。以此类推,在F点时,全部时间用来生产布料,产量为5码,没有时间种玉米,产量为零。

坐标轴中的A、B、C、D、E、F点分别代上方表格中的A、B、C、D、E、F五种可能性,这些不同数量组合都在连接A、B、C、D、E、F点的曲线上。这条曲线表示了王文可能生产的玉米与布料的最大数量组合,称为生产可能性边界或

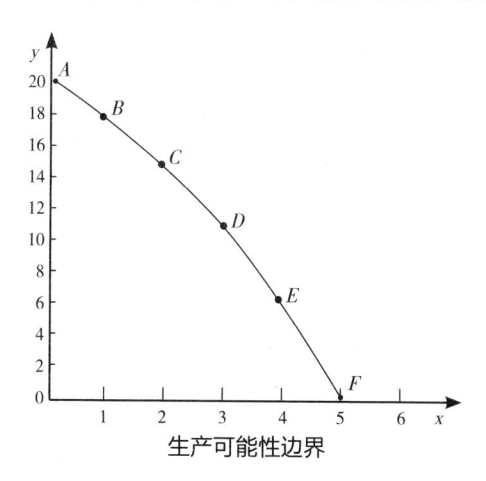

生产可能性边界

## 微观经济主体

将其所拥有的经济资源在不同用途间进行分配时，借助生产可能性边界，可以帮助其最有效率地实现目标。微观经济主体中，除了企业，还有家庭和个人。

生产可能线。

生产可能性边界这个概念对我们理解许多经济问题是非常重要的。由王文一人组成的社会同样面临着"生产什么""如何生产""为谁生产"的问题。在王文一个人的社会中，为谁生产问题并不明显。但如果再有另一个人偏好穿，王文偏好食，那么，选择在生产可能性边界的 $A$ 点或 $B$ 点，就偏重于为王文生产；选择在生产可能性边界的 $E$ 点或 $F$ 点，就偏重于为另一个人生产。

当王文生产的玉米和布料的组合是生产可能性边界上的任何一点时，表明资源得到了充分利用，或者说是有效率的。如果王文生产的玉米和布料的组合是在生产可能性边界以内的任何一点，表明资源没有得到充分利用或者说是无效率的。

当然，在资源与技术既定的条件下，生产可能性边界之外任何一点上玉米与布料数量的组合都是无法实现的。只有在资源增加或技术进步，即在发生了经济增长的情况下，生产可能性边界之外任何一点上玉米与布料数量的组合才能实现。

第七章

# 商业是最大的慈善
## ——财税经济学

# 政府的钱是怎么花的——财政预算

财政预算制度最早出现于英国，在14—15世纪，新兴资产阶级的力量逐步壮大，他们充分利用议会同封建统治者争夺财政支配权。他们要求政府的各项收支必须事先制订计划，经议会审查通过后才能执行，财政资金的使用要受议会监督，以此限制封建君主的财政权。

美国直到1800年才规定财政部要向国会报告财政收支，但这时的财政收支报告只是一个汇总的情况而已。1865年美国南北战争后，国会成立了一个拨款委员会，主管财政收支问题。1908—1909年，美国联邦财政收支连续出现赤字，促使美国政府考虑建立联邦预算制度。第一次世界大战后，美国国会于1921年通过了《预算审计法案》，正式规定总统每年要向国会提出预算报告。

## 【经济学释义】

财政预算是按法定程序编制、审查和批准的国家年度财政收支计划，是国家为实现其职能而有计划地筹集和分配财政资金的主要工具，是国家的基本财政计划。国家预算由中央预算和地方预算组成，中央预算占主导地位。

政府的财政预算主要有以下功能。

（1）反映政府部门活动或工作状况。财政预算反映了政府部门计划开支项目和资金的拟用情况。

（2）监督政府部门收支运作情况。财政预算坚持量入为出的原则，要求国家财政在收支上保持平衡。

（3）控制政府部门支出。通过预算，可以规范政府行为，避免无计划性、盲目性投入。

政府的财政预算遵循以下原则。

（1）年度原则。年度原则是指政府必须按照法定的预算年度编制国家预算，这一预算要反映全年的财政收支活动，同时不允许将不属于本年度财政收支的内容列入本年度的国家预算之中。任何一个政府预算的编制和实现，都有时间上的界定。

预算年度是指预算收支起讫的有效期限，通常为一年。目前世界各国普遍采用的预算年度有两种：一是历年制预算年度，即从每年1月1日起至同年12月31日止，我国即实行历年制预算年度；二是跨年制预算年度，即从每年某月某日开始至次年某月某日止，中间历经12个月，但跨越了两个年度，如美国的预算年度是从每年的10月1日开始，到次年的9月30日止。

> **财政预算执行基本环节**
>
> 预算的执行是指预算目标的实现过程。它有三个基本环节：组织收入、拨付支出、预算调整与平衡。

（2）公开原则。政府预算反映政府活动的范围、方向和政策，与全体公民的切身利益息息相关，因此政府预算及其执行情况必须采取一定的形式公之于众，让人民了解财政收支状况，并置于人民的监督之下。

（3）可靠原则。每一收支项目的数字指标必须运用科学的方法，依据充分确实的资料，总结出规律性，进行计算，不能任意编造。

（4）法律原则。政府预算与一般财政经济计划不同，它必须经过规定的合法程序，最终成为一项法律性文件。政府预算按照一定的立法程序审批之后，就形成反映国家集中性财政资金来源规模、去向用途的法律性规范。

（5）统一原则。尽管各级政府都设有其财政部门，也有相应的预算，但这些预算都是政府预算的组成部分，所有的地方政府预算连同中央政府预算一起共同组成统一的政府预算。这就要求统一的预算科目，每个科目都要严格按统一的口径、程序计算和填列。

# 被驱逐的塞万提斯——税收

西班牙著名作家塞万提斯1547年出生于一个没落贵族家庭，22岁来到文艺复兴的发源地意大利。1571年，土耳其舰队入侵地中海地区，西班牙与意大利组成联合舰队进行抵抗，塞万提斯出于爱国热忱，毅然入伍，在一次海战中负伤并失去左手。1575年，塞万提斯在回国途中为海盗所俘，至1580年才赎得自由。

后来塞万提斯谋得一个税务员的职位。有一次他到一个闹灾荒的地方去征税，当地百姓太穷，无钱纳税，但教堂的一个讲经师的谷仓里却堆满了粮食。塞万提斯得知后，就下令征收这些粮食，用来抵偿老百姓应该缴纳的赋税。此事触怒了教会，教会立即将塞万提斯驱逐出教。

以后他又多次被权贵和教会迫害，被投入监狱。在这黑暗悲惨的生活环境中，塞万提斯积累了丰富的创作素材，写出了不朽名著《堂吉诃德》。

**【经济学释义】**

塞万提斯征收权贵的粮食的强制性与国家征收税收的性质是一样的。税收是国家为了实现其职能，按照法定标准，无偿取得财政收入的一种手段，是国家凭借政治权力参与国民收入分配和再分配而形成的一种特定分配关系。

税收具备强制性、无偿性和相对固定性三个基本特征。那么，国家为什么要无偿、强制地征税呢？

> **偷税**
>
> 偷税是指纳税人以不缴或者少缴税款为目的，采取各种不公开的手段，隐瞒真实情况，欺骗税务机关的行为。

一种观点认为：税收是国家为了实现其职能，凭借政治权力，依法无偿地取得实物或货币的一种特殊分配活动。它体现着国家与纳税人之间在征税、纳税的利益分配上的一种特殊分配关系。另一种观点认为：税收是人民依法向征税机关缴纳一定的财产以形成国家财政收入，从而使国家得以具备满足人民对公共服务需要的能力的一种活动。

我国最初的税收形式起源于奴隶制时期，但在此之前，已经出现一些税收的初级形态。四千多年前的原始社会末期，据说帝喾曾开征过赋税。进入奴隶社会，赋税形式有了多样化的发展，当时"普天之下，莫非王土；率土之滨，莫非王臣"，王室拥有至高无上的权力，土地之物产大部分须上缴王室。

在现代宏观经济中，税收的作用不容小觑，具体表现为促进平等竞争；调节经济总量，保持经济稳定；合理调节分配等。税收具有以下的基本职能。

（1）组织财政收入。税收是政府凭借国家强制力参与社会分配，集中一部分剩余产品的一种分配形式。由于税收具有强制性、无偿性和固定性，因而能保证收入的稳定；同时，税收的征收范围十分广泛，能从多方筹集财政收入。

（2）调节社会经济。政府凭借国家强制力参与社会分配，必然会改变社会各集团及其成员在国民收入分配中占有的份额，减少他们可支配的收入。但是这种减少不是均等的，有些人向国家交税较多，有些人交的税较少，这种利益得失将影响纳税人的经济活动能力和行为，进而对社会经济结构产生影响。

（3）监督管理社会经济活动。国家在征收税收的过程中，必然要建立在日常深入细致的税务管理基础上，具体掌握税源，了解情况，发现问题，监督纳税人依法纳税，并同违反税收法的行为进行斗争，从而监督社会经济活动方向，维护社会生活秩序。

# 最正当的"劫富济贫"——累进税

个人所得税收"瞄准富人",看似对富人的挑战,实际上是对税务及政府能力的考验。

2002年,北京市地税局首次在媒体上明确给出了北京重点纳税人的界限:年收入10万元以上、有多处取得收入的或需要二次申报的人员及外籍人员为重点纳税人。按照这个标准所做的初步统计显示,目前北京市大约有3万人的年收入在10万元以上,也就是说,在北京,至少有3万人的纳税情况将被重点监控。事实上,不仅北京,广州、深圳等地地税部门都已将征缴的重点锁定在高收入人群。"我们不是要劫富济贫,而是高收入阶层并没有承担起相应的税金。"一位相关税务人员说。

【经济学释义】

以上文字说明,我国加强了对富人税收的监管力度。税收的一个重要功能就是调节收入差距。其原则是从富人那里多征一点,用于帮助低收入阶层的教育、医疗、市内交通等开支。一般所采取的办法是累进税,即谁收入越高,谁交的税就越多。

一般认为,税收是调节社会收入分配的重要手段。中国社科院金融研究所的易宪容研究员认为之所以会在短时间内出现众多巨富,关键是因为社会民众的大量财富被轻易地转移到少数人手中,易宪容将其称为"掠夺式经济"。

以房地产业为例,开发商常借助权力以低价从普通市民或农民手中占得土地,开发后再以超高的价格卖给消费者。房地产业就是通过这种掠夺的方式发展起来,并让整个社会财富聚集到少数人手中的。

那么,应不应该对富人征收"累进税"呢?完全应该。经济学上有一条税收原理叫"支付能

**累进税的类型**

(1)全额(率)累进税:将课税对象的全部数额都按一个相应等级的税率计征;
(2)超额(率)累进税:将课税对象按数额(比率)大小分为若干等级部分,每个等级部分分别按其相应的税率计征。

力原则"。这一原则认为，人们纳税的多少应该与他们的收入、财富或支付税收的能力相关联。

对富人征收"累进税"，并非对他们不公平。因为即便是不考虑掠夺的因素，富人之所以富，也是因为包括穷人在内的全社会给予了合作的结果，并不见得就是因为他们多么能干。"带血的煤"和煤炭富翁们的豪宅之间的内在联系，不是一目了然吗？哪怕是在那些普通的公司里，白领、蓝领们的兢兢业业、加班加点，不也是老板们财源广进的基本前提吗？所以，富人有义务多交一点税，然后由国家通过各种社会保障制度转移给穷人。

总之，在中国目前的情况下，通过征收"累进税"来调节贫富差距是合理的，同时也是非常温和的社会政策，其社会后果是真正意义上的"帕累托改进"，即所有的社会阶层都将从这一措施中受益。

# 画在餐桌上的抛物线——拉弗曲线

1980年1月,里根刚竞选上总统,其竞选班子特别安排了一些经济学家来为里根上课,让他学习一些治理国家必备的经济学知识。第一位给他上课的就是拉弗。因此拉弗利用与里根进餐的机会,向他推销了一通自己关于税收的"拉弗曲线"理论。当拉弗说到"税率高于某一值时,人们就不愿意工作"时,里根兴奋地站起来说:"对,就是这样。第二次世界大战期间,我正在'大钱币'公司当电影演员,当时的战时收入附加税高达90%。我们只要拍四部电影就达到了这一税率范围。如果我们再拍第五部,那么第五部电影赚来的钱将有90%给国家交税了,我们几乎赚不到钱。于是,拍完了第四部电影后我们就不工作了,到国外旅游去。"

## 【经济学释义】

正因为里根的经历与"供给学派"提供给他的理论如此契合,所以他主政后,就大力推行减税政策,从而也使一开始并没有引起人们注意的"拉弗曲线"理论登上了经济学主流的大雅之堂。

拉弗曲线的主要含义是:当税率为零时,税收自然也为零;而当税率上升时,税收额也随之上升;当税率增至某一点时,税收达到最高额,这个点就是最佳税率。当税率超过这个最佳税率点之后,税收额不但不增,反而开始下降。因为当税率的提高超过一定限度时,企业的经营成本提高,投资减少,收入减少,即税基减小,导致政府的税收减少。

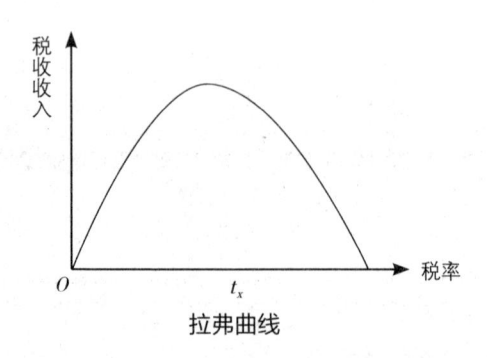

拉弗曲线

拉弗画的这条用来描绘税收与税率之间关系的曲线就被叫作"拉弗曲线"。而拉弗画这条线的意思是提醒政府：适时降低税率能够刺激生产，税收总额反倒会因为税率的降低而增加。如上图所示，这条曲线是两头向下的倒"U"形。当税率超过图中抛物线顶点时，挫伤积极性的影响将大于收入影响，所以尽管税率提高了，但税收收入却开始下降。

"拉弗曲线"在实际应用中，只对高税率的纳税人起到预期的效果，低收入者并不负担高税率，因而不会受高累进税率的伤害。所以高税率只对这部分收入产生较大的副作用。因此，"拉弗曲线"只有运用阶层分析方法，才能在实际应用中取得成功。

**供给学派**

供给学派是20世纪70年代在美国兴起的一个经济学流派。供给学派的主要代表人物之一拉弗把供给经济学解释为："提供一套基于个人和企业刺激的分析结构。人们随着刺激而改变行为，为积极性刺激所吸引，见消极性刺激就回避。政府在这一结构中的任务在于使用其职能去改变刺激以影响社会行为。"

# 财富分割的利器——所得税

新朝始建国元年（9年），王莽开始推行他的经济改革措施，设立了对工商业者的纯经营利润额征收的税种"贡"。《汉书·食货志下》中记载："诸取众物鸟兽鱼鳖百虫于山林水泽及畜牧者，嫔妇桑蚕织纺绩补缝，工匠医巫卜视及它方技商贩贾人，货肆列里区谒舍，皆多自占所为于其所在之其官，除其本、计其得，十一分之，而以其一为贡，敢不自占，自占不以实者，尽没入所采取，而作县官一岁。"其大意是凡是从事采集、狩猎、捕捞、畜牧、养蚕、纺织、缝纫、织补、医疗、卜卦算命之人及其他艺人，还有商贾经营者，都要从其经营收入扣除成本，算出纯利，按纯利额的十分之一纳税，自由申报，官吏核实，如有不报或所报不实者，没收全部收入，并拘捕违犯之人，罚服劳役苦工一年。

【经济学释义】

王莽首创的"无所得税之名，而有所得税之实"的"贡"，其实质就是现今的"所得税"。但由于"贡"征收范围广，征收方法繁多，不仅技术操作上不可行，而且引起了人民的群起反抗，王莽最终落下国破身死的下场。

所得税又称所得课税、收益税，指国家对法人、自然人和其他经济组织在一定时期内的各种所得征收的一类税收。一般所得税可划分为个人所得税、企业所得税两大类。

个人所得税更是与我们的生活紧密相关，我们有必要重点了解一下个人所得税及其征收的办法。

根据《个人所得税法》规定，2019年1月1日起，我国个税免征额将从3500元/月上调至5000元/月。

综合考虑居民基本生活消费支出的变化，根据年度总收入确定适用的税率。目前统一采用累进税率，税率分为7级，分别为：3%、10%、20%、25%、30%、35%、45%，随着收入增加逐渐递增。还调整优化个人所得税税率结构。优

---

**个人所得税的主要内容**

（1）工资、薪金所得。
（2）劳务报酬所得。
（3）稿酬所得。
（4）特许权使用费所得。
（5）经营所得。
（6）利息、股息、红利所得。
（7）财产租赁所得。
（8）财产转让所得。
（9）偶然所得。

化调整综合所得的税率结构，扩大 3%、10%、20% 三级低税率的级距，缩小 25% 税率的级距，给中低收入者带来更多减税红利。

新规定首次设立专项附加扣除。在税法原有的专项扣除的基础上，设立专项附加扣除，充分体现税收量能负担原则，进一步增强税制的公平性。

专项附加扣除，是指《个人所得税法》规定的子女教育、继续教育、大病医疗、住房贷款利息或者住房租金、赡养老人、3 岁以下婴幼儿照护等 7 项专项附加扣除，是落实新修改的个人所得税法的配套设施之一。

假如小孟在 2022 年 1 月份应发工资为 8000 元，假设他需要缴纳各项社会保险金 1000 元，在没有专项附加扣除的前提下，他的全月应纳税所得额应为：

全月应纳税所得额=税前收入 − 5000 元 − 专项扣除（三险一金等）− 专项附加扣除 − 依法确定的其他扣除

8000 − 5000 − 1000 = 2000（元）

他应缴税：

缴税=全月应纳税所得额 * 税率 − 速算扣除数

2000 × 3% − 0 = 60（元）

其中，速算扣除数是为了简化个人所得税的计算而设置的系数，不同级别的税率对应不同的速算扣除数。

**个人所得税年度综合所得税率表**

| 级数 | 全年应纳税所得额 | 税率 (%) | 速算扣除数 |
| --- | --- | --- | --- |
| 1 | 不超过 36000 元的 | 3 | 0 |
| 2 | 超过 36000 元至 144000 元的部分 | 10 | 2520 |
| 3 | 超过 144000 元至 300000 元的部分 | 20 | 16920 |
| 4 | 超过 300000 元至 420000 元的部分 | 25 | 31920 |
| 5 | 超过 420000 元至 660000 元的部分 | 30 | 52920 |
| 6 | 超过 660000 元至 960000 元的部分 | 35 | 85920 |
| 7 | 超过 960000 元的部分 | 45 | 181920 |

# 我国税收的第一大税种——增值税

四川新一康公司从事药品经营业务，具有医疗器械、药品及保健品的零售、批发和进出口经营权。从2005年至2006年，为了获取不法利益，该公司利用所取得的经营药品资质和增值税一般纳税人资格，在无真实货物交易的情况下，以"管理费"名义按照开票金额的4%~8%收取开票费，向多家单位虚开增值税专用发票，虚开税款500万余元，受票单位拿着这些发票向所在地的税务机关申报抵扣税款。

据此，新一康公司就应按开票额的17.5%缴纳税金。他们在无真实货物交易的情况下，以支付面额4%开票费为条件，从别处为新一康公司虚开了上海、深圳、天津海关的海关票。新一康公司财务部门负责人堂而皇之地将上述取得的海关票，向税务局申报抵扣了海关票的进项税款3187余万元。

就在这一进一出中，新一康的"商机"就出现了。公司收开票费约6%，支付进项票4%，中间的差额就成为公司的利润来源。当然，这种行为最终受到了法律的严惩。

【经济学释义】

增值税是以增值额为课税对象，对我国境内销售货物或者提供加工修理修配劳务及进口货物征收的一种税。通俗地说，增值额是企

## 流转税

流转税又称流转课税、流通税，指以纳税人商品生产、流通环节的流转额或者数量以及非商品交易的营业额为征税对象的一类税收。流转税是商品生产和商品交换的产物，各种流转税（如增值税、消费税、营业税、关税等）是政府财政收入的重要来源。

业和个人从事生产经营，或者提供劳务新创造的价值额。

增值税于1954年产生于法国，是法国为适应经济发展和财政需要，对原来征收的营业税加以改进而演变来的。从理论上来说，增值税是对商品和服务的增值部分所征的税。但是在现实的经济运行中，商品和服务的增值部分往往是难以计算的，如果我们没有一种简便的增值税征收办法，增值税就不可能真正地推行开来。

那么政府是如何简便而有效地征收增值税的呢？这就必须先了解一下进项税额和销项税额。进项税额的计算公式为：

$$进项税额 = 所购货物或应税劳务的买价 \times 税率$$

销项税额的计算公式为：

$$销项税额 = 销售额 \times 税率$$

对于一般纳税人，其应纳增值税税额为当期销项税额减去当期进项税额。用公式表示为：

$$当期应纳税额 = 当期销项税额 - 当期进项税额$$

我们举一个简单的例子。比如汽车厂商A决定向钢材厂商B购买1000吨优质钢材，用以生产汽车底盘。B厂的优质钢材出厂价为每吨3000元，那么这1000吨优质钢材的出厂价总共为300万元。但是A若是想取得这一批钢材，必须向B支付351万元，其中300万元为销售额，51万元（300×17%）为增值税税额。对A厂来说，这51万元为进项税额；对B厂来说，这51万元为销项税额。

假设A销售汽车100台，总销售额为1000万元，其向顾客收取的价款为1170万元。对A来说，这170万元就是增值税销项税额，那么A应纳的增值税税额为销项税额减去当期进项税额，即170-51 = 119（万元）。

在实际征收过程中，现代增值税制一般是实行"凭发票注明税款扣税法"，不仅简化了征收管理手续，而且形成了各个生产经营环节之间的钩稽关系，有效地防止了偷税逃税。

# 贫穷与福利的拉锯战——福利经济学

第一次世界大战的爆发和俄国十月革命的胜利，使资本主义陷入了经济和政治的全面危机。福利经济学的出现，是资本主义世界，首先是英国阶级矛盾和社会经济矛盾尖锐化的结果。西方经济学家承认，英国十分严重的贫富悬殊的社会问题由于第一次世界大战变得更为尖锐，因而出现以建立社会福利为目标的研究趋向，导致福利经济学的产生。

1929—1933年资本主义世界经济危机以后，英、美等国的一些资产阶级经济学家在新的历史条件下对福利经济学进行了许多修改和补充。庇古的福利经济学被称作旧福利经济学，庇古以后的福利经济学则被称为新福利经济学。第二次世界大战以来，福利经济学又提出了许多新的问题，正在经历着新的发展和变化。

【经济学释义】

庇古把福利经济学的对象规定为对增进世界或一个国家经济福利的研究。庇古认为福利是对享受或满足的心理反应，福利有社会福利和经济福利之分，社会福利中只有能够用货币衡量的部分才是经济福利。

庇古根据边际效用基数论提出两个基本的福利命题：一是国民收入总量越大，社会经济福利就越大；二是国民收入分配越是均等化，社会经济福利就越大。

庇古认为，经济福利在相当大的程度上取决于国民收入的数量和国民收入在社会成员之间的分配情况。因此，要增加经济福利，在生产方面必须增大国民收入总量，在分配方面必须消除国民收入分配的不均等。

庇古从第一个基本福利命题出发，提出社会生产资源最优配置的问题。他认为，要增加国民收入，就必须增加社会产量。而要增加社会产量，就必须实现社会生产资源的最优配置。庇古的福利经济学以自由竞争为前提，他认为自由竞争可以使边际社会纯产品等于边际私人纯产品，从而使社会经济福利极大化。

庇古从第二个基本福利命题出发，提出收入分配均等化的问题。他认为，要增大社会经济福利，必须实现收入均等化。通过实现"把富人的一部分钱转移给穷人"的"收入均等化"，就可以使社会经济福利极大化。

长期以来，完全竞争市场被许多经济学家认为是一种行之有效的福利分配机制。主要有两个原因。

第一个原因是消费者对物品的评价有利于福利的有效分配。消费者对物品的评价是指消费者对物品的主观感受。消费者是否感觉到物品对他有用、有价值，是衡量社会经济福利的标准。

从价格上来看，在完全竞争市场上由于其价格为商品的最低平均成本，对商品的评价高于或者等于最低平均成本的消费者都会选择购买，因此在这种情形下，社会中总剩余会达到最大值。

第二个原因是完全竞争市场有利于实现公平分配。在完全竞争的市场上，所有的消费者都在追求效用最大化，所有的企业都在追求利润最大化。消费者和企业正常运行的最优组合，使社会有限的资源得到最有效的利用，使整个社会的经济福利达到最大化——这正是所有人都期待的结果，也是经济学家对完全竞争市场情有独钟的原因。

### 庇古

庇古是英国著名经济学家，剑桥学派的主要代表之一。青年时代入剑桥大学历史专业学习，后来受当时英国著名经济学家马歇尔的影响，并在其鼓励下转学经济学。毕业后投身于教学生涯，成为宣传马歇尔经济学说的一位学者。庇古因在《福利经济学》中提出了"庇古税方案"而享誉后世。

## 说走就走的旅行你可以拥有——企业福利

张某在某市一家生产特殊材料的集团公司工作。公司待遇很好，每年到年底的时候，可以为她报销 3500 元的供暖费和 2000 元的物业费。

"我现在住的房子是单位的，也不用交暖气费和物业费。每到年底的时候，我都要为报销的发票犯愁，只能到处向朋友借。"张某说。

张某 2009 年大学毕业后到了她现在的公司，基本工资并不高，每月只有 2000 元多一点，这样的工资并不能让张某满意。能让她继续留在公司的原因，是工资之外的"福利"。

"除了住房不用自己花钱之外，平常的交通补助、防寒费、防暑费及报销的供暖费和物业费都是不错的'福利'。满一年之后，我就可以带薪休假，我计划和我男朋友去一趟美丽的西双版纳。"说这话时，张某很满意。

【经济学释义】

按照张某提供的公司福利水平，能粗略地计算出张某的月收入能达到 5000 元以上，难怪她会感觉比较"满意"。

带薪年休假，是指劳动者连续工作一年以上，就可以享受一定时间的带薪年假。2007年12月7日国务院第198次常务会议已经通过《职工带薪年休假条例》，自2008年1月1日起施行。从此，职工带薪年休假就有了法律保障。

一般来说，企业福利由法定福利和企业自主福利两部分组成。法定福利是国家通过立法强制实施的对员工的福利保护政策，主要包括社会保险和法定假期。企业自主福利，即企业为满足职工的生活和工作需要，自主建立的，在工资收入和法定福利之外，向雇员及其家属提供的一系列福利项目，包括企业补充性保险（如企业年金）、货币津贴、实物和服务等形式。

对于企业来说，各种企业福利项目在具有一定社会功能的同时，也成为企业吸引人才、留住人才的主要激励方式。包括带薪休假在内的企业福利已经成为当今员工对企业的期待。

对于员工来说，医疗保险、养老保险、工伤保险等法定企业福利项目，可以使员工生病得到医治、年老能有依靠、遭受工伤后获得赔偿等，从生理上满足员工的需要。而更多企业自主福利却可以满足员工在情感上的需要。例如企业提供的带薪休假福利，能够更好地缓解员工的工作压力，让他们有更多时间陪伴家人，从而满足他们在感情、亲情方面的需要。

在坚持货币工资仍然占员工收入较大比例的情况下，大多数企业都想方设法地根据本行业、本企业及员工的需要来设计执行多种多样的福利项目，各种不同类型的福利项目多达1000种。

从经济学的角度来看，在总的报酬成本一定的情况下，企业的福利和工资之间是一种相互替代的关系，因此两种报酬形式都存在所谓边际收益递减的问题，所以企业的福利与工资之间的比例应当保持在一个合理的限度上；否则，即使是在一个市场经济中的产权明晰的企业中，也会导致"福利病"的出现。

**企业福利**

企业福利是指企业给员工提供的用以改善其本人和家庭生活质量的，以非货币工资或延期支付形式为主的各种补充性报酬和服务。比如企业给员工提供的防暑降温用品、班车、免费旅游、福利房等。

# 不想再蜗居——保障性住房

这是发生在英国的一个真实故事。

有位孤独的老人,无儿无女,又体弱多病。于是,他决定搬到养老院去住。老人所住的房子也用不上了,因此他宣布出售这幢漂亮的住宅。购买者闻讯蜂拥而至。住宅底价8万英镑,但人们很快就将它炒到了10万英镑。价钱还在不断攀升。老人深陷在沙发里,满目忧郁,要不是健康问题,他是不会卖掉这栋陪他度过大半生的住宅的。

一个衣着朴素的青年来到老人面前,弯下腰,低声说:"先生,我也很想买这栋住宅,可我只有1万英镑。如果您把住宅卖给我,我保证会让您依旧生活在这里,和我一起喝茶、读报、散步,天天都快快乐乐的——相信我,我会用整颗心来照顾您!"

老人颔首微笑,把住宅以1万英镑的价钱卖给了他。

## 【经济学释义】

"民以食为天,家以居为先。"住房,是生活的一项基本需求。但是,对大多数中低收入群体来说,买开发商提供的商品房实在是生活中的一大负担。商品性住房作为一种商品,就不可能把"保障性"作为它的主要作用。

保障性住房正是为了弥补这一缺陷而产生的。它填补了商品性住房市场中的空白,即为那些购买不起商品房的低收入和贫困家庭给予各种住房保障,属于政府公共福利。

### 住房公积金

住房公积金是单位及其在职职工缴存的长期住房储金，是住房分配货币化、社会化和法治化的主要形式。住房公积金制度是国家法律规定的重要的住房社会保障制度，具有强制性、互助性、保障性。

作为保障性住房，当然不能像商品房那样可以在市场上随意购买。它是一种政府为中低收入住房困难家庭所提供的限定标准、限定价格或租金的住房，由廉租住房、经济适用住房和政策性租赁住房构成。

经济适用住房是以中低收入家庭为对象，具有社会保障性质的商品住宅，具有经济性和适用性的特点。经济适用房受到中低收入者的普遍欢迎。但它在现阶段也暴露出一些问题，如规模过大、销售对象界定不清等，致使经济适用住房政策并未真正惠及中低收入阶层，同时又加重了政府负担。

此外，为解决城镇最低收入家庭的住房问题，建设部1999年4月22日颁布了《城镇廉租住房管理办法》，2003年11月15日颁布了《城镇最低收入家庭住房管理办法》，向最低收入群体提供租金低廉的廉租住房。廉租住房由于其保障的范围较小，在执行过程中总的情况比较好，但廉租住房也存在着一些问题，其中最主要的问题就是廉租房适用对象范围过窄。关于廉租房的适用对象，目前只局限于具有"非农业常住户口的最低收入家庭和其他需保障的特殊家庭"。

政策性租赁住房即政府为解决既买不起商品房，又不符合廉租住房申请标准的"夹心层"人群的住房问题而采取的措施。政策性租赁住房主要是通过政府投资建设新房的方式进行。政策性租赁房的租金，按照房屋成本进行测算，通常是成本价再加上适当的管理费，就是成本租金的价格。

不论是哪种类型的保障性住房，政府都发挥了主导作用，运用政府的政策和权力、财政，解决百姓的居住难题，真正实现杜甫的愿望："安得广厦千万间，大庇天下寒士俱欢颜。"

# 被税收伤害的供给和需求——无谓损失

某杂志的一篇"购车记"报道了税费和各种繁杂的手续对人们购车积极性的打击。这篇"购车记"中引述了一个销售人员所做的一个自然人贷款买"桑塔纳"的详细报价:车价97800元、首付10%、分期5年、月还款1514元、车损保险1414元、第三者责任险1170元、盗抢险978元、自燃险392元、贷款额78240元、购置税8359元、验车费500元、保证保险金1721元、管理费4900元、其他20元,首付合计29234元。

该文报道的收费项目,只是购车环节支付费用的一部分。购买一辆小汽车还要缴纳停车泊位证明费、车船使用税……还有一笔费用是汽车生产厂家代消费者缴纳的3%~8%的消费税。

而汽车厂家也有税费的苦衷,一个汽车厂家要负担17%的增值税。轿车成为国内税率最高的机电产品。

## 【经济学释义】

一般来说，人们会对各种激励做出理性的反应。例如，税收会影响人们做出决策。如果政府对小麦课税，人们就会少吃小麦而多吃大米。如果政府对住房征税，人们就住较小的房子并把更多收入用于其他事情。如果政府对劳动收入征税，人们就会少工作而多享受闲暇。由于税收扭曲了激励，所以引起无谓损失。

无谓损失是人们根据税收激励，而不是根据他们买卖的物品与劳务的真实成本与收益配置资源时税收引起的无效率。作为曾经的奢侈品，轿车承载着很多的税费，不仅限制了消费者的消费，也直接造成了我国汽车行业的长期落后。

> **无谓损失的概念**
>
> 无谓损失的概念又称社会净损失，是垄断、关税、配额、税收或其他扭曲等因素引起的生产者和消费者都得不到的那部分，致使资源得不到最佳限度的分配。例如，当垄断企业抬高价格时，消费者将减少消费，这样将导致减少的数量中本来可以实现的消费者剩余都流向了社会，这就是我们所说的社会净损失。

因为高税费，汽车的购买价格和使用价格居高不下，致使巨大的潜在需求难以转化为有效需求，人们空怀开上自己的车的强烈欲望却难圆轿车梦。与此相对应，中国的汽车工业始终走不出价格高—市场小—规模小—价格高的恶性循环。最后，政府也不可能从汽车生产和汽车消费中收到足够多的税收。

税收就像一个楔子，无论它如何打入，都将提高买者价格，使他们的消费减少。同时税收降低了卖者价格，使他们生产减少。换句话说，就是需求少了，供给也少了。税收还导致边际买者和卖者离开市场，由于这些行为的变动，市场规模缩小到最优水平之下。供给和需求的弹性衡量买者和卖者对价格变动的反应程度，从而决定了税收会使市场有多大变动。因此，供给和需求的弹性越大，税收的无谓损失越大。

当然，我们说税收会带来无谓损失，绝不意味着主张取消税收。税收不仅是维持国家机器运转的必要动力，而且是通过再分配保持社会公平的主要手段。但税收不是收得越多越好，税负太重，会使企业缺乏生产经营的动力、消费者缺少消费积极性，从而使整个经济收缩。因此，减税往往是刺激经济的重要手段。

# "懒惰"的瑞士人——社会保障

由于具有比较完善的社会福利制度，在瑞士很少见到有人"为五斗米折腰"。瑞士努力发展旅游业，政府和商家都施展浑身解数，吸引游客在瑞士消费，但是大多数城市的商店和餐馆在周日和节假日是不营业的。一般的瑞士餐馆，晚上10点以后大厨就熄了炉火，不再接待新客人。而瑞士商店除了周四营业到晚上七八点之外，平常都早早关门打烊，因为员工必须赶回家去享受天伦之乐。

如何安排每年的休假更是瑞士人的头等大事，许多人通常在前一年就开始计划如何安排日程。他们通常不顾手头的工作进展，该休假就休假，就算老板多给加班费也不干，天大的事情都得等度完假回来再办。瑞士人休假是纯粹的休息，不带手机不穿西装，或者上山或者下海，完全换了一个生活环境。

## 【经济学释义】

在中国人看来，瑞士人无疑是"懒惰"的，要追究瑞士人"懒惰"背后的原因，我们不能不了解它的社会保障制度。

社会保障是指国家和社会通过立法对国民收入进行分配和再分配，对社会成员特别是生活有特殊困难的人们的基本生活权利给予保障的社会安全制度。社会保障的本质是维护社会公平进而促进社会稳定发展。

社会保障的思想和实践自古有之。古希腊政府从公元前560年起，就对伤残的退伍军人及其遗属发放抚恤金；给失业者、残疾人以衣服、食物和津贴；贫穷的病人可以享受医疗救助。

15世纪、16世纪之交，英国由于圈地运动，大量农民丧失生计，流入城市，危及城市正常生活和社会稳定。1601年，英国政府颁布《伊丽莎白济贫法》，以缓

---

**福利国家**

福利国家是资本主义国家通过创办并资助社会公共事业，实行和完善一套社会福利政策和制度。福利国家不是社会保险、不是公费医疗，不是家庭福利或社会救济计划，也不等同于社会保障或社会政策，而是它们的加总。

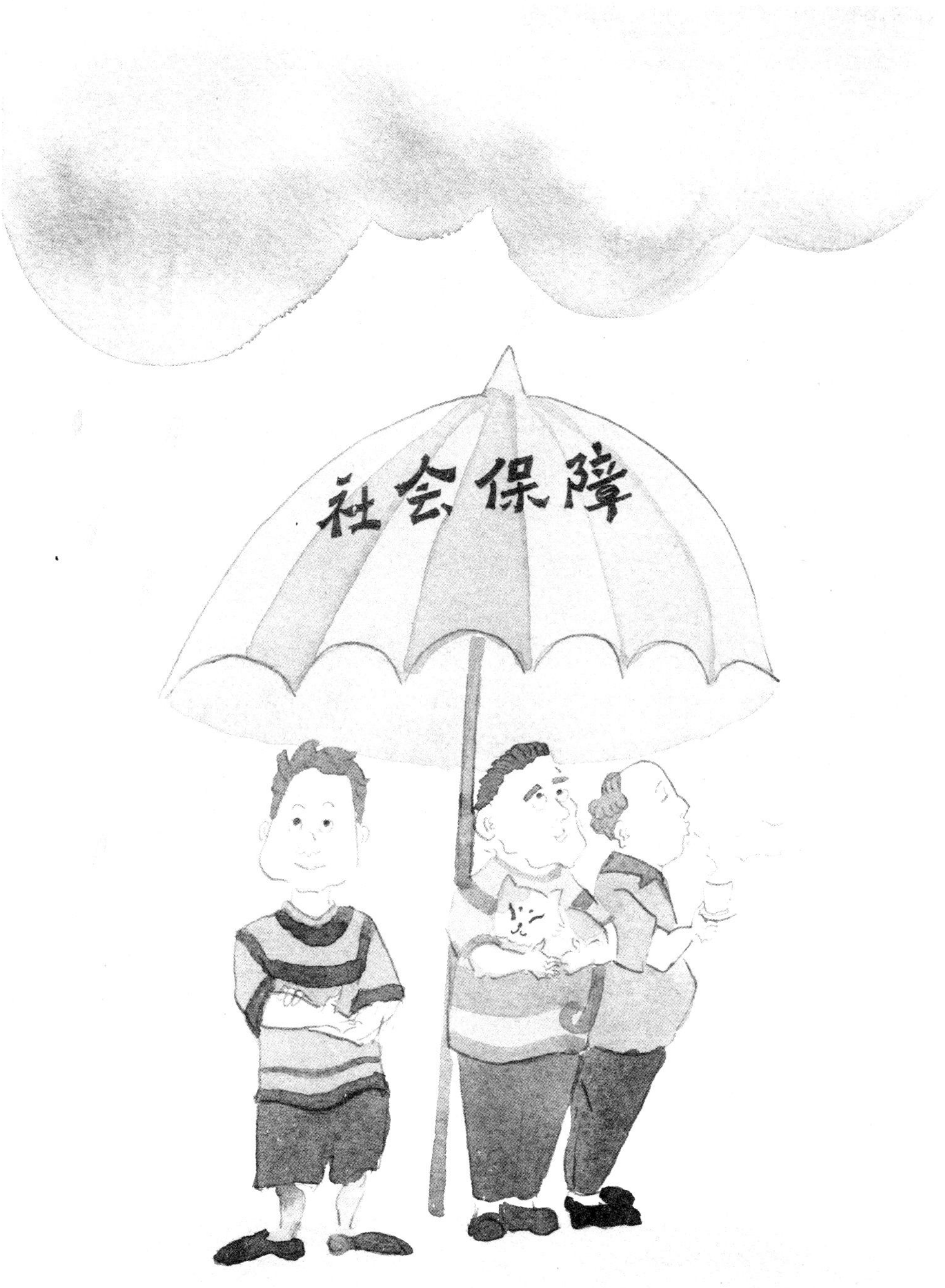
社会保障

解贫困者的生存危机。到了垄断资本主义时期，德国首相俾斯麦于1883—1889年先后制定并颁布《疾病保险法》等保险立法。这些保险法标志着现代社保制度的诞生。

1935年，美国罗斯福政府颁布《社会保障法》，实行老年保险和失业保险。1945年，第二次世界大战后在英国首次大选中获胜的工党全面实施《贝弗里奇报告》中提出的建设福利国家的主张，全面实行社会保障。1948年，英国宣布建成"福利国家"。欧美发达资本主义国家也相继效仿。

可以说，社会保障是市场经济发展的必然产物。劳动者的社会保障是所有社会都面临的问题，只要存在人类和人类社会，劳动者的社会保障问题就始终存在。但市场经济的高效率和高风险，使社会保障制度显得尤为重要，社会保障也只有在市场经济条件下才能发挥其完整而巨大的维系作用。

全球的社会保障模式，大致可分为国家福利、国家保险、社会共济和积累储蓄四种，分别以英国、苏联、德国、新加坡为代表。像瑞士就属于国家福利的社会保障模式，而我国属于社会共济的社会保障模式。

虽然随着经济的发展，我国在社会保障方面花的钱已经越来越多。但是值得关注的是，中国至今在社会保障上的投入同世界水平相比还有很大的缺口。不过，我们有理由相信，随着我国社会保障体系的逐步完善，我们也能像瑞士国民一样"懒惰"了。

# 第八章

# 市场失灵后，谁来保护"钱"
## ——政府经济职能

# 是谁催生了"贪污之王"——寻租

和珅被称为历史上的"贪污之王",他的财产相当于当时清朝 15—20 年的财政收入。在他的巨额财产中,绝大部分是他贪污受贿所得。

和珅利用自己的职务之便,经常索贿受贿。有一年,有个叫孙士毅的总督,从安南(今越南)回京述职。在前往金銮殿的宫门之外偶遇和珅,和珅一眼就看到他手中拿着一个用珠子做成的鼻烟壶,大如雀卵,雕刻精巧,晶莹剔透。和珅一见,便爱不释手,口中连连称赞,把玩了一会儿,就对孙士毅说,孙大人如果不嫌弃在下的话,能否把这个玩意送给在下呀?孙士毅说是用来进献皇帝的。和珅没想到孙士毅竟然拒绝了他,觉得很没面子,只好掩饰说,只不过是一句玩笑罢了。几天之后,孙士毅又在军机处见到和珅,和珅手拿一个鼻烟壶,正是他进献给皇上的那个。和珅得意地笑道:此物乃是皇上所赐的。

大多数人不像孙士毅那样不懂"世故人情",而是积极向和珅"送好处",为自己谋得利益。据说,江苏吴县有一个大珠宝商,将特大珍珠藏在金制的圆盒里面,外面配有精致的小木箱,一个要卖两万金。尽管价格不菲,但是一些官员还是争相购买,还唯恐买不到。有的人问这些官员:你们买如此昂贵的珠子,有什么用途啊?这些官员回答说:献给和中堂。

## 寻租理论

寻租理论最早产生于20世纪70年代的美国。1974年，美国经济学家克鲁格首次公开发表了《寻租的政治经济学》一文，深入研究和探讨了由于政府对外贸易的管制而产生的对租金的争夺活动。这篇文章因此成为现代寻租理论的里程碑，克鲁格因此也被视为寻租理论的鼻祖。

## 【经济学释义】

其实和珅的贪污行为可以用一个经济学词汇来归结：寻租。诺贝尔经济学奖获得者布坎南认为，寻租是指通过国家的保护所产生的财富的转移，旨在通过引入政府干预或者终止它的干预而获利的活动。寻租者通过特殊的地位或者垄断权力将本应该属于别人或者公众的财富转移到了自己的手中。

寻租是把权力商品化，或者以权力为资本，去参与商品交换和市场竞争，谋取金钱和物质利益，即通常所说的权物交易、权钱交易、权权交易、权色交易等。在这里，权力也被物化了，转化为商品货币，进入消费和财富等环节。权力寻租所带来的利益，成为权力腐败的原动力。

为什么会有这么多的寻租活动呢？因为社会有设租的存在。许多行业都规定了特殊的经营群体，人们为了进入这些领域，就需要开展寻租活动，争夺经营权；由于特殊行业的管理者拥有绝对的审批权力，是人们公认的"肥缺"，因此很多官员就开展寻租活动，争夺这个权力以及权利。

寻租理论认为，寻租存在的根本原因就是政府行政干预的存在，行政干预越多，管制越多，寻租的机会就越多，社会资源的浪费就越严重，负面的效益就越大。就整个社会效益来说，寻租活动创造的是一个负值，它使社会的财富减少。

对于掌握社会权力的官员们，将国家赋予的权力当成一种可以出租获利的物品，对外出租，获得租金。寻租包括两个方面：一方面，官员手中有了可以出租的权力，他要寻找到租用他权力的人才能收到租金，所以他要寻找租用的一方；另一方面，社会上一些能够接近这些掌握国家垄断权力的人，也要寻找拥有对外出租权力的垄断人物，他要寻找到出租的一方。

对于贪污腐败来说，总要有一个腐败成本与腐败收益。贪官们在进行贪污时，也会作为一个经济人来权衡这两方面。当成本大于收益时，贪官就会放弃腐败；反之，就会助长腐败行为的发生。

# 政府有时可以改善市场结果——政府干预

在某城市郊区有个足球场，有一次足球场举行一个重要的比赛，大家都想去看。到足球场有好几条路，其中有一条是最近的。王波选择了走最近的这条路，但发现其他人也都选择走这条路，于是这条路非常堵塞。因此在路上所花的时间远远多于自己的预期。

好不容易来到了足球场，精彩的比赛让人大开眼界，可惜前排有人站起来，影响了自己的观看效果。王波也选择站起来，这样他能看得清晰一些，他后排的人也都选择站起来看。最后的结果是所有人都在站着看比赛。

比赛到中场休息时，王波的烟瘾上来了，恰好他带了火柴。当他拿火柴的时候，不小心将一根火柴弄丢了，他想把这根火柴捡起来，但座位下面很黑。于是他划了根火柴找，没找着；又划了一根，终于找着了。

【经济学释义】

王波无疑是个理性经济人。市场经济中的参与者都是理性经济人，但人人理性也会发生集体的"理性合成谬误"，从而导致"市场失灵"现象的发生，政府干预主义便应运而生了。

在凯恩斯之前的西方经济学界，人们普遍接受以亚当·斯密为代表的古典学派的观点，即在自由竞争的市场经济中，政府只扮演一个极其简单的被动的角色——"守夜人"。凡是在市场经济机制作用下，依靠市场能够达到更高效率的事，

### 凯恩斯定律

英国经济学家凯恩斯提出需求能创造出自己的供给，因此政府采取措施刺激需求以稳定经济的论点。

凯恩斯认为，仅靠自由机制是无法保证经济稳定增长、达到充分就业的，必须加强国家干预。据此他提出，在需求出现不足（有效需求不足）时，应当由政府采取措施来刺激需求，而总需求随着投资的增加，可使收入增加，消费也将增加，经济就可以稳定地增长，达到充分就业，使生产（供给）增加。

都不应该让政府来做。

然而，历史的事实证明，自由竞争的市场经济导致了严重的财富不均，经济周期性巨大震荡，社会矛盾尖锐。1929—1933年爆发的全球性经济危机就是自由经济主义顽症暴发的结果。因此，以凯恩斯为代表的政府干预主义者浮出水面，他们提出，政府必须平衡以及调节经济运行中出现的重大结构性问题。这就是政府干预理论。

政府干预理论来源于英国经济学家凯恩斯的一本著作《就业利息和货币通论》，其中有一则著名的经济学寓言"挖坑"。

乌托邦国处于一片混乱中，经济处于完全瘫痪的境地，工厂倒闭，工人失业，人们束手无策。这个时候，政府决定兴建公共工程，雇用200人挖了很大的坑。雇200人挖坑时，需要发200个铁锹；发铁锹时，生产铁锹的企业开工了，生产钢铁的企业也开始工作了；发铁锹时还得给工人发工资，这时食品消费也都有了。通过挖坑，带动了整个国民经济的消费。大坑终于挖好了，政府再雇200人把这个大坑填好，这样又需要200把铁锹……这样，萧条的市场终于一点点复苏了。经济恢复后，政府通过税收，偿还了挖坑时发行的债券，一切又恢复如常了。

当一国经济萧条时，政府应该出来做事，用这只"看得见的手"，通过政府投资及调控的方式进行公共设施建设，把经济拉动起来，让经济从萧条中摆脱出来。凯恩斯主义认为，凡是政府调节能比市场提供更好服务的地方，凡是个人无法进行平等竞争的事务，都应该通过政府的干预来解决问题。

在现代市场经济的发展中，为了克服"市场失灵"和"政府失灵"，人们普遍寄希望于"两只手"的配合运用，以实现市场经济条件下政府职能的转变。我们应该正确看待政府干预的积极方面及其局限性。

# 路人不需要为路灯付费——公共物品

在早期的英国，灯塔设施的建造与管理是由私人提供的。由于海上航行经常出事故，为了满足航海者对灯塔服务的需要，一些临海人家自己出钱建设了灯塔，然后根据过往船只的大小和次数向船只收费，以此作为维护灯塔日常使用的费用并获取一定的利润。

经营一段时间后，灯塔的建造者逐渐发现，过往的船只总是想方设法逃避缴费。他们或者绕过灯塔行驶，或者以自己熟悉海路为名干脆就拒绝缴费。建造者们只能增雇人手加强管理，但他们又没有执法权，就是真碰上不缴费的人，他们也无可奈何。而且，增雇人手也加大了建造者的成本，慢慢地他们就变得入不敷

**搭便车理论**

搭便车理论首先由美国经济学家曼柯·奥尔逊于1965年发表的《集体行动的逻辑：公共利益和团体理论》一书中提出。其基本含义是不付成本而坐享他人之利。

出了，于是，私人建造的灯塔慢慢也就关闭了。

可是，海上航行必须有灯塔的指引，那么灯塔就只能由政府出面来建设。过往的船只从此不用再向政府缴费，他们免费使用灯塔资源。

## 【经济学释义】

这个故事说明，并不是所有的产品和服务都可由私人提供。政府和其他公共组织的重要职责之一就是要向民众供给私人不愿意提供的产品或服务——公共物品。

经济学家认为公共物品具有非排他性和非竞争性。所谓非排他性，是指某人在消费一种公共物品时，不能排除其他人消费这一物品，或者排除的成本很高。

所谓非竞争性，是指某人对公共物品的消费并不会影响别人同时消费该产品及其从中获得的效用，即在给定的生产水平下，为另一个消费者提供这一物品所带来的边际成本为零。

比如，城市道路上的路灯照亮了我回家的路，并不妨碍照亮我邻居回家的路；我得到了路灯照亮道路的好处，也并没有减少我的邻居得到相同益处的机会。路灯便是由政府提供的公共物品。可以试想一下，假如路灯有一天坏了，政府不去维修。你会去维修路灯吗？对大多数人来说答案是否定的。假如没有政府维修，我们的路灯多数会黑掉。

我们可以通过一个小故事，来探讨政府应该如何提供公共物品的问题。

美国一个小镇的居民喜欢在7月4日美国国庆日这天看烟火。这个小镇的企业家艾伦决定举行一场烟火表演，可以肯定艾伦会在出售门票时遇到麻烦。因为所有潜在的顾客都能想到，他们即使不买票也能看烟火。烟火没有排他性，人人都可以看烟火。实际上，人人都可以搭便车，即得到看烟火的机会而不需要支付任何成本。

尽管私人市场不能提供小镇居民需要的烟火表演，但还是有办法解决小镇的问题：当地政府可以赞助7月4日的庆祝活动。镇委员会可以向每个人增加2美元的税收，并用这一收入雇用艾伦提供烟火表演。

因此，政府可以解决这个问题。如果政府确信，总利益大于成本，它就可以提供公共物品，并用税收为它支付，可以使每一个人获得观看烟火的权利。因此，这种公共物品理应由政府来提供。

# 谁毁掉了官船——哈定悲剧

刘伯温的《郁离子》中有一个寓言故事。

有一个官员瓠里子从吴地回故乡广东，可以乘坐官船。他到岸边后发现有一千多条船，不知哪条是官船。送行的人说，这太容易了。只要看船篷是旧的，船橹是断的，布帆是破的，那就是官船了。他照此话去找，果然很容易就找到了官船。他感叹地说：唉，现今的风气如此之坏，官府公家的东西竟遭到如此破坏。

【经济学释义】

官船是最破烂的，国有企业是亏损最严重的，城市公用设备是最容易破损的，公共场所的卫生是最令人头疼的……理性的经济人都知道，对公共物品而言，你不从中获得收益，他人也会从中获得收益，最后损失的是大家的利益。所以人们只期望从公共物品中捞取收益，但是没有人关心公共物品本身的结果。正因为如此，才最终酿成"公地悲剧"。

"公地悲剧"最初由英国留学生哈定于1968年提出，因此"公地悲剧"也被称为哈定悲剧。哈定说："在共享公有物的社会中，每个人，也就是所有人都追求各自的最大利益。因为在信奉公有物自由的社会当中，每个人均追求自己的最大利益。公有物自由给所有人带来了毁灭。"他提出了一个"公地悲剧"的模型。

一群牧民在一块公共草场共同放牧。其中，有一个牧民想多养一头牛，因为多养一头牛增加的收益大于其成本，是有利润的。虽然他明知草场上牛的数量已经太多了，再增加牛的数目，将致使草场的质量下降。但对他自己来说，增加一头牛是有利的，因为草场退化的代价可以由大家负担。于是他增加了一头牛。

聪明人并不止这一个牧民，其他的牧民都认识到了这一点，都增加了一头牛。人人都增加了一头牛，整个牧场多了 $n$ 头牛，结果草地被过度放牧，导致退化。牧场再也承受不了牛群，于是，牛群数目开始大量减少。所有聪明牧民的如意算盘都落空了，大家都遭受了严重的损失。

草地属于公有产权，零成本使用，而且排斥他人使用的成本很高，这样就导致了牧民的过度放牧。我们当然不能再采用简单的"圈地运动"来解决"公地悲剧"，我们可以将"公地"作为公共财产保留，但准许进入，这种准许可以以多种方式来进行。

有人可能说，避免"公地悲剧"的发生，就必须不断减少"公地"。但是，让"公地"完全消失是不可能的。"公地"依然存在，这就要求政府制定严格的制度约束，将管理的责任落实到具体的人，这样，在"公地"里过度放牧的人才会收敛自己的行为，才会在政府干预下合理放牧。

在市场经济中，政府规制和市场机制两者有机结合，才能更好地解决经济发展中的"公地悲剧"问题。

### 反公地悲剧

1998年，美国黑勒教授提出"反公地悲剧"理论模型。他认为"公地悲剧"说明了人们过度利用公共资源的恶果，却忽视了资源未被充分利用的可能性。

在公地内存在着很多权利所有者，为了达到某种目的，每个当事人都有权阻止其他人使用该资源或相互设置使用障碍，而没有人拥有有效的使用权，导致资源的闲置和使用不足，造成浪费，于是就发生了"反公地悲剧"。

# 给市场经济编辑"计划基因"——计划经济

"计划经济"体制这个概念出自弗拉基米尔·伊里奇（列宁）。列宁在1906年写的《土地问题和争取自由的斗争》中说道："只要存在着市场经济，只要还保持着货币权力和资本力量，世界上任何法律也无力消灭不平等和剥削。只有实行巨大的社会化的计划经济制度，同时把所有的土地、工厂、工具的所有权转交给工人阶级，才能消灭一切剥削。"

邓小平曾说："计划经济不等于社会主义，资本主义也有计划；市场经济不等于资本主义，社会主义也有市场。"但是大部分人没有深入理解这句话的含义。通过对实体经济和虚拟经济的关系的研究，我们发现，原来计划经济是一种不利于生产力发展的、带有自然经济色彩的、落后的经济体制。

【经济学释义】

计划经济体制在我国早已被废止，但是计划经济体制被废止的原因仍然值得研究。在计划经济体制下，生产条件完全由国家或集体所有，即生产资料和土地

### 经济主体

经济主体是指在市场经济活动中能够自主设计行为目标、自由选择行为方式、独立负责行为后果并获得经济利益的能动的经济有机体。从宏观角度看，可以将千千万万个经济主体分为政府、企业、个人三大类。

完全归国家所有。在计划经济体制下，从事经济活动的人没有任何独立性，完全依附于政府和其所在单位。

在计划经济体制下，政府机构显示了有计划的社会分工。计划经济体制是典型的政企不分、政企合一的体制。社会分工十分细微，相当严密，但这种分工不是由市场交换自发形成，而是由政府机构的权威决定的。这和自然经济的分工确有相同之处！

在计划经济体制下，社会关系是清清楚楚的人与人之间的关系。每一个人在社会中的地位及与他人的关系是由该人在单位的行政地位决定的，在那里，官阶大小明明白白，上下尊卑一目了然，每一个人收入的多少完全由级别决定，此外，基本上没有其他收入。

在计划经济下，产品就是产品，不是商品。尽管有货币，有商店，有银行，也有买卖行为，不过那时的货币并不是真正意义上的货币，货币实际上成了政府按级别发放给个人的领物凭证。货币一旦离开了政府发放的其他票证，在很多场合基本上没有购买能力了。商店并不是低价买、高价卖，追求利润的企业，仅仅是按政府计划向社会各阶层的人分配有用物品的机构。

买卖行为与其说是买卖，倒不如说是一种领取行为。因为人们拿着政府发给的钱票和其他票证，只能按国家规定的数量购买，多一点都不行，如果说那是购买也是十分牵强附会的。货币基本上失去了流通手段和支付手段的功能，更没有作为资本所具有的自行增值、自我增加的功能。

今天，几乎每一个从事经济活动的人都懂得，在市场经济下，每个人、每个企业所从事的生产劳动是否具有社会性，主要看他的劳动产品是否能够卖出去，转换成货币，成为别人或别的企业的有用物品。但在计划经济体制下，只要你是人民公社社员、工厂工人、政府机关职员或干部，也就是说，不管你从事什么劳动，不管你生产的产品是否卖出去，是否转化为货币，你都会无忧无虑地领到一份工资或分到一份实物。个人没有失业的忧患，企业没有破产的危险。

在计划经济体制下，人仅仅被看成劳动者，没有被看成追求自我利益的经济人。生产资料仅仅被看成生产工具，没有被看作能带来剩余价值的价值。土地仅仅被看作劳动的对象，没有当作能产生地租的资本。由此我们才能清楚认识到，计划经济是一个没有虚拟经济与之配合的单纯的实体经济。毋庸置疑，这种带有自然经济色彩的计划经济是一种落后经济。

# 一家公司的玻璃打破后——乘数效应

一场暴风雨过后,一家百货公司的玻璃被大风刮破了。百货公司拿出 5000 元将玻璃修好。装修公司把玻璃重新装好后,得到了 5000 元,拿出了 4000 元为公司添置了一台电脑,其余 1000 元作为流动资金存入了银行。电脑公司卖出这台电脑后得到 4000 元,他们用 3200 元买了一辆摩托车,剩下 800 元存入银行。摩托车行的老板得到 3200 元后,用 2650 元买了一套时装,将 550 元存入银行。最后,各个公司得到的收入之和远远超出 5000 元这个数字。百货公司玻璃损坏而引发的一系列投资增长就是乘数效应。

## 【经济学释义】

在经济学中,乘数效应更完整地说是支出/收入乘数效应,是指一个变量的变化以乘数加速度方式引起最终量的增加。在宏观经济学中,乘数效应指的是支出的变化带来经济总需求与其不成比例的变化,意指最初投资的增加所引起的一系列连锁反应会带来国民收入的数倍增加。所谓乘数是指这样一个系数,用这个系数乘以投资的变动量,就可得到此投资变动量所引起的国民收入的变动量。假设投资增加了 100 亿元,若这个增加导致国民收入增加 300 亿元,那么乘数就是 3,如果所引起的国民收入增加量是 400 亿元,那么乘数就是 4。

为什么乘数会大于 1 呢?比如某政府增加 100 亿元用来购买投资品,那么此 100 亿元就会以工资、利润、利息等形式流入此投资品的生产者手中,国民收入从而增加了 100 亿元,这 100 亿元就是投资增加所引起的国民收入的第一轮增加。这 100 亿元转化为工资、利息、利润、租金的形式,流入了制造此投资品的所有生产要素所有者的口袋,因此投资增加 100 亿元,第一轮就会使国民收入增加 100 亿元。随着得到这些资本的人开始第二轮投资、第三轮投资,经济的增长就会以大于 1 的乘数增长。

"乘数效应"也叫"凯恩斯乘数",事实上,

### 管理中的乘数效应

管理者都希望管理能达到乘数效应。比如一个促进销售计划的实施,管理者希望这个计划的效果可以成倍地增加,但是如果没有其他的策略配套实施,乘数效应很难实现。

在凯恩斯之前，就有人提出过乘数原理的思想和概念，但是凯恩斯进一步完善了这个理论。凯恩斯的乘数理论为西方国家从"大萧条"中走出来起到了重大的作用，甚至有人将其与爱因斯坦的相对论相提并论，认为20世纪两个最伟大的公式就是爱因斯坦的相对论基本公式和凯恩斯乘数理论的基本公式。凯恩斯乘数理论对于宏观经济的重要作用在1929—1933年的世界经济危机后得到重视，一度成为美国大萧条后"经济拉动"的原动力。

# 乔丹家的草坪该由谁来修剪——宏观调控

迈克尔·乔丹是一个优秀的运动员，是美国职业篮球联赛（NBA）历史上最优秀的篮球运动员之一，他能跳得比其他大多数人高，投篮也比大多数人准。很可能的是，他在其他活动中也出类拔萃。例如，乔丹修剪自己的草坪大概比其他任何人都快。但是仅仅因为他能迅速地修剪草坪，就意味着他应该自己修剪草坪吗？

如果乔丹能用2小时修剪完草坪，那么在这同样的2小时中，他能拍一部运动鞋的电视商业广告，并赚到1万美元。与他相比，住在乔丹家隔壁的小姑娘珍妮弗能用4小时修剪完乔丹家的草坪。在这同样的4小时中，她可以在麦当劳店工作赚20美元。

那么，该让谁来修剪草坪呢？如果让乔丹来修剪草坪，他付出的机会成本是1万美元，而珍妮弗的机会成本是20美元。乔丹在修剪草坪上有绝对优势，因为他可以用更少的时间干完这个活。但珍妮弗在修剪草坪上有比较优势，因为她的机会成本低。

乔丹不应该修剪草坪，而应该去拍广告，他应该雇用珍妮弗去修剪草坪。只要他支付给珍妮弗的钱大于20美元而低于1万美元，双方的状况都会更好。

【经济学释义】

宏观调控就是国家运用计划、法规、政策等手段，对经济运行状态和经济关系进行干预和调整，把微观经济活动纳入国民经济宏观发展轨道，及时纠正经济运行中偏离宏观目标的倾向，以保证国民经济的持续、快速、协调、健康发展。经济学认为，宏观调控的手段和作用是通过制订计划（经济手段），指明经济发展的目标、任务、重点；通过制定法规（法律手段），规范经济活动参加者的行为；通过采取命令、指示、规定等行政措施（行政手段），直接、迅速地调整和管理经济活动。其最终目的是补救"看不见的手"在调节微观经济运行中的失效。如果政府的作用发挥不当，不遵循市场规律，也会产生消极的后果。

在现代市场经济的发展中，市场是只"看不见的手"，而政府的引导被称为"看得见的手"。为了克服"市场失灵"和"政府失灵"，人们普遍寄希望于"两只手"的配合运用，以实现在社会主义市场经济条件下的政府职能的转变。

事实上，经济学家把"宏观调控"这个词理解为宏观经济政策。在实际应用上，宏观调控的含义正在慢慢改变。在市场经济环境下，长期引领西方经济的自由经济主义观念对政府的宏观调控不甚赞同。

20世纪80年代，经济研究部门叫宏观调节部，表明在当时的经济形势下对宏观调节还有一点敬畏，后来慢慢改称为"宏观调控"，这是因为政府对经济的控制有所加强。宏观调控由此演变为一个长期的宏观经济政策概念，在任何时候都要存在。

### 政府监管

政府监管是指政府对市场与社会的监管，即政府的外部监管，也就是广义上的政府监管，而不包括政府对于自身的监管，它的手段包括经济性监管和社会性监管。

# 旅游高峰期火车票为什么不涨价——物价政策

2010年1月28日，湖北省物价局公布2010年春运期间客运价格政策，要求农村道路、城市公交车、中巴车、客运出租车、轮渡、城区有线路编号的"城乡一体化"客运班车等，春运期间票价一律不得上涨。

湖北省物价局要求铁路旅客票价严格按国家规定执行，铁路售票窗口及客票销售代理人要执行国家规定的送票费和铁路客票销售服务费，并实行明码标价。

水路旅客运输票价已经实行市场调节，各级价格、交通主管部门要加强对水路旅客运输市场的监测和引导，以保持运输票价平稳。

## 【经济学释义】

湖北省物价局稳定交通运输价格就是运用物价政策的体现。不同的社会制度有不同的价格政策。资本主义国家的价格，是自发地由价值规律和市场供求决定的。但在一定的社会历史条件下，国家也制定价格政策，对某些商品价格进行干预，以此参与国民收入的分配和再分配。

社会主义国家的价格政策，是国家为了发展社会主义经济，对国民收入进行有计划的分配和再分配的经济手段。国家利用价格调节各个社会集团之间的经济利益，体现了国家、集体和个人之间在根本利益上相一致的社会主义关系。

当前物价上涨是全球性现象，原因错综复杂。各国为稳定物价，都采取了一些积极有效的措施。

日本一直是世界上零售物价最稳定的国家之一，其稳定物价的成功做法主要有以下几个方面。

---

**计算物价指数应注意的问题**

计算物价指数除了要选择好基期和计算期外，还要选择好提供价格资料的典型地区，因为无法编制所有商品、所有市县的物价指数；要注意商品的可比性；要注意商品的代表性；要注意商品规格、等级、质量的一致性；要注意计算方法的科学性。

（1）高度重视生活必需品供给的稳定。

（2）政府紧握流通的批发环节，调控生产和市场，稳定物价。

（3）建立、健全有效的统计和信息系统，及时公开经济信息，引导消费，稳定物价。

2007年10月俄罗斯消费品价格指数同比增幅达10.8%，年内通货膨胀率超过11%。因此，政府采取多管齐下政策，抑制物价上涨。

一是利用提高贷款或再贷款利率、增加黄金储备等金融手段缓解通货膨胀压力。提高贷款或再贷款利率，减少流通中的货币流通量，是遏制物价上涨的重要措施。

二是通过进出口调节，提高或降低部分产品税率，增加本国市场供应。

三是实施直接的价格干预。

四是对低收入弱势群体发放食品补贴。

五是加大对价格违法行为的打击力度。

在中国，价格政策是根据社会主义基本经济规律、国民经济有计划按比例发展规律和价值规律的要求，按照社会主义建设各个历史时期的具体情况及路线、方针制定的。

# 付不起医药费的古稀老人——政府失灵

一位古稀老人近日在哈尔滨市的一家三级甲等医院住院期间，用550万元"买"来中国目前"最昂贵的死亡"。

医生开大处方心狠手辣。这位古稀老人在医院缴纳的收费账单显示，他最多一天输血94次，还有一天注射盐水106瓶。输一次血的最小单位是100毫升，输血94次即输进9400毫升血液，一名成人的全身血液总量只有4500毫升左右，这就相当于一天给老人全身置换血液两次多。

重复检查使患者雪上加霜。这位古稀老人的收费账单还显示，在住进医院心外科重症监护室的两个多月里，仅血糖一项就化验了563次，平均每天将近9次。化验密度之大，让老人的主治医生都感到困惑。

哈尔滨市的这家三级甲等医院自己组织的调查组对天价医药费事件的调查结论是：（对于该患者）医院不是多收了，而是少收了。患者的医疗安全该由谁来负责？医院的医疗行为该由谁来监管？从哈尔滨天价医药费事件中，人们不难看出：对于部分医院医疗行为的监管仍然存在真空状态。

【经济学释义】

作为世界经济大国的中国，在医疗卫生领域一度面临尴尬境地：在世界卫生组织进行的成员医疗卫生筹资和分配公平性的排序中，中国位列191个成员中的倒数第四。尴尬的排名，从另一个角度再次验证了社会的共识：医疗体制改革并不成功。

医疗是具有很强公共产品属性的行业，但是在

政府的主导下，医疗体制改革却完全沿袭着经济体制改革的思路：衡量医改成败的标准不是人民群众的卫生和保健水平，而是医院的成本收益。政府推卸财政责任成了医改的一个内在动机，很多本应由公共财政负担的支出，以市场化的名义转嫁到了老百姓头上。

**政府失灵**

政府由于对非公共物品市场的不当干预而最终导致市场价格扭曲、市场秩序紊乱，或由于对公共物品配置的非公开、非公平和非公正行为，而最终导致政府形象与信誉丧失的现象。

卫生部公布的《2019年中国卫生统计提要》显示，我国的卫生总费用从1980年的143.2亿元急速上涨到2018年的57998.3亿元！其中，政府卫生支出从36.2%下降到28.26%，社会卫生支出从42.6%小幅度上涨到43.01%，个人卫生支出却从21.2%增至28.73%。

过度市场化正是政府财政投入不足的必然后果。政府不给钱，就只能给"政策"，这直接导致公立医院在医疗市场牟利，让它们"自己养活自己"，甚至要这些医院反哺主管部门和地方政府。当我们明白医改失败的症结所在时就会发现，所谓的"市场失灵"实际是"政府失灵"的外在表现，是政府没有承担起自己的公共责任。

政府失灵是指政府的活动或干预措施缺乏效率，或者说政府做出了降低经济效率的决策或不能实施改善经济效率的决策。

治理政府失灵的主要措施有以下几点。

（1）市场化改革。政府市场化改革就是引入市场竞争机制，通过市场竞争和交换制度的运作而不是完全依赖政府权威制度的运作来实行政府职能的调整。比如做好以下两点：①公共产品和服务市场化，②政府职员雇员化。

（2）分权改革。分权是解决组织官僚化的有效途径，能在一定程度上克服行政低效、增加官员与公众获得信息的机会，使社会系统减少或免受政府决策失误的影响，在一定程度上可以矫正政府失灵。

（3）厉行法治。克服政府行为的自利性，避免政府失灵的关键是对政府机关及其工作人员进行权力限制，建立法治政府。

（4）促进公民的参与与监督。

# 危机可能迟到，但永不会缺席——市场失灵

1929年，西方国家经历了其发展历史上最为严重的一次经济危机，史称大危机。大危机对于当时的整个资本主义世界产生了巨大的破坏作用，具体表现如下。

第一，工业生产和国内生产大幅萎缩。大危机使工业生产受到重创，工业生产总量和GDP在四年内大幅下降。

第二，大量劳动力失业。据统计，在大危机期间，整个资本主义国家的失业人口比例达到了惊人的程度。英国1933年的失业人数为275万，失业率达到22.5%；美国失业率达到占劳动力的25%的最高峰，约1400万人流落街头。

第三，投资与金融市场崩溃。1933年美国的住宅建筑和住房修理的总支出额仅为1928年的10%，金融市场尤其是股票市场几乎在一夜之间化为乌有。1929年10月，美国股票市场发生股灾，股市市值下降80%。

第四，居民生活水平直线下降。以美国为例，大危机使美国平民的生活水平倒退了整整20年。

【经济学释义】

市场失灵是指市场无法有效率地分配商品和劳务的情况。对经济学家而言，这个词语通常用于无效率状况特别重大时，或非市场机构较有效率且创造财富的能力较私人选择为佳时。另外，市场失灵也通常被用于描述市场力量无法满足公共利益的状况。

正如一句话所言，没有市场万万不能，但市场也不是万能的。自由市场是完全依靠价格这只"看不见的手"来实现供求平衡的，当价格在调节市场过程中失效时，就会导致产品的价格背离价值，从而破坏市场的价格机制，造成市场失灵。

**价格机制**

在以纯粹竞争为特点的完全竞争的市场条件下，通过市场价格就可以自动调节供给和需求，实现市场均衡。完全竞争市场中的这种自动调节机制，就叫作价格机制或市场机制。

市场机制配置资源的缺陷造成市场失灵，具体表现在下列方面。

1. 收入与财富分配不公

资本拥有越多，在竞争中越有利，效率提高的可能性也越大，收入与财富也越向资本与效率集中。

2. 外部负效应问题

外部负效应是指某一主体在生产和消费活动的过程中，对其他主体造成的损害。

3. 竞争失败和市场垄断的形成

一般来说，竞争是在同一市场中的同类产品或可替代产品之间展开的。一方面，分工的发展致使产品之间的差异不断拉大，资本规模扩大和交易成本增加，阻碍了资本的自由转移和自由竞争；另一方面，由于市场垄断的出现，减弱了竞争的程度，致使竞争的作用下降。一旦企业获利依赖于垄断地位，竞争与技术的进步就会受到抑制。

4. 失业问题

失业的存在不仅对社会与经济的稳定不利，也不符合资本追求日益扩张的市场与消费的需要。

### 5. 区域经济不协调问题

市场机制的作用只会扩大地区之间的不平衡现象，而对一些经济条件优越、发展起点较高地区的发展越有利。那些落后地区也会因经济发展所必需的优质要素资源的流失而越发落后，区域经济差距会拉大。

### 6. 公共产品供给不足

从本质上讲，生产公共产品与市场机制的作用是矛盾的，生产者是不会主动生产公共产品的。而公共产品是全社会成员必须消费的产品，它的满足状况也反映了一个国家的福利水平。这样一来，公共产品生产的滞后与社会成员和经济发展需要之间的矛盾就十分尖锐。

### 7. 公共资源的过度使用

有些生产主要依赖于公共资源，如渔民捕鱼以江湖河流这些公共资源为主要对象，这类资源既在技术上难以划分归属，又在使用中不宜明晰归属。正因为这样，由于生产者受市场机制追求最大化利润的驱使，往往会对这些公共资源进行掠夺式使用，而不能让资源得以休养生息。

由于市场失灵的存在，要优化资源配置，必须由政府进行干预。正因为市场会失灵，才需要政府的干预或调节。将市场规律和政府调控相结合，才能有效遏制"市场失灵"现象。

# 第九章

# 让你精于城府和谋略的智慧——经济学博弈

# 合作与背叛的囚徒游戏——囚徒困境

有一天,一位富翁在家中被杀,财物被盗。警方抓到两个犯罪嫌疑人——斯卡尔菲丝和那库尔斯。但他们矢口否认曾杀过人,辩称是先发现富翁被杀,然后只是顺手牵羊偷了点东西。于是警方将两人隔离,以防止他们串供或结成攻守同盟,并分别跟他们讲清了他们的处境和面临的选择:如果他们两人中有一人认罪,则坦白者立即释放而另一人将判 8 年徒刑;如果两人都坦白认罪,则他们将被各判 5 年监禁;当然,若两人都拒不认罪,因警察手上缺乏证据,则他们会被处以较轻的妨碍公务罪,各判 1 年徒刑。

两个囚徒到底应该选择哪一项策略,才能将自己个人的刑期缩至最短?就个人的理性选择而言,检举背叛对方所判刑期,总比沉默要来得短。试设想困境中两名理性囚徒会如何做出选择:若对方沉默,背叛会让我获释,所以会选择背叛;若对方背叛指控我,我也要指控对方才能判较短的刑期,所以也会选择背叛。

二人面对的情况一样,所以二人的理性思考都会得出相同的结论——选择背叛。背叛是两种策略之中的支配性策略。因此,这场博弈中唯一可能达到的纳什均衡,就是双方参与者都背叛对方,结果二人同样服刑 5 年。

## 【经济学释义】

这就是博弈论中经典的"囚徒困境"。囚徒困境(Prison Dilemma)是博弈论的非零和博弈中极具代表性的例子,反映个人最佳选择并非团体最佳选择。虽然困境本身只属模型性质,但现实中的价格竞争、环境保护等方面,也会频繁出现类

---

**斗鸡博弈**

试想有两人狭路相逢,每人有两个行动选择:一是退下来,一是进攻。如果一方退下来,而对方没有退下来,对方获得胜利,这人就很丢面子;如果对方也退下来,双方则打个平手;如果自己没退下来,而对方退下来,自己则胜利,对方则失败;如果两人都前进,那么两败俱伤。因此,对每个人来说,最好的结果是,对方退下来,而自己不退。

似情况。

单次发生的囚徒困境,和多次重复的囚徒困境结果不一样。

在重复的囚徒困境中,博弈被反复地进行,因而每个参与者都有机会去"惩罚"另一个参与者前一回合的不合作行为。这时,合作可能会作为均衡的结果出现。欺骗的动机这时可能被受到惩罚的威胁所克服,从而可能导向一个较好的、合作的结果。

囚徒困境的主旨为,囚徒们虽然彼此合作,坚不吐实,可为全体带来最佳利益(无罪开释)。但在资讯不明的情况下,因为出卖同伙可为自己带来利益(缩短刑期),也因为同伙把自己供出来可为他带来利益,因此彼此出卖虽违反最佳共同利益,反而是自己最大利益所在。

如同博弈论的其他模型一样,囚徒困境假定每个参与者("囚徒")都是利己的,即都寻求最大自身利益,而不关心另一参与者的利益。参与者某一策略所得利益,如果在任何情况下都比其他策略要低的话,此策略称为"严格劣势",理性的参与者绝不会选择。另外,没有任何其他力量干预个人决策,参与者可完全按照自己的意愿选择策略。

# 既要辛苦劳动，也要学会搭便车——智猪博弈

猪圈里有两头猪，一头大猪，一头小猪。猪圈的一边有个踏板，每踩一下踏板，在远离踏板的猪圈的另一边的投食口会落下食物。如果有一只猪去踩踏板，另一只猪就有机会抢先吃到另一边落下的食物。当小猪踩动踏板时，大猪会在小猪跑到食槽之前吃光所有的食物；若是大猪踩动了踏板，则还有机会在小猪吃完落下的食物之前跑到食槽，争吃一点残羹。假设踩动踏板就会落下10个单位的猪食，那么如果是小猪踩的，大猪就会吃光10个单位；如果是大猪踩的，那么小猪可能吃到4个单位，大猪可能会吃6个单位。

现在问："两只猪各会采取什么策略？"

若大猪选择去踩踏板，则小猪的策略是：若选择与其同时去踩踏板，则得1个单位；若等待，则得4个单位。所以，小猪选择等待。

若大猪选择等待，则小猪的最佳选择还是等待。

所以，不管大猪怎样，小猪都选择等待。

大猪的最佳选择是去踩踏板。

反正受罪的都是大猪，小猪等着就行。

## 【经济学释义】

这就是有名的"智猪博弈"。它反映在经济社会中的各个方面，比如富人与穷人修路架桥，富人车多朋友多，只好出钱修路架桥，而穷人就跟着享受这种福利。

"纳什均衡"的创立者约翰·纳什是因为那部获奥斯卡奖的影片《美丽心灵》才被大家了解的。这个被精神分裂症困扰了30多年的天才曾被很多学术奖项和机构排斥在门外，他的诺贝尔奖得来更是艰难。他在20世纪80年代中期即出现在候选人的名单当中，却因为两派意见相差太大而被搁置了近10年。1994年，他终于在投票中以微弱多数通过，获得当年的诺贝尔经济学奖。

纳什的研究奠定了现代非合作博弈论的基石，后来的博弈论研究基本上是沿着这条主线展开的。然而，纳什的发现却遭到冯·诺依曼的断然否定，在此之前他还受到爱因斯坦的冷遇。但是骨子里挑战权威的本性，使纳什坚持了自己的观点，终成一代大师。他对非合作博弈的最重要贡献是阐明了包含任意人数局中人和任意偏好的一种通用解概念，也就是不限于两人零和博弈，该解概念就是"纳什均衡"。

在经济生活中，纳什均衡其实就在我们身边。每逢周末节假日是超市人最多的时候，假如你怀抱着一堆东西站在收银台旁边一队长长的队伍的最后边，你是准备抱着这堆东西找个最短的队来排，还是就近找个队排？

在这里我们假设超市里的每个人都有一个理性的预期——尽快离开超市。因此所有的队都会一样长，你用不着费劲儿地去找最短的队。购物者只要看到旁边的队人少，就会很快排进较短的队中，如此一来较短的队也变长了，一直持续到两个队人数差不多。相邻的两个队是这样，同理，所有的队都会变得人数差不多。所以，还是就近选择最好。

由此可见，均衡是指一种均势的状态，在经济生活中，是各方参与者在理性预期的指导下综合博弈的结果。假如我们理解了其中的奥妙，生活就不会平添许多无谓的烦恼。

### 占优策略

在企业各自的策略中，如果存在一个与其他竞争对手可能采取的策略无关的最优选择，则称其为占优策略，与之相对的其他策略则为劣势策略，就是指无论竞争对手如何反应都属于本企业最佳选择的竞争策略。在公司的商务竞争过程中，具有占优策略的一方无疑拥有明显的优势，处于竞争中的主动地位。

# 两败俱伤的技艺之战——负和博弈

古时候，有一个木匠，技艺高超，非一般人可比。他制作了一件绝无仅有的杰作——一个跟真人一般大小的木头女孩。木匠叫她"木女"。那木女不但美丽可爱，而且还能行走、活动，唯一的不足是不会说话。木匠为此非常得意。有一天，来了一位画家，技艺之高无人可比，他慕名前来切磋技艺。木匠存心想要试探一下，自己的杰作能否骗过这位画家的眼睛。当夜，木匠请画家在家喝酒。木女除了端酒上菜，一直默不作声地伺候在旁边。夜色已深，木匠借故离去，并吩咐木女好好陪陪画家。

第二天清晨，木匠来到画家的卧室前。他往里一看，不禁大惊失色，只见画家自缢而死，旁边的木女早已身首俱散，成了一堆木头。木匠猜想画家发现木女是假人之后，羞愧至极，感到无颜见人，便自杀了。他喊来了当地的官员及众人。验尸官让他先砍断绳索，木匠举刀用力砍去，只听到"当"的一声，刀砍在墙上。大家定睛一看，才知那只是一张画而已。木匠顿时大怒，找到画家并争吵起来，两人不欢而散。

## 零和博弈

零和博弈又称零和游戏。指参与博弈的各方，在严格的竞争下，一方收益必然意味着另一方损失；博弈的结果是一方吃掉另一方，一方的所得正是另一方的所失，整个社会的利益并不会因此而增加一分，博弈各方的收益和损失相加总和永远为"零"，双方不存在合作的可能。

## 【经济学释义】

从博弈论的角度看，这个故事就是人际交往中一场不折不扣的"负和博弈"。所谓负和博弈，就是指双方冲突和斗争的结果，是所得小于所失，就是我们通常所说的其结果的总和为负数，也是一种两败俱伤的博弈，结果双方都有不同程度的损失。

负和博弈的情况，在我们的生活中是经常出现的。在相处过程中，由于双方为了各自的利益或占有欲，而不能达成相互间的统一，产生冲突和矛盾，结果是双方都从中受到损失。

在博弈中，双方的有效合作会带来意想不到的效果；不合作则有可能造成两败俱伤的恶果。

在交往中，双方有可能恶行相向，最终落得双方都受损失的局面。

人们在现实中的决策并不单单是考虑经济上的动机，也会考虑对方行为的目的。人类有知恩图报、以牙还牙的心理，对于那些善待自己的人，他们常常愿意牺牲自己的利益给予回报；对于那些恶待自己的人，他们常常愿意牺牲自己的利益去报复。在这样的动机下，负和博弈也就在情理之中了。

事实上，负和博弈哪儿都有，无论工作还是生活，对抗性的两败俱伤的"负和博弈"是非常不足取的。它无论对哪一方来讲，都是不利的，只能使双方的矛盾和冲突不断地加大，而结果是：博弈双方都将付出惨重的代价，得不偿失，可谓双方都没有赢家。在现实中，我们时常会遇到与此类的"负和博弈"现象。所以在遇到冲突的时候，不要总想着战胜对方，而应考虑，怎样友好地谈判才能让彼此的损失降到最低。在遇到竞争的时候，一定要动用智慧、冷静行事、化干戈为玉帛，避免彼此的恶行冲突，减少双方损失。

## 三个臭皮匠的合作战略——正和博弈

《三国演义》中有一个这样的故事。

有一天,诸葛亮到东吴做客,为孙权设计了一尊报恩塔。其实,这是诸葛亮要掂掂东吴的分量,看看东吴有没有能人造塔。那宝塔要求可高了,单是顶上的铜葫芦,就有五丈高、四千多斤重。孙权被难住了,急得坐立不安。后来寻到了冶匠,但缺少做铜葫芦模型的人,便在城门上贴起招贤榜。时隔一月,仍然没有下文。诸葛亮每天在招贤榜下踱着方步,高兴得直摇鹅毛扇子。

城门口有三个摆摊子的皮匠,他们面目丑陋,目不识丁,大家都称他们是丑皮匠。他们听说诸葛亮在寻东吴人的开心,心里不服气,便凑在一起商议。他们足足花了三天三夜的工夫,终于用剪鞋样的办法,剪出葫芦的样子。然后,再用牛皮开料,硬是一锥子一锥子地缝成一个大葫芦的模型。在浇铜水时,先将皮葫芦埋在沙里。这个办法,果然一举成功。诸葛亮得到铜葫芦做好的消息,立即向孙权告辞,从此再也不敢小看东吴了。

**【经济学释义】**

"三个臭皮匠,胜过诸葛亮"的故事,就这样成了一句寓意深刻的谚语。而这句广为人知的谚语里却包含了并不被很多人知晓的经济学原理,那就是正和博弈。

正和博弈,也称合作博弈,是指博弈双方的利益都有所增加,或者至少一方的利益是增加的,而另一方的利益不受损害,因而整个社会的利益有所增加。合作博弈研究人们达成合作时如何分配合作得到的收益，即收益分配问题。合作博弈采取的是一种合作的方式，或者说是一种妥协。妥协之所以能够增进妥协双方的利益以及整个社会的利益，就是因为合作博弈能够产生一种合作剩余。这种剩余就是从这种关系和方式中产生的，且以此为限。

至于合作剩余在博弈各方之间如何分配，取决于博弈各方的力量对比和技巧运用。因此，妥协必须经过博弈各方的讨价还价，达成共识，进行合作。在这里，合作剩余的分配既是妥协的结果，也是达成妥协的条件。

正和博弈强调的是集体主义、团体理性，是效率、公平、公正；是研究人们达成合作时如何分配合作得到的收益，即收益分配问题。而非合作博弈是研究人们在利益相互影响的局势中如何选择决策使自己的收益最大，即策略选择问题。

### 负和博弈

负和博弈是指双方冲突和斗争的结果，是所得小于所失，就是我们通常所说的其结果的总和为负数，也是一种两败俱伤的博弈，结果双方都有不同程度的损失。

# 理性的人，也会选择碰运气——最后通牒博弈

1982年，在德国柏林洪堡大学经济学系的古斯（Werner Guth）等三位教授的支持下，42名学生每两人一组参加了一项名为"最后通牒"的有趣的博弈论实验。实验中两个人分4马克。其中一个人扮演提议者提出分钱方案，他可以提议把0和4之间任何一个钱数归另一人，其余归他自己。另一人则扮演回应者，他有两种选择：接受或拒绝。若是接受，实验者就按他们所提方案把钱发给两人。若是拒绝，钱就被实验者收回，两个人分文都拿不到。

在实验中，提议者和回应者都不知道对方是谁。这个实验重复了两次。在第一次实验中提议者提出给回应者的比例平均为37%，共有2个提议被拒绝。一周以后重复进行第二次实验，经过一周的思考以后，第二次实验共有5个提议被拒绝。

【经济学释义】

这是著名的最后通牒博弈实验。实验结果显示，不论是对提议者还是对回应者的行为，博弈论对最后通牒博弈没有得出一个有说服力的解释，而且也不能对现实世界中的人们的真实行为提出满意的预测。主持实验的古斯等教授指出原因在于受试者是依赖其公平观念而不是利益最大化来决定其行为的。

"最后通牒"一般用于处于敌对状态中的军事策略之中。但是，在人们日常的经济行为中，最后通牒作为一种竞争策略与手段也起着重要作用，它既代表谈判过程的最后状态，也代表谈判过程本身。

最后通牒博弈在生活中的一个典型例子是"彩票问题"。我们说理性的人是使自己的效益最大，如果在信息不完全的情况下则是使自己的期望效益最大。但是这难以解释现实中人们购买彩票的现象。人们愿意掏少量的钱去买彩票，如买福利彩票、体育彩票等，以博取高额的回报。在这样的过程中，人们自己的选择理性发挥不出来，而唯有靠运气。

在这个博弈中，人们要在购买彩票还是不买彩票之间进行选择，根据理性人的假定，选择不买彩票是理性的，而选择买彩票是不理性的。

彩票的命中率肯定低，并且命中率与命中所得相乘肯定低于购买的付出，因

> **最后通牒博弈**
>
> 最后通牒博弈是指一方向另一方提出的不容商量的或没有任何先决条件的建议，是一种由两名参与者进行的非零和博弈。在这种博弈中，一名提议者向另一名响应者提出一种分配资源的方案，如果响应者同意这一方案，则按照这种方案进行资源分配；如果不同意，则两人各自什么都得不到。

为彩票的发行者早已计算过了，他们通过发行彩票将获得高额回报，他们肯定赢。在这样的博弈中，彩票购买者是不理性的：他未使自己的期望效益最大。但在社会上有各种各样的彩票存在，也有大量的人来购买。可见，理性人的假定是不符合实际情况的。

当然我们可以给出这样一个解释：现实中人的理性的计算能力往往用在不符合实际情况的"高效用"问题上，而在"低效用"问题上，理性往往失去作用，对于人来说，存在着"低效用区的决策陷阱"。在购买彩票问题上，付出少量的金钱给购买者带来的损失不大，损失的效用几乎为零，而所能命中的期望也几乎是零，这时候，影响人抉择的是非理性的因素。比如，考虑到如果自己运气好的话，可以获得高回报，这样可以给自己带来更大的效用，等等。彩票发行者正是利用人存在着"低效用区的决策陷阱"而寻求保证赚钱的获利途径。

# 坐山观虎斗的智慧——枪手博弈

在曹操击败袁绍后，袁绍的两个儿子袁尚、袁熙投奔乌桓。为清除后患，曹操进击乌桓。袁氏兄弟又投奔辽东太守公孙康。曹营诸将都建议曹操进军，一鼓作气平服辽东，捉拿二袁。曹操没有听从将领们的意见，只在易县按兵不动。

过了数日，公孙康派人送来袁尚、袁熙的头颅，众人都感到惊奇。曹操将郭嘉的遗书出示给大家，他劝曹操不要急于进兵辽东，因为公孙康一直怕袁氏将其吞并，现在二袁去投奔他，必引起他的怀疑，如果我们去征讨，他们就会联合起来对付我们，一时难以取胜。如果我们按兵不动，他们之间必然互相攻杀。结果正如郭嘉所料，大家深为叹服。

【经济学释义】

郭嘉的策略就是"坐山观虎斗"，最终获得了自己所希望的结果。如果面对不止一个敌人的时候，切不可操之过急，免得反而促成他们联手对付你，这时最正确的方法是静止不动，等待适当时机再出击。在博弈论中，有一个专门的模型是与此相关的，这就是枪手博弈模型。

彼此痛恨的甲、乙、丙三个枪手准备决斗。甲枪法最好，十发八中；乙枪法次之，十发六中；丙枪法最差，十发四中。我们来推断一下：如果三人同时开枪，并且每人只发一枪；第一轮枪战后，谁活下来的机会大一些？

一般人认为甲的枪法好，活下来的可能性大一些。但合乎推理的结论是，枪法最糟糕的丙活下来的概率最大。我们来分析一下各个枪手的策略。枪手甲一定要对枪手乙先开枪。因为乙对甲的威胁要比丙对甲的威胁更大，甲应该首先干掉乙，这是甲的最佳策略。同样的道理，枪手乙的最佳策略是第一枪瞄准甲。乙一旦将甲干掉，乙和丙进行对决，乙胜算的概率自然大很多。枪手丙的最佳策略也是先对甲开枪。乙的枪法毕竟比甲差一些，丙先把甲干掉再与乙进行对决，丙的存活概率还是要高一些。

通过概率分析，发现枪法最差的丙存活的概率最大，枪法好于丙的甲和乙的存活概率远低于丙的存活概率。

我们在西方政治竞选活动中也会看到有关枪手博弈的影子。只要存在数目庞大的竞争对手，实力顶尖者往往会被实力稍差的竞选者反复攻击而弄得狼狈不堪，甚至败下阵来。等到其他人彼此争斗并且退出竞选的时候在登场亮相，形势反而更加有利。

因此，幸存机会不仅取决于你自己的本事，还要看你威胁到的人。一个没有威胁到任何人的参与者，可能由于较强的对手相互残杀而幸存下来。就像上文中所讲的甲枪手虽然是最厉害的枪手，但他的幸存概率却最低。而枪法最差的枪手，如果采用最佳策略，反而能使自己得到更高的幸存概率。

博弈的精髓在于参与者的策略相互影响、相互依存。对于我们而言，无论对方采取何种策略，均应采取自己的最优策略！

## 博弈的基本构成要素

（1）参与人：又称为局中人，是指选择自己的行为以使效用最大化的决策主体。

（2）行动：是指参与人在博弈的某个时点的决策变量。

（3）信息：参与人有关博弈的知识，特别是有关"自然"的选择，其他参与人的特征和行动的知识。信息集是指参与人在特定时刻有关变量值的知识。

（4）策略：是指参与人在给定信息情况下的行动规则，它规定在什么时候，选择什么行动。

（5）支付：是指在一个特定的策略集合中参与人得到的确定的效用水平或指参与人得到的期望效用水平。

（6）结果：主要是指均衡策略组合、均衡行动组合、均衡支付组合等。

（7）均衡：是指所有参与人的最优策略集合。

# 做智者,还是做勇者——斗鸡博弈

春秋时期,齐桓公率领诸侯国的军队攻打蔡国。蔡国溃败,齐国接着又去攻打楚国。楚国在大军压境的形势下,楚成王派使臣屈完出来谈判。

使臣对齐桓公说:"您住在北方,我住在南方,因此牛马发情相逐也到不了双方的疆土。没想到您进入了我们的国土,这是什么缘故?"

管仲回答说:"从前召康公命令我们先君大公说:'五等诸侯和九州长官,你都有权征讨他们,从而共同辅佐周王室。'你们应当进贡的苞茅没有交纳,周王室的祭祀供不上,我们特来征收贡物;周昭王南巡途中遇难,也与你们有关。我们正是为此问罪于你们。"

屈完回答说:"贡品没有交纳,是我们国君的过错,我们怎么敢不供给呢?周昭王南巡没有返回,你们向汉水问罪好了!"于是齐军继续前进,临时驻扎在陉。

这年夏天,楚成王派使臣屈完到齐军中去交涉,齐军后撤,临时驻扎在召陵。齐桓公让诸侯国的军队摆开阵势,与屈完同乘一辆战车观看军容。齐桓公说:"这样的军队去打战,什么样的敌人能抵抗得了?"

屈完回答说:'如果您用仁德来安抚诸侯,哪个敢不顺服?如果您用武力的话,那么楚国就把方城山当作城墙,把汉水当作护城河,您的兵马虽然众多,恐怕也没有用处!"

后来,屈完代表楚国与诸侯国订立了盟约。

## 鹰鸽博弈概述

这个博弈不同于斗鸡博弈。斗鸡是两个兼具侵略性的个体,鹰、鸽却是两个不同群体的博弈,一个和平,另一个侵略。在只有鸽子的一个苞谷场里,突然加入的鹰将大大获益,并吸引同伴加入。但结果不是鹰将鸽逐出苞谷场,而是一定比例共存,因为鹰群增加一只鹰的边际收益趋零(鹰群发生内斗)时,均衡将到来。

## 【经济学释义】

我国古代人虽然没有提出过斗鸡博弈之类的名词,但在古代历史上已经得到很好的运用了。下面我们来了解一下什么是斗鸡博弈,或者称为懦夫博弈。

两只实力相当的斗鸡狭路相逢,每只斗鸡都有两个行动选择：一是退下来，一是进攻。如果斗鸡甲退下来，而斗鸡乙没有退下来，那么乙获得胜利，甲就很丢面子；如果对方也退下来，双方则打个平手；如果甲没退下来，而乙退下来，甲则胜利，乙则失败；如果两者都前进，则两败俱伤。

斗鸡博弈有两个纯策略纳什均衡：一方前进，另一方后退；一方后退，另一方前进。但关键是谁进谁退？当然，该博弈也存在一个混合策略均衡，即大家随机选择前进或后退。

斗鸡博弈描述的是两个强者在对抗冲突的时候，如何能让自己占据优势，力争得到最大收益，确保损失最少。但是凡事都要决出输赢胜负，那么必然给自己带来不必要的损失。只有一方先撤退，才能使双方获利。特别是占据优势的一方，如果具有这种以退求进的智慧，提供给对方回旋的余地，就会给自己带来胜利，而且双方都会成为利益的获得者。

有时候，双方都明白二者相争必有损伤，但往往又过于自负，觉得自己会取得胜利。所以，只要把形势说明，等双方都明白自己并没有稳操胜券的能力，僵持不下的斗鸡博弈就会化解了。

我们可以发现生活中常有这样的例子，比如男女双方结婚之后，因为一些家庭琐事就像两只斗架的公鸡，斗得不可开交。往往一到关键时候，不是妻子干脆回娘家去冷却怒火，就是丈夫摔门而出去找朋友去诉苦，一场干戈化为玉帛。

在现实中，哪一只斗鸡前进，哪一只斗鸡后退，要进行实力的比较，谁稍微强大，谁就有可能得到更多的前进机会。但这种前进并不是没有限制的，而是有一定的距离。一旦超过了这个界限，只要有一只斗鸡接受不了，那么斗鸡博弈中的严格优势策略就不复存在了。

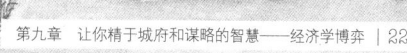

# 算命先生为什么能够"未卜先知"——策略欺骗

有一个算命的道士,对于占卜吉凶、推演因果很有一套。有一次,有三个书生进京赶考,听说那道士算命非常灵验,便一同前去道士那里算命,虔诚地向道士说:"我们三个此番进京赶考,劳烦道长算一算谁能考中?"

那道士眼都没眨,嘴里煞有介事地念叨了一会儿,向他们伸出一个手指,但却只字未说。三个考生莫名其妙,其中一人着急地问道:"我们三人谁能考中?"那道士还是一言不发,依旧伸出一个手指,算是回答。三个考生见道士迟迟不肯开口说话,以为是天机不可泄露,只好心怀疑惑地走了。

三个考生走后,道士旁边的小童好奇地问:"师父,他们三人到底有几个得中?"

道士胸有成竹地说:"中几个都说到了。一个手指可以表示他们中的一个人中,可以表示只有一个不中,还可以表示三个人一齐中,当然也可以表示一个人都不中。"

小道童这才恍然大悟。

## 甄别信息的方法

(1)根据信息来源途径判别。第一手信息资料是相对可靠的,如果是道听途说,可靠程度就会降低。
(2)不盲目相信自己已获取的信息。根据自己的理性判断以及原有的经验来判断,不对获取的信息轻易下结论。
(3)多渠道获取信息。扩大信息获取的途径,广泛的信息量有助于自己做出理性的决策。
(4)向权威机构核实。比如自己不能对市场上的高仿真钞票进行鉴别,应该向银行或其他部门核实。

【经济学释义】

正是因为道士知道自己的一个手势便能将可能的四种结局都概括了,事实上这种"两头堵"的策略是很多"未卜先知"者惯用的手法,这就涉及博弈论中的策略欺骗。

在现实博弈活动中,参与者之间往往对自己和对方的优势和劣势都了如指掌,而且往往会想方设法地加以利用,把弱点作为突破对方防线的重点。正因如此,也就提供了策略欺骗的基础。

因此在现实博弈中,参与者都会想方设法地去猜测对手的策略,以图打破

平衡。基本策略是：先随机出招，维持一个平局的局面，同时尽量从对方的行动中寻找规律，当捕捉到这种规律时就利用它。但是如果博弈双方都采用这种保守策略，博弈将永远维持在平衡状态，必须有一方首先出击，从而诱使对方也走出堡垒，这时才能开始一场真正的斗智。

一个善用策略行动的人，既要有自知之明，更要能利用对手对自己习惯及固有特点的了解，出其不意，把对手诱入局中。不过最重要的是，我们应该在生活中合理利用其中的策略。

在现实经济生活中，我们所接收到的信息十分庞杂，真信息、假信息混杂在一起，即使是理性经济人也无从分辨。在博弈过程中，关于博弈的参与者所发出的信息往往并不真实。

比如你要买一件价格比较贵的羽绒服时，就需要鉴别真假。当你正在犹豫要不要买时，老板有可能将他进货的发票在你面前晃一下，以表示这是正品，并且表示这样的价格他已经是在亏本出售。实际上这只是虚晃一招，他压根不会让你看到发票的真实信息。所以，千万不要被"眼前的假象"迷惑了。

博弈论中的策略欺骗对于我们的启示在于，我们应该将自己所收集到的信息综合起来加以利用，运用全部策略智慧，尽可能获取整个事情的真相，从而让自己生活在"真实的世界"中。

需要明确的是，策略欺骗并不是让我们学会"骗"，而是要利用博弈论的知识，在市场行为中、人际交往中为自己谋取最大的利益。

# 既要把蛋糕做大，又要把蛋糕分好——分蛋糕博弈

兄弟二人前去打猎，在路上遇到了一只离群的大雁，于是两个猎人同时拉弓搭箭，准备射雁。这时哥哥突然说道："把雁射下来后就煮着吃。"他弟弟表示反对，争辩说："家鹅煮着吃好，雁还是烤着吃好。"两个人争来争去，一直没有达成一致的意见。来了一个打柴的村夫，听完他们的争论后笑着说："这个很好办，一半拿来烤，一半拿来煮，就行了。"两个猎人停止了争吵，再次拉弓搭箭，可是大雁早已经没影儿了。

【经济学释义】

兄弟二人的行为确实令人可笑，但引申到现实生活中，就是说有时收益并不是恒定的，当我们在谋划如何分配收益的时候，收益有可能在不断缩水。这便涉及经济学中的分蛋糕博弈理论，即谈判博弈，我们来看一下该博弈的基本模型。

我们假设桌子上放着一个冰激凌蛋糕，两个孩子 A 和 B 在分配方式上讨价还价的时候，蛋糕在不停地融化。我们假设每经历一轮谈判，蛋糕都会朝零的方向缩小同样大小。

这时，讨价还价的第一轮由 A 提出分蛋糕的方法，B 接受则谈判成功，若 B 不接受就进入第二轮谈判。第二轮由 B 提出分蛋糕的方法，A 接受则谈判成功，如果 A 不接受蛋糕便完全融化。

对于 A 来说，刚开始提出的要求非常重要，如果 A 所提出的条件，B 不能接受的话，蛋糕就会融化一半；即使第二轮谈判成功了，也有可能还不如第一轮降低条件来的收益大。因此，经过再三考虑，明智的 A 在第一阶段的初始要求一定不会超过 1/2 个蛋糕，而同样明智的 B 也会同意 A 的要求。

在经济生活中，不管是小到日常的商品买卖还是大到国际贸易乃至重大政治谈判，都存在着讨价还价的问题。分蛋糕的故事在很多领域都有应用。无论是在日常生活、商界还是在国际政坛，有关各方经常需要讨价还价或者评判对总收益如何分配，这个总收益其实就是一块大"蛋糕"。

博弈当事人的利益是对立的，双方实际上是一种零和博弈，一方效用的增加都会损害另一方的利益，为了避免两败俱伤，希望至少达成某种协议。这样，双

方需要在达成协议的底线和争取较优的结果中进行权衡。

在具体的谈判技巧上，对于任何谈判都要注意，一方面尽量摸清对方的底牌，了解对方的心理，根据对方的想法来制定自己的谈判策略；另一方面，谈判者能够忍耐的一方将获得更多的利益，因为很多急于结束谈判的人会更早让步妥协。

因此，从谈判博弈中我们也能学到一些小招数：一定要有耐心，不要暴露某些重要的细节，让别人以为你不会出手，当对手迫不及待地想利用你的迟延时，就可以有力回击。

### 讨价还价理论的分类

按照理论分析框架的不同，讨价还价理论可以分为合作博弈的讨价还价理论和非合作博弈的讨价还价理论；也可以按照信息结构的不同，分为完全信息讨价还价理论和非完全信息讨价还价理论。

# 海盗如何分配财宝——动态博弈

有这样一个故事，5个海盗抢得100枚金币，他们决定：

（1）抽签决定各人的号码（1，2，3，4，5）；

（2）由1号提出分配方案，然后5人表决，当且仅当超过半数同意时，方案通过，否则他将被扔入大海喂鲨鱼；

（3）1号死后，由2号提方案，4人表决，当且仅当超过半数同意时方案通过，否则2号同样被扔入大海；

（4）以此类推……

假定每个海盗都是很聪明的人，都能很理智地判断得失，从而做出选择，那么1号提出怎样的分配方案才能够使自己的收益最大化？

问题的答案是：1号独得97块金币，不给2号，给3号1块，给4号或5号2块。可以写成（97，0，1，2，0）或者（97，0，1，0，2）。

1号这样做不是找死吗？不怕被其他人扔到海里去？事实上，这个方案是绝妙的。因为这5个海盗都是绝顶聪明的。首先来看4号和5号是怎么想的：如果1号、2号、3号都喂了鲨鱼，只剩4号和5号的话。无论4号提出怎样的方案，5号都一定不会同意。因为只要5号不同意，就可以让4号去喂鲨鱼，那么自己就可以独吞全部金币。4号预见到这一结局，所以打定主意，不论怎样，唯有支持3号才能保命。而3号知道，既然4号的赞成票已在手中，那么就会提出自己独得100块的分配方案，对4号、5号一毛不拔。不过，2号料到3号的方案，他会提出（98，0，1，1）的分配，不给3号，给4号和5号各1块金币。因为这样对4号和5号来说比在3号分配时更有利，于是他俩将转而支持2号，不希望他出局。但是，1号比2号更占先机，只要他得到3票赞成，即可稳操胜券，如果他给3号1块金币，给4号或5号2块金币——这肯定要比2号给得多，那么，除了他自己的1票之外，他还能得到3号以及4号或5号的支持。这样他将不会被丢到海里去，并且还将拿到97块金币！

【经济学释义】

　　这个看起来似乎是自寻死路的方案实际上非常精确。前提在于，5 个强盗个个工于心计，能够准确地预测分配过程中每一步骤将会发生的变化。而且全都锱铢必较，能多得一块就绝不少得，能得到一块也绝不放弃。这是一场精彩的博弈。

　　"海盗分金"其实就是一场动态博弈。动态博弈是指参与者的行动有先后顺序，并且后采取行动的人可以知道先采取行动的人会采取什么行动。

　　动态博弈的困难在于，在前一刻最优的决策在下一刻可能不再为最优，因此在求解上发生很大的困难。动态博弈行动有先后顺序，不同的参与人在不同时点行动，先行动者的选择影响后行动者的选择空间，后行动者可以观察到先行动者做了什么选择。因此，为了做最优的行动选择，每个参与人都必须这样思考问题：如果我如此选择，对方将如何应对？如果我是他，我将会如何行动？给定他的应对，什么是我的最优选择？

### 博弈论的基本概念

博弈论的基本概念有参与人、行动、信息、策略、支付（效用）、结果和均衡，其中参与人、策略和支付是描述博弈的基本要素，而行动和信息是"构件"，参与人、行动和结果统称为"博弈规则"。

在动态博弈中，每个局中人的举动显然是根据对方的行动做出的，就如下棋一样，你走一步，对方走一步，行动策略上有一个先后顺序，这就大大地给了被动方反被动为主动的余地。

历史上著名的"请君入瓮"的故事也是动态博弈的经典实例。来俊臣问周兴说："囚犯多不肯招认，应该采取什么办法？"周兴说："这太容易了！抬个大瓮来，用炭火在四面烤，再叫犯人进到里面，还有什么能不招认！"于是来俊臣立即派人找来一口大瓮，按照周兴出的主意用火围着烤，然后站起来对他说："有人告你谋反，太后让我审查你，请老兄自己进到瓮里吧！"周兴大惊失色，只得叩头认罪。

我们知道，再精明的对手也会有其猝不及防的死穴。在生活中难免有遭遇小人之时，聪明人总是能够对自己的行动适时做出调整，化险为夷。

第十章

# 你可以更出色——职场经济学

# 失业不是浪费——失业现象

19世纪的纽约街头,一个因失业而挨饿的年轻人为了躲避房东催交房租,每天都在马路上东跑西窜,生活在羞辱和绝望之中。一天,当他经过一处难民窟时,看见很多妇女拿着旧棉絮烟熏火烤地烹煮从街上捡来的食物,那里的每个孩子都面黄肌瘦,孩童的激情全被饥饿扼杀了,他们虚弱地躺在阴冷的地上,微弱地呼吸着。他们的爸爸妈妈和他一样都是失业的人,只不过,他们中的多数人因为工伤事故而高位截瘫或缺胳膊少腿,生活的艰难一目了然地写在他们脸上。

年轻人见到此景,感到深深

的悲哀。他慢慢地离开了贫民窟，决定从第二天开始好好找工作，然后赚取很多的钱来解决这些人的困难。

## 【经济学释义】

失业率是指失业人口占劳动人口的比率（一定时期全部就业人口中有工作意愿而仍没有工作的劳动力数字），旨在衡量闲置中的劳动产能。失业数据的月份变动可适当反映经济发展。大多数资料都经过季节性调整。失业率被视为落后指标。

通过失业率这一指标可以判断一定时期内全部劳动人口的就业情况。一直以来，失业率被视为一个反映整体经济状况的指标，而它又是每个月最先发表的经济数据，所以失业率指标被称为所有经济指标的"皇冠上的明珠"，是市场上最为敏感的月度经济指标。

一般情况下，失业率下降，代表整体经济健康发展，利于货币升值；失业率上升，便代表经济发展放缓、衰退，不利于货币升值。若将失业率配以同期的通货膨胀指标来分析，则可知当时经济发展是否过热，是否构成加息的压力，是否需要通过降息以刺激经济的发展。

另外，失业率数字的反面是就业率数字，其中非农业就业数字是主要的部分。这个数字主要统计农业生产以外的职位变化情形。它能反映出制造行业和服务行业的发展及其增长，数字减少便代表企业减少生产，经济步入萧条。当社会经济发展较快时，消费自然随之而增加，消费性及服务性行业的职位也就增多。当非农业就业数字大幅增加时，理论上对汇率有利；反之亦然。因此，该数据是观察社会经济、金融发展程度和状况的一项重要指标。

> **周期性失业**
>
> 就业水平取决于国民收入水平，而国民收入水平又取决于总需求。周期性失业是由于总需求不足而引起的周期失业，一般出现在经济周期的萧条阶段。

# 凭什么别人比你赚得多——不可替代性

弥子瑕是卫国的美男子,他很讨卫灵公的喜欢。有一次,弥子瑕的母亲生了重病,可是京城离家甚远,为了尽快赶回家去为母亲求医治病,弥子瑕假传君令让车夫驾着卫灵公的车送他回家。卫国的法令规定,私驾君王马车的人要受断足之刑。卫灵公知道了这件事,反而称赞道:"真是一个孝子!为了替母亲求医治病,竟然连断足之刑也无所畏惧了。"

又有一次,弥子瑕陪卫灵公到果园散步。弥子瑕伸手摘了一个又大又熟的蜜桃,当他吃到一半的时候,想起了身边的卫灵公。弥子瑕把吃剩的一半递给卫灵公,让他同享。卫灵公毫不在意这是弥子瑕吃剩的桃子,说:"你忍着馋劲儿把可口的蜜桃让给我吃,真是对我好啊!"

弥子瑕年纪大了以后,容颜逐渐衰老,卫灵公就不那么喜爱他了。弥子瑕有得罪卫灵公的地方,卫灵公不仅不再像过去那样迁就他,而且要历数弥子瑕的不是:"这家伙过去曾假传君令,擅自动用我的车子;目无君威地把没吃完的桃子给

我吃。至今他仍不改旧习，还在做冒犯我的事！"

后来卫灵公终于找了一个借口，把弥子瑕治了罪。

> **替代性市场法**
>
> 替代性市场法是指在现实生活中，有些商品和劳务的价格只是部分地、间接地反映了人们对环境质量脱离环境标准的评价，用这类商品与劳务的价格来衡量环境价值的方法。

【经济学释义】

弥子瑕前后遭遇截然不同的待遇，是因为以前他的美貌获得卫灵公的喜欢，后来容颜衰老就不再获得卫灵公的喜欢。换句话说，以前他是不可替代的，后来已经成为可替代的人了。这其实涉及经济学上的替代效应。

替代性不仅仅存在于物品与物品之间，人与人之间也存在。我们知道，无论是一个社会，还是一个企业，其本身的资源都是稀缺的，一个成员在组织中能占多大份额，取决于他在这个组织里的重要性，即其替代性的大小。

在组织中，如果一个人很容易被替代，那么他本身的价值是不高的，换句话说，如果一个人想要得到比别人更多的资源，他就必须比别人更具有不可替代性。

比如很多企业都非常重视企业研发人员的待遇，因为这些人掌握着企业的核心技术，一旦被其他企业重金挖走，给企业造成的损失将是巨大的，这些人对企业来说是不可替代的人。不像普通员工，你不愿意干，想干的人多的是，企业很容易从劳务市场上找到替代品。正是由于普通员工的替代品多，普通员工的工资与技术层、管理层的差距才大。所以，那些著名企业CEO的年薪动辄几百万元，而普通员工的年薪可能还不及他们的一个零头。

不要觉得不公平，如果你想让自己获得与他们同样的待遇，你就要先让自己也具有不可替代性。

一方面，在当今竞争激烈的职场中，众多大、中、小型企业出现危机，裁员成了压缩成本、抵御寒冬的最后武器；另一方面，随着大学扩招后患的蔓延，就业市场出现"人才"严重过剩的现象。这两方面的残酷现实直接导致的结果是找工作的人四处碰壁，有工作的人危机四伏。就业危机已经来临，只有那些可能成为不可替代的员工的人，才可能找到理想的工作；只有那些不可替代的员工才不会被裁掉，才能升职加薪，与公司一起成长。

# 萧何月下追韩信——人力资本

在中国历史上，曾有一则"萧何月下追韩信"的故事。秦末农民战争中，韩信投奔项梁军，项梁兵败后归附项羽。他曾多次向项羽献计，始终不被采纳，于是离开项羽前去投奔刘邦。有一天，韩信违反军纪，按规定应当斩首，临刑时看见汉将夏侯婴，就问道："难道汉王不想得到天下吗，为什么要斩杀壮士？"夏侯婴以韩信所说不凡、相貌威武而下令将其释放，并将韩信推荐给刘邦，但未被重用。后韩信多次与萧何谈论时局，为萧何所赏识。刘邦至南郑途中，韩信思量自己难以受到刘邦的重用，中途离去，被萧何发现后追回，这就是"萧何月下追韩信"。此时，刘邦正准备收复关中。萧何就向刘邦推荐韩信，称他是汉王争夺天下不能缺少的大将之才，应重用韩信。刘邦采纳了萧何的建议，七月，选择吉日，斋戒，设坛场，拜韩信为大将。从此，刘邦文依萧何，武靠韩信，举兵东向，争夺天下。

在刘邦夺取天下的过程中，人才发挥了巨大的作用。对于古代的任何一个朝代，或现代国家经济的发展来说，人才的作用都是举足轻重的。人才的概念，不仅是经济范畴的事，还有其社会性、文化性和政治性。从经济学的视野来观察人才，或许有助于对人才的决策选择。在现代经济学中，决定个人竞争的知识和技能被认为是一种人力资本。

**资本积累**

剩余价值转化为资本，即剩余价值的资本化。资本家把从雇佣劳动那里剥削来的剩余价值的一部分用于个人消费，另一部分转化为资本，用于购买扩大生产规模所需追加的生产资料和劳动力。因此，剩余价值是资本积累的源泉，资本积累则是资本主义扩大再生产的前提条件。

【经济学释义】

人力资本是指劳动者受到教育、培训、实践经验、迁移、保健等方面的投资而获得的知识和技能的积累，也称为"非物力资本"。由于这种知识与技能可以为其所有者带来工资等收益，因而形成了一种特定的资本——人力资本。

人力资本，比物质、货币等硬资本具有更大的增值空间，特别是在当今工业时期和知识经济初期，人力资本有着更大的增值潜力。因为作为"活资本"的人力资本，具有

创新性、创造性，具有有效配置资源、调整企业发展战略等市场应变能力。

对人力资本进行投资，对 GDP 的增长具有更高的贡献率，因为人力资本的积累和增加对经济增长与社会发展的贡献远比物质资本、劳动力数量增加重要得多。1990 年美国人均社会总财富大约为 42.1 万美元，其中 24.8 万美元为人力资本的形式，占人均社会总财富的 59%。其他几个发达国家如加拿大、德国、日本的人均人力资本分别为 15.5 万美元、31.5 万美元、45.8 万美元。

人力资本理论主要有以下内容。

（1）人力资源是一切资源中最主要的资源，人力资本理论是经济学的核心问题。

（2）在经济增长中，人力资本的作用大于物质资本的作用。人力资本投资与国民收入成正比，比物质资源增长速度快。

（3）人力资本的核心是提高人口质量，教育投资是人力投资的主要部分。不应当把人力资本的再生产仅仅视为一种消费，而应视同为一种投资，这种投资的经济效益远大于物质投资的经济效益。教育是提高人力资本最基本的手段，所以也可以把人力投资视为教育投资。生产力三要素之一的人力资源显然还可以进一步分解为具有不同技术知识程度的人力资源。高技术知识程度的人力带来的产出明显高于技术程度低的人力。

（4）教育投资应以市场供求关系为依据，以人力价格的浮动为衡量符号。

# 薪资条上的数字秘密——工资

在我国西部某城市的一家面馆生意兴隆，3名年轻服务生跑前跑后，端盘子、擦桌子、倒茶水、拖地板……忙得不可开交，一张张稚气未脱的脸颊上流淌着汗水。一位吃面的顾客问一位女服务生："生意这么好，老板一个月发给你多少工资？"女孩低声回答："500元。"顾客吃完面，出门时看到了正在烤羊肉串的一个小伙子，于是又问小伙子："一个月挣多少钱啊？"小伙子回答："不多，就500元。"这位顾客感叹着走了："这么少的工资怎么能维持生活呢？"同样的地方，在一家被服厂干活，女工们的工资却仅有400元。

**【经济学释义】**

也许我们认为面馆老板太黑心了，给服务员的报酬太低。事实上，工资水平的高低取决于劳动的供求。工资和任何一种物品与劳动力的价格一样取决于供求关系。当劳动的供给与需求相等时，就决定了市场的工资水平。

无论是面馆老板每月支付给服务生的500元，还是被服厂老板每月支付给女工的400元工资，是高还是低都取决于供求的状况。在小老板所在的地方，农村有大量剩余劳动力，农村的收入远远低于每月400元的水平，因此会有大量农村劳动力想来此找份工作。在被服厂或在饭馆做服务生都是一种极为简单的工作，任何人都可以胜任。这就是说，劳动的供给远远大于需求。从供求关系来看，这种工资水平还是合理的。

实际上，人们的工资差别很大，普通工资就像普通人一样难以定义。在美国，汽车公司总裁一年能挣500万美元以上，而办事员仅能挣20000美元，医生的收入则是救生员的10～20倍。我们如何解释工资的这些差异呢？

当然，劳动者所获得的工资等报酬，会因质量、行业、分工等不同而产生差异。产生工资差异的背后原因主要有以下几个方面。

1. 劳动质量的差异

判断身价高不高、工资少不少，不能单纯看学历高不高，而应该看他创造的劳动价值与工资待遇是否成正比。现在部分大学生工资不如农民工，一个重要的原因是由于目前大学专业设置与市场需求之间存在结构性失衡的矛盾，部分大学生往往从事工作技术含量并不高的职业，创造的价值并不大。而农民工，经过社会实践，拥有了一定工作经验和技术，其工作质量比较高。

2. 行业的差异

在一个完全竞争的劳工市场，任何一个老板都不会愿意为一个劳工的工作支付比他相同的劳工或具有相同技巧的劳工更高的工资。这就意味着，在解释不同行业的工资差别时，我们必须考虑行业之间的差异。

3. 工种之间的差异

工作之间的巨大差别有一些是工种本身的质量差别造成的，各工种的吸引力不同，因此必须提高工资诱导人们进入那些吸引力较小的工种。例如，一个上夜班的人工资一般比上白班的人工资要高。

4. 不同个体之间的差异

不同的劳动者劳动效率也是不一样的，为了奖勤罚懒，企业需要对劳动效率高的人予以高工资，以奖励他们努力工作；而对低效率者予以低工资，促使他们改进工作，提高工作效率。

劳动力有广义和狭义之分。广义上的劳动力指全部人口，狭义上的劳动力则指具有劳动能力的人口。在实际统计中，代表劳动年龄和劳动能力两个因素的指标有劳动年龄人口和社会劳动力资源总数。二者的关系是：社会劳动力资源总数＝劳动年龄人口＋劳动年龄之外实际参加劳动人数－劳动年龄内不可能参加劳动人数。

# 要工作还是要生活——劳动与休闲

35岁的浩文已经有了自己的公司，现在正是"黄金积累期"，每天工作超过15个小时，晚上经常连续3场应酬。但是浩文最近的日子很难过，因为他一直失眠。即使累得虚脱，凌晨到家还是睡不着，经常睁着眼睛到早晨6点再爬起来开车上班。

除此之外，浩文还发现胃不舒服，经常闷痛，心脏也不舒服，有一次居然还在家里昏倒了。医生让他做24小时心电图，结论是严重早搏。浩文开始吃中药，中药天天喝，太太每周用虫草炖鸡汤，但是状况没有好转，签字或者端酒杯，手都会明显颤抖。直到公司旅游，浩文带员工去了趟日本，没了工作电话的骚扰，居然在旅游车上熟睡了很久，回来后人人都说他气色好了不少。

**【经济学释义】**

其实，像浩文这样拼命工作而导致身体处于亚健康状态的人很多。更好地均衡自己的工作和休闲时间，在关注自己收入的同时，也要关注自己的健康，因为"身体是革命的本钱"。

工作对于一个人来说至关重要，因为工作是人生存和发展的根本，是创造物质财富的前提。但是休闲作为工作的"孪生姐妹"，对人们的生活同样起着举足轻重的作用。当经济学家把劳动作为一种经济活动来研究的时候，休闲活动也不可避免地纳入了经济学研究领域。

工作和休闲的关系可通过劳动理论解释：每个人每天的时间都是有限的24小时。时间资源配置主要有两种用途：工作和休闲。工作是指有报酬的活动，如上班或从事商业活动。休闲是指没有报酬甚至需要支出的活动，如睡觉、读书、旅游等。

世界上不工作的人很少，但不懂得工作的人很多。现代人尤其是具有"三高"（高学位、高职位、高收入）的精英阶层，工作时间不但没有缩短，反而有延长的趋势。这些精英阶层的竞争力来自信息资本、知识资本。而信息资本、知识资本消耗快、储备慢，他们不但要投入大量的时间一边工作一边补充，还要应对群体的内部竞争。这样，工作时间自然会延长。为此，工作必须注重休闲。

**文化消费**

文化消费是人们用于文化、娱乐产品和服务等相关方面的支出和消费活动，是促进社会文化、构建和谐社会的重要组成部分。城市居民文化消费比重上升，是恩格尔系数下降的重要原因。

休闲可以看作社会经济发展进步的标志，休闲质量的高低反映了国民生活水平和生活质量的高低。闲暇时间是个人用来享受、娱乐、发展个性的时间，由此闲暇消费就具备了与其他消费不同的特殊性。

合理的闲暇使劳动者的体力、智力得到恢复和发展，大大有利于劳动者质量的提高。这是因为增加闲暇时间，能使劳动者的才能得到充分的发挥，就能发展社会生产力，创造更多的社会财富，劳动者素质的提高、劳动技能的提高能够有效地提高劳动的生产效率，从而促进社会生产力的发展。

在现代社会，增加休闲时间是一个全球趋势，也是现代化发展的必然结果。但是，加班加点在有些地方具有"普遍性"。长期超时工作，已经严重威胁到人们的身心健康。因此，人们在关注收入提高的同时，也应该关注工作与休闲时间的平衡。

# 通货膨胀率越高失业越少吗——菲利普斯曲线

1914 年，威廉·菲利普斯出生在新西兰的一个农民家庭。15 岁那年，他在澳大利亚的一个金矿做工，晚上就在昏暗的灯光下自学电机工程。1937 年他到了英国，在伦敦电力局找了一份工作，还参加了英国电机工程师协会。第二次世界大战爆发后他投笔从戎，在太平洋战场上作战，还在日军的战俘营里待过一段艰难岁月。

战争结束后，32 岁的菲利普斯脱下军装，到伦敦经济学院学习社会学，这时他才在课堂上接触到经济学，并深深为之吸引。其实，真正触发菲利普斯灵感的，不如说是经济学里把国民收入视为循环流量和把经济系统视为水压机的想法。

菲利普斯据此设计了一种解释凯恩斯经济学的教学模型，他在有机玻璃的管子里装进彩色的水流，运用动力学的原理，使这些彩色的水流来流去，模拟国民收入流程。他自产自销，造了许多这样的模型卖给研究机构和大学。这个精巧的设计还帮助他谋到了一个在伦敦经济学院教书的职务。

1958 年，菲利普斯在《经济学》杂志上发表了著名的《1861—1957 年英国失业率和货币工资变化率之间的关系》，后来所说的菲利普斯曲线就是在这篇文章中首先提出来的。

【经济学释义】

菲利普斯曲线，就是表明失业与通货膨胀存在一种交替关系的曲线。通货膨胀率高时，失业率低；通货膨胀率低时，失业率高。

1958年，菲利普斯根据英国1867—1957年失业率和货币工资变动率的经验统计资料发现：名义工资的变动率是失业率的递减函数；即使当名义工资的增长率处在最低的正常水平，失业率仍然为正（菲利普斯的统计为2%～3%）。由此他提出了一条用以表示失业率和货币工资变动率之间交替关系的曲线。这条曲线表明：当失业率较低时，货币工资增长率较高；反之，当失业率较高时，货币工资增长率较低，甚至是负数。根据成本推动的通货膨胀理论，货币工资可以表示通货膨胀率。

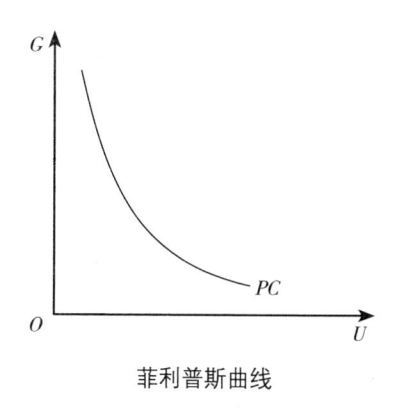

菲利普斯曲线

### 原始菲利普斯曲线

原始菲利普斯曲线关注名义工资，没有考虑通货膨胀预期。首先，工资变化率决定实际失业率，失业对工资增长具有负面影响；其次，通货膨胀率等于工资变化率。

通货膨胀率与失业率之间呈替代关系。第二次世界大战前和20世纪五六十年代，这种关系在一些国家中相当稳定，并与经验观察高度吻合。

上图中，横轴 $OU$ 代表失业率，纵轴 $OG$ 代表通货膨胀率，向右下方倾斜的 $PC$ 即为菲利普斯曲线。这条曲线表明，当失业率高时通货膨胀率就低，当失业率低时通货膨胀率就高。

因此，菲利普斯曲线又成为当代经济学家用以表示失业率和通货膨胀率之间此消彼长、相互交替关系的曲线。失业率高表明经济处于萧条阶段，这时工资与物价水平都较低，通货膨胀率也就低；反之失业率低，表明经济处于繁荣阶段，这时工资与物价水平都较高，从而通货膨胀率也就高。失业率和通货膨胀率之间存在着反方向变动的关系。

# 竞争才会出精英——鲇鱼效应

西班牙人特别喜欢吃沙丁鱼,但沙丁鱼非常娇贵,对离开大海后的环境极不适应。当渔民们把刚捕捞上来的沙丁鱼放入鱼槽运回码头后,过不了多久沙丁鱼就会死去。而死掉的沙丁鱼口感很差,价格就会便宜很多——倘若抵港时沙丁鱼还存活着,鱼的卖价就要比死鱼高出很多倍。

为了延长沙丁鱼的存活期,渔民们想尽了办法。后来一位渔民无意中发现了一种方法:将几条沙丁鱼的天敌鲇鱼放在鱼槽中。因为鲇鱼是食肉鱼,放进鱼槽后,鲇鱼便会四处游动寻找小鱼吃。为了躲避天敌的吞食,沙丁鱼自然加速游动,从而保持了旺盛的生命力。如此一来,沙丁鱼回到港口后依然活蹦乱跳。这在经济学上被称作"鲇鱼效应"。

**【经济学释义】**

"鲇鱼效应"其实就是一种压力效应。很多研究发现，适度的压力有利于人们保持良好的状态，更加有助于挖掘人们的潜能，从而提高个人的工作效率。比如运动员即将参加比赛时，一定要将压力调整到适度状态，让自己兴奋，进入最佳的竞技状态，如果他不紧张、没压力感，则不利于出成绩。适度的压力对挖掘自身的内在潜力资源，是有正面意义的。

> **职业倦怠**
>
> 职业倦怠是指个体在工作重压下产生的身心疲劳与耗竭的状态。这个概念最早由美国著名临床心理学家弗登伯格于1974年提出，他认为职业倦怠是情绪性耗竭的症状。后来心理学家把职业倦怠定义为对工作上长期的情绪及人际应激源做出反应而产生的心理综合征。

一个人长期从事某种职业，在日复一日重复机械的作业中，渐渐会产生一种疲惫、困乏甚至厌倦的心理，在工作中难以提起兴致，打不起精神，只是依仗着一种惯性来工作。因此，加拿大著名心理学大师克丽丝汀·马斯勒将职业倦怠症患者称为"企业睡人"。

职业倦怠作为职场上一种常见现象，是客观存在的，已经成为许多人职业发展的障碍。如何避免陷入职业倦怠危机，让自己始终保持激情，工作态度积极起来，这需要为自己引入"鲇鱼效应"。

如果一个企业内部人员长期固定，就会缺乏活力与新鲜感，容易产生惰性。对企业而言，将"鲇鱼"加入进来，就会制造一些紧张气氛。当员工们看见自己的位置多了些"职业杀手"时，便会有种紧迫感，知道该加快步伐了，否则就会被挤掉。这样一来，企业就能焕发出旺盛活力。

同样，如果一个人长期待在一种工作环境中从事同样的工作，就容易厌倦、疲惰，就会产生职业倦怠。对个人的成长而言，将"鲇鱼"加入进来，就会使自己产生竞争感，从而促进自己的职业能力成长和保持对工作的热情，就容易获得职业发展的成功。

为自己引入鲇鱼的方法就是：建立自己的职业理想，找到自己的职业发展目标，为自己树立职业学习榜样，在工作环境中认识到竞争对手的存在，适度保持职场压力。

# 跳槽方法论——择业与跳槽

临近年终，视跳槽为家常便饭的许娜又开始考虑跳槽的事了。说起来，许娜的个人资本也算不错：名牌大学财经系毕业，英语六级，口语不错，外表靓丽。但她的资本使她总不满足于现状。于是她每天必做的一件事就是研究人才网的招聘信息，如果哪家公司开出的待遇比现在的公司高，那她一定毫不犹豫地奔向那家公司。许娜对那些好几年都待在一个单位，没有跳槽打算的人总是嗤之以鼻："每个月拿这么一点儿工资，不跳槽，这辈子能混出什么来！"

## 【经济学释义】

俗话说"男怕入错行，女怕嫁错郎"。其实这句话意在告诫人们在人生的关键点选择要慎之又慎，避免做出错误的决策。一旦发现当初择业出现失误时，人们往往便会转而"跳槽"。

跳槽在现代社会已经成为普遍现象，但我们也会发现身边总有一些频繁跳槽的人，他们总是对自己的工作不满意。那么，在跳槽之前，自己有没有算过一笔账呢？

现在，我们帮上述故事中的许娜算一笔经济账，没准儿她就会重新考虑跳槽的问题了。对于一般人来讲，跳槽的成本与收益具体体现在哪些方面呢？

第一，时间的机会成本。如果想跳槽成功，就要花费时间收集并分析招聘信息，对市场上的招聘企业做出正确的判断。在这个过程中，跳槽者要付出时间、精力等成本，还要承担等待、焦虑、忧虑等心理压力。当信息不明朗时，还会为如何抉择而感到痛苦。

> **人力资本**
>
> 通过教育、培训、保健、劳动力迁移、就业信息等获得的凝结在劳动者身上的技能、学识、健康状况和水平的总和。

第二，薪资的机会成本。跳槽意味着你放弃本有的薪资，以及因此而可能获得的潜在薪资、福利等待遇。假如你本有的月薪是5000元，加上奖金、补贴和保险等，可能近8000元。如果你不能在辞职的当月找到工作，那么这8000元即是你跳槽所付出的机会成本。

第三，人际关系的机会成本。当你在一个环境里工作，获得的报酬不仅是货币工资，还包括学习锻炼的机会和人脉关系。人脉就是你的资源，同时也是你遇到困难和问题时的活期存折。

第四，升迁的机会成本。当你在一个新的环境里，往往很难一下子得到真正重用，尽管在职务或薪资上可能比原来高，但新的单位需要对你的人品和工作能力进行一段时间的考验。

现实生活中，一些年轻的朋友没有想到企业为培养自己所付出的代价，自己的离职将给企业带来的损失，更没有为自己的职业生涯、事业发展做出铺垫。放弃一次事业机会，或许觉得自己还年轻，或许会认为还会有更好的机会。实际上，随意跳槽，不仅对企业是损失，对个人同样也是很大的损失。

虽然跳槽有机会成本，但并不是反对跳槽。从经济学角度分析一下跳槽可能会产生的机会成本，只是提醒职场人士在跳槽之前要通盘考虑和分析，让自己的职业变动决策更加理性、科学和正确，把成本搞清楚了再做决策也不迟。

# 为什么你的工作缺乏激情——内卷化效应

多年前，一位中央电视台记者曾听到过一种令人深思的"重复"现象。这名记者到陕北采访一个放羊的男孩，曾留下一段经典对话。

"为什么要放羊？"

"为了卖钱。"

"卖钱做什么？"

"娶媳妇。"

"娶媳妇做什么呢？"

"生孩子。"

"为什么生孩子？"

"放羊。"

【经济学释义】

这段对话形象地为"内卷化"现象做了令人印象深刻的解释。多少年来，农民的生存状态没有发生什么改进，在于他们压根儿没想到过改进。如今，内卷化

效应概念便被广泛应用到了政治、经济、社会、文化及其他学术研究中。"内卷化"作为学术概念，其实并不深奥，观察我们的现实生活，"内卷化现象"比比皆是。

比如在偏远农村，虽然已经改革开放40多年，但当地的农民仍然过的是"一亩地一头牛，老婆孩子热炕头"的农耕生活。思想观念的故步自封，使打破内卷化模式的第一道关卡就变得非常困难。而对于整天忙碌的人们，虽然没有站在黄土地上守着羊群，但在思想上是否就是那个放羊的小孩呢？怨天尤人或者安于现状，对职业没有信念，对前途缺乏信心，工作结束就是生活，生活过后接着工作，对内卷化听之任之，人生从此停滞不前。

> **内卷化效应**
>
> 内卷化效应是由美国人类文学学家利福德·盖尔茨在20世纪60年代末提出的。他曾在爪哇岛长期生活。这位长住风景名胜的学者潜心研究当地的农耕生活。他眼中看到的都是犁耙收割，日复一日，年复一年，长期停留在一种简单重复，没有进步的轮回状态。于是，他把这种现象冠名为"内卷化"。

我们身边随处可以看到陷入内卷化泥沼的人：老张当了一辈子干事，眼看着身边的人一个一个都升迁了，眼看到了退休的年龄，心里酸溜溜地难受；作家李某，二十出头就以一个短篇获得了全国性大奖，但是20多年过去了，他不再有有影响的作品问世，眼看和他同时起步的其他作家已成了全国知名作家……

人为什么会陷入内卷化的泥沼？分析个人的内卷化情况，根本出发点在于其精神。如果一个人认为这一生只能如此，那么命运基本上也就不会再有改变，生活就此充满自怨自艾；如果相信自己还能有一番作为，并付诸行动，那么便可能大有斩获。

"内卷化"的结果是可怕的，大到一个社会，小到一个企业，微观到一个人。一旦陷入这种状态，就如同车入泥潭，原地踏步，裹足不前，无谓地耗费着有限的资源，重复着简单的脚步，浪费着宝贵的人生。它会让人在一个层面上无休止地内缠、内耗、内旋，既没有突破式的增长，也没有渐进式的积累，让人陷入一种恶性循环之中。

总而言之，一个企业或一个人要摆脱内卷化状态，要先看看自己是否还有上进的志气。如果有，再看看自己的实力是否坚实。精益求精，发掘潜力，这样才能最大限度地提升自己。只有充分发挥自身力量，才能突破和创新，才能在未来的发展中呈现出一片勃勃生机。

# 出身英语专业的茶艺师——竞争优势

饶某毕业于北京外国语大学英语专业，在一家外资公司任部门经理助理，月薪3000元。年轻靓丽的她，毕业两年里换了几份工作，但不外乎助理、秘书、文员、前台等。最近，她一咬牙又辞职了，报名参加茶艺师培训，决心做个茶艺师。很多朋友不理解，放着好好的白领不当，辞职去学什么茶艺？可饶某自有一番道理。

"说是白领，可每天干的活，不外乎跑跑腿、帮经理写写英文E-mail、打打字、接待客人什么的，凡有个大学文凭的人都能干。就是没有形成自己的核心竞争力。"饶某准备学了茶艺之后，利用自己的英文特长，向外国友人介绍中国博大精深的茶文化。她要在茶艺世界里找到属于自己的天地。

"3000元的薪水说高不高、说低不低，工作也没什么挑战性，每天原地踏步，知识一点点被'折旧'。与别的白领相比，我的英语水平不算专长，但在茶艺行业里，这就是我的优势。"饶某说，"找到自己的优势，就特别容易获得发展，就容易建立自己的核心竞争力。"

【经济学释义】

任何优势都是建立在比较基础上的，都是相对的。没有比较，优势就无从谈起。在国际贸易，有个重要的经济学理论：比较优势理论。如果一个国家在本国生产一种产品的机会成本（用其他产品来衡量）低于在其他国家生产该产品的机会成本的话，则这个国家在生产该种产品上就拥有比较优势。

比较优势这个概念告诉我们，对一个各方面都强大的国家或个人，聪明的做法不是仰仗强势，四面出击，处处逞能或事必躬亲，而是将有限的时间、精力和资源用在自己最擅长的地方。反之，一个各方面都处于弱势的国家或个人也不必自怨自艾，抱怨自己的先天不足。要知道，"强者"的资源也是有限的。为了自身的利益，"强者"必定留出地盘给"弱者"。比较优势理论的精髓就是我们中国人所说的"天生我材必有用"。

从比较优势理论引发出另外两个概念：静态比较优势和动态比较优势。在宏观经济上，静态比较优势强调的是原本已经拥有的优势，比如廉价劳动力、土地、自然资源、资本等；动态比较优势强调的是随着时间变化而逐渐形成的核心优势，比如培育高素质的管理和决策人才，自主开发造型新颖、技术先进产品的能力等。

个人的职业生涯发展也是同样的情况。很多人已经注意到了自己静态比较优势的重要性，他们在求职时已经拥有了"标准配置"——学历、外语等级证书、职业资格证书等，但是这只是在进入职业生涯发展初期的一种静态比较优势，只是说明了现状而已。

人力资源专家更注重个人的职业生涯发展规划，更关心职业生涯发展的可持续性，这就要求每个人从动态比较优势入手，合理分配个人的时间和精力，用以增加自身的职业生涯发展的"资产"。

如何获得这些资产？人力资源专家的建议是有计划地把收入中的一部分以自我投资的形式发生消费行为。具体讲就是把看似是支出的那一部分钱投入对于自己各种形式的培训上。培训充电的内容应该首要考虑自己的专业和工作领域，因为这更容易使自己建立个人核心竞争力，从而在职场上拥有竞争优势。

### 绝对优势

当两个国家生产两种商品，使用一种生产要素——劳动时，如果刚好A国家在一种商品上劳动生产率高，B国家在这种商品上劳动生产率低，则A国在该商品生产上具有绝对优势。两国按各自的绝对优势进行专业生产分工并参与贸易，则两国都能从贸易中得到利益。

# 漏水的桶和职业优势——木桶原理

某厂有一个员工,技术能力处于班组的中上水平,但工作绩效一直提不上去,因为他总是没有工作激情。刚巧,兄弟班组需要从该班组借调一名技术人员。于是,班组长在经过深思熟虑后,决定派这位员工去。这位员工很高兴,觉得有了一个施展自己拳脚的机会。

在去之前,班组长只对那位员工简单交代了几句:"出去工作,既代表我们班组,也代表你个人。怎样做,不用我教。如果觉得顶不住了,打个电话回来。"一个月后,兄弟班组长对该班组长说:"你派出的兵还真棒!""我还有更好的呢!"班组长在不忘推销本班组的同时,着实松了一口气。这位员工回来后,班组成员都对他另眼相看,他自己也增加了自信。

## 【经济学释义】

这个例子表明,注意对"短木板"的激励,可以使"短木板"慢慢变长,从而提高企业的总体实力。班组管理不能局限于个体的能力和水平,而应把所有的人融合在团队里,科学配置,好钢才能够用在刀刃上。

木桶原理是由美国的彼得提出的。木桶原理是指一只木桶要盛满水,必须每块木板都一样平齐且无破损,如果这只桶的木板中有一块不齐或者某块木板下面有破洞,这只桶就无法盛满水。也就是说一只木桶能盛多少水,并不取决于最长的那块木板,而是取决于最短的那块木板。

经济学家经常使用这个原理来说明在经济活动中，往往是最薄弱的环节影响整体的绩效，甚至会导致全面溃败。所以在资源配置的过程中，要实现配置的最优化，就要在薄弱环节下功夫。

其实任何一个企业或集体，总是由多名员工组成，这犹如一只木桶是由若干块木板组成的一样。组成木桶的木板有长有短，组成团队的员工也有"长"有"短"。也就是说构成企业的各个部分往往是优劣不齐的，而劣势部分常常决定整个组织的水平。短木板与木桶是个体与团队的关系，作为企业管理者只有一个选择：提升短木板的长度，在保证木桶原有装水量的基础上不断提升容积。

> **蝴蝶效应**
>
> 蝴蝶效应是指对初始条件敏感性的一种依赖现象。输入端微小的差别会迅速放大到输出端。蝴蝶效应在社会学界用来说明：一个坏的微小的机制，如果不加以及时地引导、调节，会给社会带来非常大的危害，被戏称为"龙卷风"或"风暴"；一个好的微小的机制，只要正确指引，经过一段时间的努力，将会产生轰动效应，或称为"革命"。

在我们的职业生涯中，木桶原理照样适用。通常大多数人认为，一个人的成功取决于他的优势和他的专长。但从另一个方面来说，一个人成就的大小，就像木桶盛水的多少一样，往往不是取决于他的长处有多长，而是取决于他的短处有多短，他的短处则决定他在这方面成就的大小。

比如，有人在工作初期，决定他工作业绩大小的短板是他的努力程度。但是到了一定程度，他无论如何努力，业绩也提高不上去了。这时候，学习便成为他新的短板，他工作业绩提高的程度，则取决于他学习新知识的多少。有人取得了一定的成绩后，便以为天下第一，骄傲自大，这时傲气便成为他的短板。

一个人要有所作为，不仅要发挥自己的长处，更要弥补自己的短处。木桶原理告诉我们，只有把自身的短板补齐了，长板的作用才能得到发挥，我们人生的木桶才能盈满。

# 简单才是最有效的——奥卡姆剃刀定律

当年,迪士尼乐园经过三年施工,即将开放,可路径设计仍无完美方案。一次,总设计师格罗培斯驱车经过法国一个葡萄产区,一路上看到不少园主在路旁卖葡萄却少有人问津,而山谷前的一个葡萄园却顾客盈门。原来,那是一个无人看管的葡萄园,顾客只要向园主老太付5法郎,就可随意采摘一篮葡萄。该园主让人自由采摘的方法,赢得了众多顾客的青睐。

设计师深受启发,他让人在迪士尼乐园撒下草种,不久,整个乐园的空地就被青草覆盖。在迪士尼乐园提前开放的半年里,人们将草地踩出许多小径,这些小径优雅而自然。后来,格罗培斯让人按这些踩出的路径铺设了人行道。结果,迪士尼乐园的路径设计被评为世界最佳设计。

## 【经济学释义】

这个故事与经济学上的奥卡姆剃刀定律有着异曲同工之处。奥卡姆剃刀定律在企业管理中可进一步深化为简单与复杂定律:把事情变复杂很简单,把事情变简单很复杂。这个定律要求人们在处理事情时,要把握事情的本质,解决最根本的问题。尤其要顺应自然,不要把事情人为地复杂化,这样才能把事情处理得更好。

根据"奥卡姆剃刀定律",对任何事物准确的解释通常是那种"最简单的",而不是那种"最复杂的",这就像音响没有声音,我们总是会先看看是不是电源没有接好,而不会马上就将音响拆开检查是否哪个线路坏了。

从方法论角度出发,"奥卡姆剃刀"就是舍弃一切复杂的表象,直指问题的本质。可惜,当今有不少人,往往自以为掌握了许多知识,喜欢将一件事情往复杂处想。当我们的思路开始变得复杂时,应该时刻提醒自己:该拿起奥卡姆剃刀了。因为,只有简单,才可以产生绝妙的主意。

---

**奥卡姆剃刀定律**

14世纪,英国奥卡姆的威廉主张"思维经济原则",概括起来就是"如无必要,勿增实体"。因为他是英国奥卡姆人,人们就把这句话称为"奥卡姆剃刀"。

第十一章

# 你打算多少岁实现财富自由——投资经济学

# 如何才能更好地追求"诗和远方"——理财规划

小秦大学毕业两年，现在一家事业单位上班，工作稳定，目前单身，月收入3000元，没有房贷、车贷。单位提供三险一金，自己还购买了商业保险。每月剩余工资2000元，有存款10000元。小秦希望把每个月的剩余资金用于投资，想做一些风险小的投资，只要收益比银行存款收益高一些就可以。

【经济学释义】

小秦处于理财人生的初级阶段，但职业生涯进入了稳定发展阶段。理财虽然前景广阔，但要选择一种适合自己的理财规划。

每个人都需要独立面对和处理居住、教育、医疗、养老和保险等问题，因此每个人都需要承担起理财的责任，做到"我的钱财我做主"。理财不是简单的储蓄和节省，更需要合理的投资。每个人的风险承受能力同其个体情况有关，我们应当依据自己的收入水平制定最优的投资策略。

这里我们以小秦为例来制定理财规划，工作单位为小秦提供了三险一金，并且小秦本人又购买了商业保险，正可谓双保险，因此不用再增加任何保险产品；虽然小秦既无房贷又无车贷压力，但小秦剩余的资金并不是很高。根据当前的物价水平，小秦的生活消费就不能追求高消费了；小秦没有理财经验，要求投资风险较小、收益率要高于银行存款的金融理财产品，建议小秦在专业理财师的指导下选择管理时间较久的股票型基金。

> **家庭理财**
>
> 所谓家庭理财即管理自己的财富，进而提高财富的效能的经济活动。理财也就是对资本金和负债资产的科学合理的运作。通俗来说，理财就是赚钱、省钱、花钱之道。

但要注意两点。其一，很多人只顾着"钱生钱"，而不注意规避风险。投资是一个长期的财富积累过程，它不仅包括财富的升值，还包括风险的规避。其二，在建立自己的投资账户时，年轻人由于手头资金量不大，精力有限，与其亲自操作，不如通过一些基金、万能险、投连险等综合性的投资平台，采用"委托投资"的方式，这样不仅可在股票、基金、国债等大投资渠道中进行组合，还可省掉一笔手续费。

实际上，虽然收入相同，但是城市不同、家庭情况不同、个人消费不同及其他因素的相异，其理财规划也必定是各不相同的。我们每个人应该根据自己的情况，灵活选择自己的理财规划。不同收入层次的人，应该选择适合自己的理财规划。

# 财富自由第一步，从强制储蓄开始——储蓄

藤田田是日本所有麦当劳快餐店的主人。在他年轻的时候，想要获得麦当劳的特许经营权，至少要有75万美元的现金，但藤田田只有5万美元。为了实现自己的理想，藤田田决定去贷款。一天早上，他敲响了日本住友银行总裁办公室的门。银行总裁问他现在手里的现金有多少。"我有5万美元！""那你有担保人吗？"总裁问。藤田田说没有。总裁委婉地拒绝了他的要求。在最后时刻，藤田田说："您能不能听听我那5万美元的来历？"

总裁点头默许。于是藤田田开始说道："几年来我一直保持着存款的习惯，我每个月都把工资奖金的三分之一存入银行。不论什么时候想要消费，我都会克制自己咬牙挺过来。因为这些钱是我为干一番事业积攒下来的资本。"

听了这话，总裁告诉藤田田："我们住友银行，无条件地支持你经营麦当劳的举动，请来办理贷款手续吧！"

这位总裁后来对藤田田说道："藤田田先生，我的年龄是你的两倍，我的工资是你的30倍，可是我的存款到现在都没有你多。年轻人，你会很了不起的，加油吧！"在这位银行总裁的帮助下，藤田田成为日本商界叱咤风云的人物。

**【经济学释义】**

想不到存款有时候会给人生带来这么大的机遇。储蓄是指存款人在保留所有权的条件下，把使用权暂时转让给银行或其他金融机构的资金或货币，这是最基本也是最重要的金融行为或活动。

> **储蓄国债**
>
> 储蓄国债又称电子式国债，是政府面向个人投资者发行，以吸收个人储蓄资金为目的，满足长期储蓄性投资需求的不可流通记名国债品种。电子储蓄国债就是以电子方式记录债权的储蓄国债品种。与传统的储蓄国债相比较，电子储蓄国债的品种更丰富，购买更便捷，利率也更灵活。

存款是银行最基本的业务之一，没有存款就没有贷款，也就没有银行。中国的老百姓有储蓄的传统，只不过在以前，人们储蓄是选择自己保存金钱，如今选择银行保存现金。在我国，储蓄存款的基本形式一般可分为活期储蓄和定期储蓄两种。

活期储蓄是不约定存期、客户可随时存取、存取金额不限的一种储蓄方式。活期储蓄以 1 元为起存点，外币活期储蓄起存金额为不得低于 20 元或 100 元人民币的等值外币（各银行不尽相同），多存不限。开户时由银行发给存折，凭折存取，每年结算一次利息。活期储蓄适合个人生活待用款和闲置现金款，以及商业运营周转资金的存储。

定期储蓄存款是约定存期，一次或分次存入，一次或多次取出本金或利息的一种储蓄存款。定期储蓄存款存期越长利率越高。

选择储蓄，图的是安全稳妥，所以在选择储蓄品种时，应当首先考虑方便与适用，在此基础上，再考虑怎么获得更多利息。日常的生活费、零用钱，由于需要随时支取，最适合选择活期储蓄。

如果有一笔积蓄在很长时间内不会动用，可以考虑整存整取定期存款，以便获得较高的利息，存款期限越长，利息越高。如果要为子女教育提前积蓄资金，也可以选择银行开办的教育储蓄。

对于普通人来说，储蓄存款是必要的理财手段之一，是最基本的金融活动，储蓄理应成为每个人生活必不可少的一部分。

# 玩一场高风险的"金钱游戏"——股票投资

2008年的世界首富是人称"股神"的沃伦·巴菲特。2001年中国内地股市低迷的时候，香港股市也低迷，巴菲特在中石油惨跌到1.4～1.6港元时，斥资23亿元买进。第二年中石油股价涨了1倍，巴菲特净赚了差不多23亿元，但他没有卖出，一直拿在手里。从2002年到2006年，他持有了5年中石油的股票。到2007年，中石油要回归中国内地发行A股，全世界对中石油一片赞扬声，中国投资者更是翘首企盼中石油的回归。

当所有人都看好中石油的时候，巴菲特却在香港股市上分批抛出了自己手上所有的中石油股票，卖价在12～14港元，这一笔就赚了几百亿港币。当他卖完股票，中石油股票仍然暴涨。所有人都说：巴菲特你卖得太早了吧？看看现在中石油涨了多高，你少赚了多少钱？

巴菲特这样回答："也许我卖早了，可我买中国石油公司的股票，买的是它的原材料，是从井底打出来的油。当油价超过75美元的时候，我就决定卖出。"

结果，当中石油回归中国内地股市后，香港中石油股价直线下跌。

【经济学释义】

股票是股份有限公司在筹集资本时向出资人发行的股份凭证，代表着其持有者（股东）对股份公司的所有权。这种所有权是一种综合权利，每一只股所代表的公司所有权是相等的。

每个股东所拥有的公司所有权份额的大小，取决于其持有的股票数量占公司总股本的比例。股票一般可以通过买卖方式有偿转让，股东能通过股票转让收回其投资，但不能要求公司返还其出资。股东是公司的所有者，以其出资额为限对公司负有限责任，承担风险，分享收益。

股票持有者凭股票从股份公司取得的收入是股息。股息的发派取决于公司的股息政策，如果公司不发派股息，股东没有获得股息的权利。股票只是对一个股份公司拥有的实际资本的所有权证书，是参与公司决策和索取股息的凭证，不是实际资本，只是间接地反映了实际资本运作的状况，从而表现为一种虚拟资本。

股票具有以下基本特征。

> **法人股**
>
> 企业法人以其依法可支配的资产向公司投资形成的股份，或具有法人资格的事业单位和社会团体以国家允许用于经营的资产向公司投资形成的股份。目前，在我国上市公司的股权结构中，法人股平均占20%左右。

1. 不可偿还性

股票是一种无偿还期限的有价证券，投资者认购了股票后，就不能再要求退股，只能到二级市场卖给第三者。股票的转让只意味着公司股东的改变，并不减少公司资本。

2. 参与性

股东有权出席股东大会，选举公司董事会，参与公司重大决策。股票持有者的投资意志和享有的经济利益，通常是通过行使股东参与权来实现的。

3. 收益性

股东凭其持有的股票，有权从公司领取股息或红利，获取投资的收益。股息或红利的大小，主要取决于公司的盈利水平和公司的盈利分配政策。股票的收益性还表现在股票投资者可以获得价差收入或实现资产保值增值。

4. 流通性

股票的流通性是指股票在不同投资者之间的可交易性。流通性通常以可流通的股票数量、股票成交量及股价对交易量的敏感程度来衡量。

5. 价格波动性和风险性

股票价格要受到诸如公司经营状况、供求关系、银行利率、大众心理等多种因素的影响，其波动有很大的不确定性。正是这种不确定性，有可能使股票投资者遭受损失，价格波动的不确定性越大，投资风险也越大，因此股票是一种高风险的金融产品。

# 赚钱，让专业的来——基金投资

早在 2003 年，作为一名银行的柜员，小李就和同事一起，不遗余力地为普及大众基金理财知识做着准备。那时股市低迷，一年基金的手续费都赚不出来的情况很正常，很多基金的净值还不到 1 元。小李对一个客户说："现在股市低迷，指数那么低，你买了这个股票型的基金做个长期投资，早晚它会翻番的。"结果那个客户用很不屑的眼神看了看他，撇了撇嘴走了。

一气之下，小李自己买了几只基金。转眼到了 2006 年，他惊喜地发现，基金产品的净值在普遍上涨。于是，市民们开始议论和购买基金了。因为这一年小李要买房还贷款，经济方面比较拮据，而且只要股市有风吹草动，基金价格就会下降，他生怕被套住，就急忙卖掉了手里的基金。

然而不久之后，基金价格上涨。看着同事们抱住的几只基金都翻番了，小李的心里有些失落。朋友也说他胆子太小了，在 2006 年的大好行情下怎么可能没赚到钱呢？

2006 年的失败让小李对基金有了一个更深入的认识：基金适合长期持有，不能像股票一样频繁地买卖，否则只会带来一次又一次的后悔。

【经济学释义】

我们现在说的基金通常指证券投资基金。证券投资基金是指通过发售基金份额，将众多投资者的资金集中起来，形成独立资产，由基金托管人托管、基金管理人管理，以投资组合的方法进行证券投资的一种利益共享、风险共担的集合投资方式。

---

### 封闭式基金

封闭式基金是指基金规模在发行前已确定，在发行完毕后的规定期限内，基金规模固定不变的投资基金。由于封闭式基金在证券交易所的交易采取竞价的方式，因此交易价格受到市场供求关系的影响而并不必然反映基金的净资产值，即相对其净资产值，封闭式基金的交易价格有溢价、折价现象。

在我国基金暂时都是契约型基金，是一种信托投资方式。与股票、债券、定期存款、外汇等投资工具一样，证券投资基金也为投资者提供了一种投资渠道。那么，与其他投资工具相比，证券投资基金具有哪些特点呢？

1. 集合理财，专业管理

基金将众多投资者的资金集中起来，有利于发挥资金的规模优势，降低投资成本。基金由基金管理人进行投资管理和运作，基金管理人一般拥有大量的专业投资研究人员和强大的信息网络，能够更好地对证券市场进行全方位的动态跟踪与分析。

2. 组合投资，分散风险

《中华人民共和国证券投资基金法》规定，基金必须以组合投资的方式进行基金的投资运作。基金通常会购买几十种甚至上百种股票，投资者购买基金就相当于用很少的资金购买了一篮子股票，某些股票下跌造成的损失可以用其他股票上涨的盈利来弥补，因此可以充分享受到组合投资、分散风险的好处。

3. 利益共享，风险共担

基金投资人共担风险，共享收益。基金投资收益在扣除由基金承担的费用后的盈余全部归基金投资者所有，并依据各投资者所持有的基金份额比例进行分配。为基金提供服务的基金托管人、基金管理人只能按规定收取一定的托管费、管理费，并不参与基金收益的分配。

4. 严格监管，信息透明

为切实保护投资者的利益，增强投资者对基金投资的信心，中国证监会对基金业实行比较严格的监管，对各种有损投资者利益的行为进行严厉的打击，并强制基金进行较为充分的信息披露。

5. 独立托管，保障安全

基金管理人负责基金的投资操作，本身并不经手基金财产的保管，基金财产的保管由独立于基金管理人的基金托管人负责。这种相互制约、相互监督的制衡机制对投资者的利益提供了重要的保护。

第十一章 你打算多少岁实现财富自由——投资经济学

# 暴富 or 破产在顷刻之间——期货投资

根据《史记·货殖列传》的记载，范蠡不仅是一个天下闻名的谋士，还是一个做生意的奇才。勾践灭吴之后，范蠡深知历史上但凡效劳过国君、力谋大业的人在成功之后都难逃被杀的结局，于是在一个夜晚偷偷地收拾好珠宝，携带家小连夜逃走了。

他在齐国的海边种起了庄稼，没几年就挣了几十万。这引起了齐国国君的注意，请他去做宰相。但范蠡很清楚，他从一个平民老百姓，一下就到了一人之下、万人之上的地位，被人夸赞阿谀，不是什么好事。于是，他又向齐王辞职，把大部分财产都分给了当地村民，搬到了陶（今山东定陶北）。这回他不种庄稼了，他做起了期货，没几年，就成了亿万富翁。

范蠡从他做期货的短短几年中总结出一个道理："贵出如粪土，贱取如珠玉。"也就是说，当商品的价格到达了一定程度，就要像粪土一样舍得抛出去；但假如低到了一定程度，就要当宝贝一样赶紧囤积起来。那么，期货是什么东西，能让范蠡短短几年就成了亿万富翁？

## 【经济学释义】

期货的英文为"Futures"，是由"未来"一词演化而来，其含义是：交易双方不必在买卖发生的初期就交收实货，而是共同约定在未来的某一时间交收实货，因此中国人就称其为"期货"。因为卖家判断他手中的商品在某个时候价格会达到最高，于是选择在那个时候卖出，获得最大利润。

期货的赚钱方法简单来说就是赚取买卖的差价。下面我们举例说明。

小林在小麦每吨2000元时，估计麦价要下跌，于是他在期货市场上与买家签订了一份合约，约定在半年内，小林可以随时卖给买家10吨标准小麦，价格是每吨2000元。五个月后，果然不出小林的预料，小麦价格跌到每吨1600元，小林估计跌得差不多了，马上以1600元的价格买了10吨小麦，转手按照契约以2000元的价格卖给买家，这样就赚了4000元，原先缴纳的保证金也返还了，小林就这样获利平仓了。

小林采用的其实是卖开仓，就是说，小林的手上并没有小麦，但因为期货可以实行做空机制，小林可以先与买家签订买卖合约。而买家对小麦看涨。事实证明，小林的判断是准确的，否则如果在半年内小麦价格没有下跌，反而涨到2400元，那么在合约到期前，小林必须被迫高价购买10吨小麦，然后以契约价卖给买家，这样小林就亏损了，而买家就会赚4000元。

期货的交易是以实物为依据，但事实上并不是真的在卖小麦或者别的商品。个人投资者购买的期货按照中国目前的制度都是不能交割实物的，只能做投机，即一种理财手段。其实，期货的交易方式和股票是相差不多的，期货市场和股票市场一样，也永远是惊心动魄的。

期货是一把双刃剑，既可以让你一夜暴富，也可以使你瞬间破产。无论如何，伴随高利润的永远是高风险，要想做期货生意，一定要有一颗超强的心脏才行！

# 持有黄金才是阶层碾轧终极武器——黄金投资

100 年前，1 盎司（约 31 克）黄金可以在伦敦订制一套上好的西装；100 年后的今天，1 盎司黄金依然可以在伦敦订制一套上好的西装，甚至更好。当个人投资者面对 CPI 上涨给自己的财富和购买力带来威胁时，当股市处在震荡期时，黄金也许是财富最好的"避风港"。

【经济学释义】

在可考的人类文明史中，没有任何一种物质像黄金一样，与社会演化和社会经济缔结成如此密切的关系，成为悠久的货币载体、财富和身份的象征。因此，在人类文明史演化中，黄金具有了货币和商品两种属性。相应地，黄金的价格也由其两种属性的动态均衡确定。

根据世界黄金协会公布的数据，人类历史上 4000 年开采的黄金总量约为 16.1 万吨，勉强填满两个符合奥运标准的游泳池，其中半数以上是在过去 50 年中挖出来的。现在全世界可供交易的黄金大概有 7 万吨（实际流通量约为 2.5 万吨），如果用全世界 60 亿人来衡量，人均只有 12 克，黄金的稀缺性显而易见。

与其他投资方式相比，投资黄金凸显其避险保值功能，投资黄金因而成为一种稳健而快捷的投资方式。为什么人们如此热衷投资黄金呢？具体而言，投资黄金有以下三大好处。

**期货黄金**

现货黄金交易基本上是即期交易，在成交后即交割或者在数天内交割。期货黄金交易主要目的为套期保值，是现货交易的补充，成交后不立即交易，而由交易双方先签订合同，交付押金，在预定的日期再进行交割。

首先，投资黄金可以保值增值，抵御通货膨胀。通货膨胀意味着货币实际购买力下降，而黄金作为一种稀缺资源，其价格也会随着货币购买力的降低而迅速上涨。

其次，黄金的产权转移十分便利，是最好的抵押品种。房产的转让需要办理复杂的过户手续，股票的转让也要缴纳佣金和印花税，而黄金转让则没有任何登记制度阻碍。假如父母想给子女一笔财产，送黄金不用办理任何转让手续，比送一栋房子要方便得多。

最后，可以真正达到分散投资的目的。"不把鸡蛋放在同一个篮子"，不是买一堆股票或者一堆基金就是分散投资了，最理想的分散投资应该是投资在互不相关品种上，比如储蓄、股市、房地产、黄金及古董等。将黄金加入自己的投资篮子可以有效分散风险，平抑投资组合的波动性，真正起到分散投资的目的。

目前，我国黄金市场由于处于初期阶段，交易量和交易范围都还很小，在全国整体金融产品里面大概只占 0.2% 的份额。的确，黄金作为一种世界范围的投资工具，具有全球都可以得到报价、抗通货膨胀能力强、税率相对于股票要低得多、公正公平的金价走势、产权容易转移、易于典当等比较突出的优点。选择黄金作为投资目标，将成为越来越多富裕起来的人、越来越多深陷股市泥潭的人需要思考的问题。

# 金融市场中的"短腿"——债券投资

17世纪，英国政府在议会的支持下，开始发行以国家税收作为还本付息保证的政府债券。由于这种债券四周镶有金边，故而也被称作"金边债券"。当然这种债券之所以被称作金边债券，还因为这种债券的信誉度很高，老百姓基本上不用担心收不回本息。后来，金边债券泛指由中央政府发行的债券，即国债。在美国，经穆迪公司、标准普尔公司等权威资信评级机构评定为"AAA"级的最高等级债券，也被称为"金边债券"。

1997年，我国受亚洲金融危机和国内产品供大于求的影响，内需不足，经济增长放缓。我国政府适时发行了一部分建设公债，有力地拉动了经济增长。在国家面临战争等紧急状态时，通过发行公债筹措战争经费也是非常重要的手段。例如，美国在南北战争期间发行了大量的战争债券，直接促进了纽约华尔街的繁荣。

【经济学释义】

债券是政府、金融机构、工商企业等机构直接向社会借债筹措资金时，向投资者发行，承诺按一定利率支付利息并按约定条件偿还本金的债权债务凭证。债券购买者与发行者之间是一种债权债务关系，债券发行人即债务人，投资者（或债券持有人）即债权人。

债券的发行价格，是指债券原始投资者购入债券时应支付的市场价格，与债券的面值可能一致，也可能不一致。理论上，债券发行价格是债券的面值和要支付的年利息按发行当时的市场利率折现所得到的现值。

债券的风险要比股票小。债券一般约定固定利息，到期归还本金，而不论公

---

**企业债券**

企业债券是公司依照法定程序发行、约定在一定期限还本付息的有价证券。通常泛指企业发行的债券，一般把这类债券叫企业债。根据深、沪证券交易所关于上市企业债券的规定，企业债券发行的主体可以是股份公司，也可以是有限责任公司。

司经营业绩如何。当公司业绩好时，股票收益会超过债券的收益；当公司亏损滑坡时，债券的损失就比股票小。而且，在公司破产时，债券持有人可以优先于股东分配公司财产，这也为债券提供了更可靠的保障。

债券的交易方式一般有如下几种。

1. 现货交易

债券现货交易又叫现金现货交易，是债券买卖双方对债券的买卖价格均表示满意，在成交后立即办理交割，或在很短的时间内办理交割的一种交易方式。例如，投资者可直接通过证券账户在深圳证券交易所买卖已经上市的债券品种。

2. 回购交易

债券回购交易是指债券出券方和购券方在达成一笔交易的同时，规定出券方必须在未来某一约定时间以双方约定的价格再从购券方那里购回原先售出的那笔债券，并以商定的利率（价格）支付利息。目前深、沪证券交易所均有债券回购交易，但只允许机构法人开户交易，个人投资者不能参与。

3. 期货交易

债券期货交易是一批交易双方成交以后，交割和清算按照期货合约中规定的价格在未来某一特定时间进行的交易。目前深、沪证券交易所均未开通债券期货交易。

# 什么事现在不做，以后会后悔——房产投资

自从中国房地产市场开始启动以来，房价多年来一路猛进，大涨特涨，特别是 2005—2007 年，全国主要城市房价涨得离谱。

以上海为例，有关统计数字表明，上海外环平均房价达到 16000 元／平方米，内环 35000 元／平方米。买一套 60 平方米的房子，外环要 96 万元，内环则要 210 万元。上海人年均收入约 30000 元，三口之家年收入 9 万元，扣除基本生活费用，每年能余下 5 万元。以此类推，买一套外环的房子要 19 年，内环的房子要 42 年。值得注意的是，这样的算法没有结算利息。如此高的房价，令普通民众瞠目结舌，有多少普通民众能买得起房子？

但是，事实上还是有很多人买得起房子，只不过他们不是满足自己的自住需求，而是用来投资的。

【经济学释义】

房地产投资为什么令那么多人着迷，它究竟有什么优势呢？现在就让我们细细地盘点一下，看看其中的奥妙。

投资房产就是根据不同时期房价的差价，低价买入高价卖出，从中获取利润。在生活中我们会发现，一边是痛心疾首大呼房产泡沫严重，另一边是持续走高的房价。其实这与房地产自身的特性是紧密相关的。那么，我们在购买房产时，什么样的房产最具有升值的潜力呢？

> **炒房团**
>
> 由于政策影响，房市攀升，一些人借机囤积房源，转手获利，这一类特殊团体被称为炒房团。与一般社会团体进行比较，可以发现炒房团具有自主性、营利性、民间性。

首先，房产作为不动产，其地理位置是最能带来升值潜力的条件。地铁站、大型商圈、交通枢纽等地段的房产升值潜力比较大。

其次，所购房产周边的基本配套设施和政府综合城区规划的力度和预期，有便捷的交通、学校，都将为楼盘升值起到推动作用。

再次，房产所属小区的综合水平，物业设施、安全保障、公共环境及房屋本身内在的价值等，都是未来房产升值的评判标准。

最后，要看该房产所属地的出租率和租金情况。一个地区的不动产销售数据有时会失真，但出租行情作为终端用户的直接使用，其租金和出租率较为真实，就会明确地告知你该地区物业的真实价值。同时，租金和出租率也是不动产短期收益的衡量指标之一。

然而，并不是只要投资房产就会有收益，过度的投机可能会引发房产泡沫。泡沫经济是对虚假繁荣经济的比喻，意指经济的发展不是凭内力驱出来的，而是在搓衣板上用肥皂搓出来的光环。这种看上去美丽的泡泡停留的时间短暂，一个微小的触动就足以让泡沫化为乌有。

国际上的炒房比率警戒线是15%，一旦房地产价格下跌，原来准备持房待涨的赚钱预期就成了泡沫，这些炒房人会抛售现房，对下跌的房地产市场无疑是雪上加霜。一般炒房人比自住买房人更难承受下跌损失，因为大多数人是贷款买房，借资金杠杆放大了风险，涨则收益成倍增加，跌则损失成倍增加。所以房产市场泡沫一旦破灭，带来的将是血的代价。房产带给我们的不仅有高额的回报，还有巨大的风险，倘若要投资房产，还是需要谨慎思量。

# 财务不能像旅鼠一样疯狂裸奔——理性投资

旅鼠是一种普通、可爱的小动物,长年居住在北极,体形椭圆,四肢短小。旅鼠的繁殖能力极强,从春到秋均可繁殖,妊娠期20~22天,一胎可产9子,一年多胎。照此速度,每只母鼠可生下上千只后代。

当旅鼠的数量急剧地膨胀,达到一定的密度,例如一公顷有几百只之后,奇怪的现象就出现了:这时候,几乎所有的旅鼠都变得焦躁不安起来,它们东跑西窜,吵吵嚷嚷,且停止进食,似乎是大难临头,世界末日就要到来似的。

旅鼠的数量实在太多,渐渐形成大群,开始时似乎没有什么方向和目标,到处乱窜。但是后来,不知道是谁带头,忽然朝着同一个方向,浩浩荡荡地出发了。往往是白天休整进食,晚上摸黑前进,沿途不断有旅鼠加入,队伍也会越来越大,逢山过山,遇水涉水,勇往直前,前赴后继,沿着一条笔直的路线奋勇前进,一直奔到大海,仍然毫无惧色,纷纷跳下去,直到被汹涌澎湃的波涛所吞没,全军覆没为止。

【经济学释义】

巴菲特将投资者盲目随大流的行为比喻为旅鼠的成群自杀行为。他的一句话指出了投资的关键所在:"你不需要成为一个火箭专家。投资并非智力游戏,一个智商160的人未必能击败智商为130的人。理性才是投资中最重要的因素。"

让财富增值,就需要投资,有投资就有风险。风

险是由市场的变化引起的，市场的变化就像一个陷阱，会将你投入的资金吞没。变化之中，有你对供需判断的失误，也有合作方给你设置的圈套。股票市场，一不小心就会被套牢；谈判桌上，一不小心，就会受制于人；市场竞争，一不小心就会被对手挤出市场。

美国著名经济学家萨缪尔森是麻省理工学院的教授，有一次，他与一位同事掷硬币打赌，若出现的是他要的一面，他就赢得1000美元，若不是他要的那面，他就要付给那位同事2000美元。

> **投资组合**
>
> 投资组合是由投资人或金融机构所持有的股票、债券、衍生金融产品等组成的集合，目的在于分散投资风险。投资者选择适合自己的投资组合，进行理性投资，以不影响个人的正常生活为前提，把实现资本保值、增值、提升个人的生活质量作为投资的最终目的。

这么听起来，这个打赌似乎很有利于萨缪尔森的同事。因为，倘若同事出资1000美元的话，就有一半的可能性赢得2000美元，不过也有一半的可能性输掉1000美元，可是其真实的预期收益却是500美元，也就是50%×2000+50%×(−1000)=500。

不过，这位同事拒绝了："我不会跟你打赌，因为我认为1000美元的损失比2000美元的收益对我而言重要得多。可要是扔100次的话，我同意。"

对于萨缪尔森的同事来说，掷硬币打赌无疑是一项风险投资，不确定性很大，无异于赌博。任何一个理性的投资人都会拒绝的。当我们在投资的时候，也要像萨缪尔森的这位同事一样，要稳扎稳打，而不要抱着赌徒的心态去冒险。

因此，并不是每个人都具备投资的条件。投资者应该具备以下条件。

第一，应该审查一下家庭和个人的经济预算。如果近期要等钱用的话，最好不要投资股票，哪怕是被认为的最优股也不宜购买。投资者应有充分的银行存款，足以维持一年半载的生活及临时急用。

第二，不应在负债的情况下投资。投资者不宜借贷投资，应将债务先偿清，或在自己还贷能力绰绰有余时再投资。

第三，在投资前应有适当的保险，如人寿保险、医疗保险、住宅保险等。

第四，投资应从小额开始，循序渐进。分散投资，使投资多元化，也是规避风险的重要手段之一。

# 脑袋决定钱袋——理财

20世纪40年代，纽约的某银行来了一位妇人，要求贷款1美元。经理回答说当然可以，不过需要她提供担保。

只见妇人从皮包里拿出一大堆票据说："这些是担保，一共50万美元。"经理看着票据说："您真的只借1美元吗？"妇人说："是的，但我希望允许提前还贷。"经理说："没问题。这是1美元，年息6%，为期1年，可以提前归还。到时，我们将票据还给你。"

虽心存疑惑，但由于妇人的贷款没有违反任何规定，经理只能按照规定为妇人办理了贷款手续。当妇人在贷款合同上签了字，接过1美元转身要走时，经理忍不住问："您担保的票据值那么多钱，为何只借1美元呢？即使您要借三四十万美元，我们也很乐意。"

妇人坦诚地说："是这样，我必须找个保险的地方存放这些票据。但是，租个保险箱得花不少费用，放在您这儿既安全又能随时取出，一年只要6美分，划算得很。"妇人的一番话让经理恍然大悟，茅塞顿开。

## 【经济学释义】

这位妇人不愧是理财的高手！其实，在我们身边也有些看似平凡者，却积累了非凡的财富，其秘诀就是他们善于理财。有句话说得好："你不理财，财不理你。"

理财的实质是牺牲眼前的消费以增加未来的消费，而人性的弱点是贪图眼前，总是被眼前利益所诱惑。理财是要付出成本的，理财所要付出的成本就是牺牲眼前的消费，收益则是未来消费的增加。

可能不少人会有这种感觉：一到月底就觉得手头很紧，可是回头看看，发现自己虽然花了很多钱却没有买几样有价值的东西或办几件重要的事，其原因是你没有给自己制定科学的理财规划，或者虽然制定了理财规划却没有坚持执行。

理财并不是要等到有钱了才开始理财，其实不论你是购物还是到银行存款、购买保险，都是在理财。理财是一门高深的学问，太节省的人要学会花钱，太浪费的人要学会省钱。简单来说，理财包括以下内容。

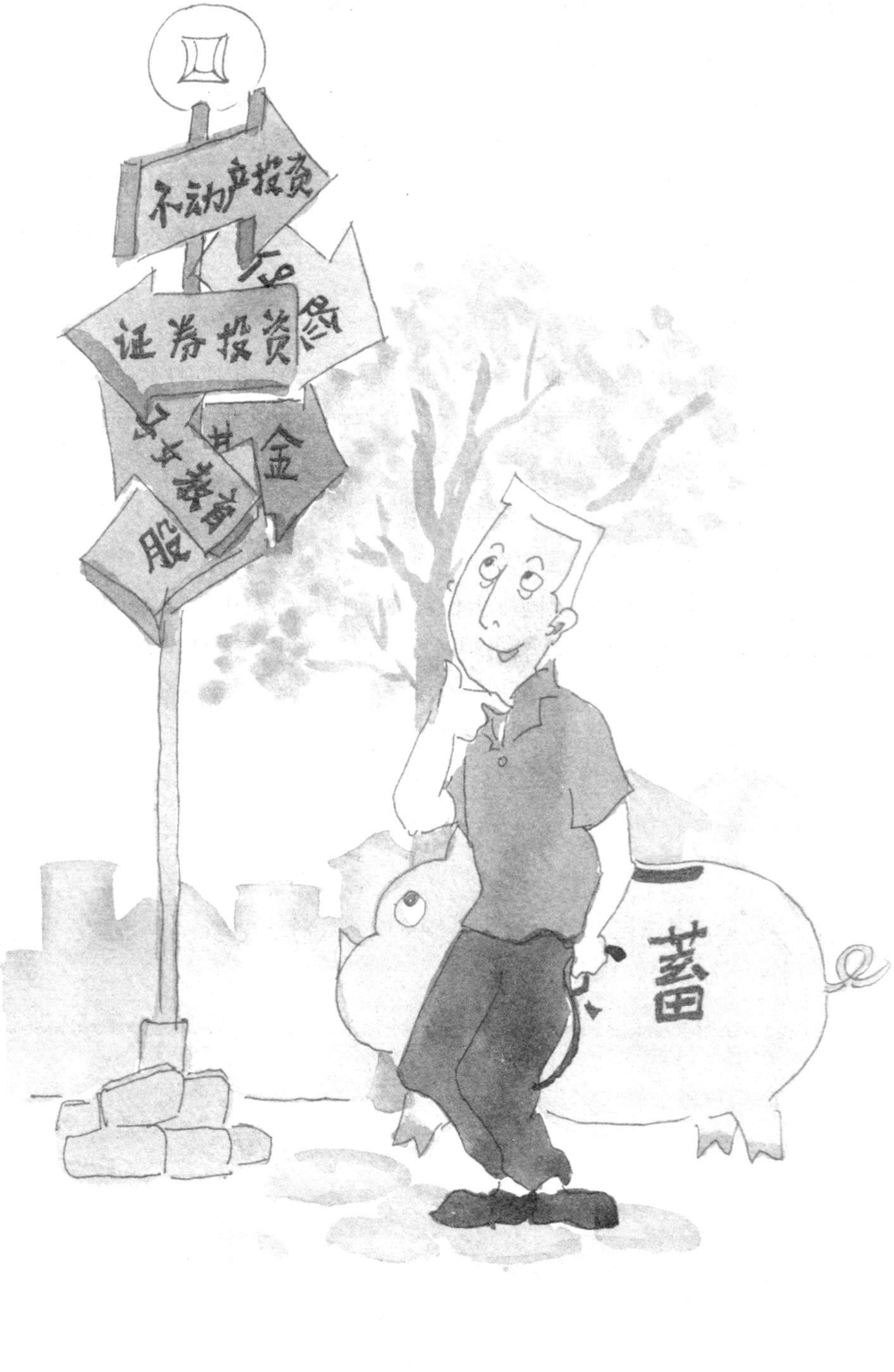
不动产投资
证券投资
金
股
蓄

1. 证券投资

每个人总有一些储蓄，这些储蓄大多是留在手里以备不时之需的"活钱"。这些钱如果全部存到银行，收益是比较低的，因此可以拿出一部分进行风险虽高但收益也高的证券投资。

2. 不动产投资

如果你还没有房子，那么你就需要计划怎么解决住的问题。租房子划算还是买房子划算？或者先租后买，抑或是先买后出租？如果你已经拥有了第一套住房，你还可以考虑再购买房子以保值增值，那么你应把资产的多大比例投资到不动产上？

3. 子女教育

子女的教育支出是越来越多家庭面临的大项支出，因此你必须早做打算。按照你的承受能力，子女要接受什么水平的教育？需要多少支出？在现有的支出约束下，怎样才能受到更好的教育？

4. 保险

从经济学角度看，保险是对客观存在的未来风险进行转移，把不确定损失转化为确定成本——保险费。保险则由保险公司把大家组织起来，每个人缴纳保费，形成规模很大的保险基金，集中承担每个人可能发生的意外伤害损失。可见对于个人而言，保险就是在平时付出一点保费，以期在发生风险的时候获得足够补偿，不致遭受重大冲击。

### 金　融

金融是货币流通和信用活动及与之相联系的经济活动的总称。金融的内容可概括为货币的发行与回笼，存款的吸收与付出，贷款的发放与回收，金银、外汇的买卖，有价证券的发行与转让，保险、信托、国内、国际的货币结算等。